211 Cosas Que Un Chico Listo Debe Saber

211 Cosas Que Un Chico Listo Debe Saber

Tom Cutler

Traducción de
Ángeles Leiva Morales

DEBOLS!LLO

Título original: *211 Things a Bright Boy Can Do*

Segunda edición: enero, 2010

© 2006, Tom Cutler
  Publicado originalmente en lengua inglesa por Harper
  Collins Publishers Ltd.
© 2009, Random House Mondadori, S. A.
  Travessera de Gràcia, 47-49. 08021 Barcelona
© 2009, Ángeles Leiva Morales, por la traducción

Printed in Spain – Impreso en España

ISBN: 978-84-9908-058-1
Depósito legal: B-5156-2010

Fotocomposición: Lozano Faisano, S. L. (L'Hospitalet)

Impreso en Liberdúplex, S. L. U.
Sant Llorenç d'Hortons (Barcelona)

P 880581

Tom Cutler, de madre sexóloga y padre dominico (por un tiempo), pasó su juventud estudiando a desgana Bellas Artes y Filosofía en una universidad cuyos patios eran claustros. Sus inicios en el terreno profesional estuvieron marcados por una sucesión de intentos fallidos, como maestro, escenógrafo, contrabajista, escritor de discursos, impresor, gerente de una tienda de juguetes, letrista, sumiller, marionetista, tipógrafo, redactor en una revista, líder de un grupo musical, pintor de retratos, reportero radiofónico, dibujante de tiras cómicas y negro para el difunto arzobispo de Westminster, el cardenal Hume. Todo fue así hasta que Tom se hartó de tanto ajetreo y decidió pasar más rato en zapatillas por casa. Tom ha escrito dos aclamados cancioneros para niños, es mago en activo y miembro del Círculo Mágico, y en sus ratos libres le encanta destripar Bach a la guitarra.

*Este libro está dedicado
a la memoria de Fred Banting y Charles Best,
sin cuya imaginación y obstinada tenacidad
nunca podría haber sido escrito*

¡Pobre Tim! Qué cansado y triste está.
La mañana radiante se le antoja eterna,
harto ya de no tener nada que hacer;
se pasa el día alicaído, mirando a la pared,
sin nada en que pensar, sin nada que decir;
se arrastra hasta la cama, vela en mano,
sin fuerzas para bostezar, sin fuerzas para dormir:
¡Pobre Tim! Qué cansado y triste está.

WALTER DE LA MARE

ÍNDICE

III   EL ÁRBOL DEL CONOCIMIENTO INÚTIL

TODO LO QUE SIEMPRE HAS QUERIDO SABER CÓMO
HACER PERO NO TENÍAS CLARO POR DÓNDE EMPEZAR   61

AGRADECIMIENTOS

~·~

Cualquier chico listo que se pare a pensar en ello se dará cuenta de que depende casi siempre de las mujeres. A continuación nombro algunas de las que han cuidado de mí durante el tiempo que he estado trabajando en este libro. En primer lugar, mi asustada madre, Pauline Cutler, que cree que deberían examinarme la cabeza. En segundo lugar, mi encantadora editora de HarperCollins, Kate Latham, que nunca ha dejado de mostrar entusiasmo; la sigue mi infinitamente alegre agente, Laura Morris, que merece una medalla por su paciencia, más allá de las fronteras; luego está Nicolette Caven, cuyas fabulosas ilustraciones iluminan el texto; no puedo olvidarme de mi buena amiga Jo Uttley, que me acompañó a ver algunas obras de teatro a modo de drástica terapia; y, por último, mi incrédula, indulgente, feliz, normal (y guapa) esposa Marianne, que siempre se ha asegurado de que llevara dinero para el autobús y de que fuera bien peinado. De todas ellas, es mi preferida.

CÓMO UTILIZAR ESTE LIBRO

›‹‹‹‹ৠ৻৶⟫⟫⟫⟫‹

Esta obra está dirigida principalmente a todos aquellos varones que tienen entre dieciséis y ciento dieciséis años y que no tienen nada que hacer un miércoles por la tarde en pleno invierno. Probablemente, la mejor forma de utilizar este libro sea sentándose en alguna parte y, tras echar un vistazo alrededor como haría un hombre en busca de una brecha en un reactor nuclear, salir corriendo para descontaminarse.

En este libro se incluyen, además de las típicas indicaciones que explican cómo levantar una pared de ladrillos o cómo emplear un reloj a modo de brújula, muchas de esas actividades de las que siempre se ha oído hablar pero que parecen irrealizables, como pesarse la cabeza, ganar dinero en un casino o quitarse los calzoncillos con los pantalones puestos; en otras palabras, todos esos conocimientos prácticos indispensables para desenvolverse en la vida diaria que no se enseñan en el colegio.

A diferencia de los libros de actividades de antaño, que hablaban de productos esotéricos como permanganato potásico, oropimente, aguafuerte o litargirio, para llevar a cabo las actividades propuestas, en esta obra solo se necesitan objetos e ingredientes de uso cotidiano. Reconozco que si uno se propone asar un cochinillo con espetón, necesitará una serie de utensilios poco habituales, pero en la mayoría de los casos no se tendrá que ir muy lejos para contar con el material necesario.

Las publicaciones de este tipo que había en mi juventud contenían a menudo instrucciones tan complejas y aburridas que uno se quedaba dormido mientras las leía. Por eso he hecho grandes esfuerzos para asegurarme de que ninguna de las propuestas de este libro requiera demasiados pasos, y que las instrucciones sean tan claras como la lágrima de un ángel.

Asimismo he probado personalmente casi todo lo propuesto en estas páginas, aunque confieso que no he tenido la oportunidad de hacer fuego mientras caminaba o de arrestar a un ciudadano. Lo que sí he hecho ha sido conservar huevos en vinagre y tocar la gaita…

aunque no al mismo tiempo. En aquellos casos en los que me ha sido imposible poner algo en práctica, he recurrido a la colaboración de los mejores expertos que he podido encontrar.

Para simplificar las cosas, he dado por sentado en todo momento que el lector es diestro. Si no lo eres, por favor, no es necesario que mandes una carta de queja al gobierno; solo tienes que cambiar una mano por la otra y todo saldrá bien. De hecho, en las actividades propuestas me refiero a menudo a las manos; en el dibujo situado bajo estas líneas se muestra el nombre que doy a cada dedo.

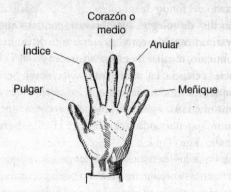

En el caso de pañuelos, servilletas y hojas de papel, me refiero a las esquinas de la siguiente manera: la superior izquierda corresponde a A, la superior derecha a B, la inferior izquierda a C y la inferior derecha a D.

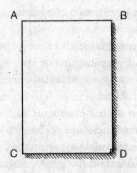

Cuando no hablo de «puñados», «pellizcos», «pizcas» o «chorritos», recurro al sistema métrico decimal para indicar pesos y medidas.

En ocasiones, me refiero a las mujeres como «chicas». Si eso ofende a tu novia, confío en que la disuadas para que no organice una quema de libros a lo nazi y le hagas ver que siempre que he considerado más apropiado escribir «ella» que «él» lo he hecho. Así que, por lo menos, he intentado no discriminar.

Con la práctica y la presentación apropiadas, incluso el más sencillo de los trucos de este libro puede causar sensación. Muchos los he desenterrado del fondo de mi memoria y llevo haciendo la mayoría desde mis días de colegial. No obstante, confieso que tengo una deuda de gratitud con Martin Gardner, autor de numerosas obras de entretenimiento, rompecabezas y curiosidades que se encuentran a caballo entre la ciencia, las matemáticas y la magia. Su vasta colección de pasatiempos me ha servido para desempolvar alguno que otro que tenía olvidado. Asimismo debo expresar mi agradecimiento a Ben Dunn, quien tuvo la idea de hacer este libro y me propuso que lo escribiera. Fue él quien me hizo un par de sugerencias descabelladas de las que nunca había oído hablar y que no eran nada fáciles. Le pido disculpas por quemarle el vello del brazo durante la ejecución de un truco que se me fue un poco de las manos debido a la emoción.

Te ordeno que no intentes llevar a cabo nada peligroso que leas aquí. Caminar sobre un lecho de brasas comporta un riesgo enorme incluso para alguien que se dedica a ello profesionalmente. Dichas ideas deben tomarse como meras fantasías que uno podría probar en un mundo ideal.

He incluido unos cuantos trucos y bromas para los que se precisan cigarrillos, ceniceros y cerillas, aunque soy consciente de que puede resultar difícil realizar juegos de manos con dichos objetos por la sencilla razón de que el gobierno ha prohibido fumar en muchos lugares. Así pues, habrá que utilizar la imaginación.

Puedes adaptar las instrucciones y las recetas según lo que tengas a mano, pero si en el texto pone que se necesitan unas tijeras afiladas, eso es lo que tienes que emplear, y si pone pegamento, es mejor no usar celo. Por tanto, me eximo de cualquier responsabilidad si obras de un modo distinto al indicado y se te descuajaringa todo.

Por último, me consta que muchos se preguntarán cómo es que este libro se titula *211 Cosas que un chico listo debe saber* en lugar de algo más práctico como «200» cosas. La razón es simple, y es la siguiente: los números redondos son complicados. Basta imaginar qué ocurriría si *Trampa 22* de Joseph Heller, *Treinta y nueve escalones* de John Buchan y *Ocho y medio* de Federico Fellini se hubieran titulado *Trampa 20, Cuarenta escalones* y *Ocho*. Creo que el lector convendrá conmigo en que resultarían un tanto decepcionantes, y que quedan mejor de la otra manera.

Y ahora no perdamos más tiempo y pongámonos manos a la obra.

CÓMO SER UN HOMBRE DE VERDAD

GUÍA ESENCIAL
PARA DESENVOLVERSE
EN CUALQUIER SITUACIÓN

Levantémonos, pues, y pongámonos en movimiento…
HENRY WADSWORTH LONGFELLOW

CÓMO
UTILIZAR TU RELOJ A MODO
DE BRÚJULA

~~~

Imagina que se te avería el jeep en medio del desierto. Sabes que hay un oasis a 10 kilómetros al este del lugar en el que te hallas, pero te encuentras rodeado por una zona despoblada que se extiende 100 kilómetros a la redonda. El problema es que has perdido la brújula. ¿Qué puedes hacer para encontrar agua? La solución es sencilla, como lo es siempre en estas situaciones completamente insólitas. Basta con que utilices el reloj como brújula. Aquí tienes las indicaciones para hacerlo.

Procedimiento

1 Quítate el reloj y apunta al sol con la manecilla de las horas.
2 Coloca una cerilla sobre la esfera, entre la manecilla de las horas y las doce (o las once durante el horario de verano). La punta de la cerilla señalará al sur (en el hemisferio norte, y al norte en el hemisferio sur). Es así de fácil.

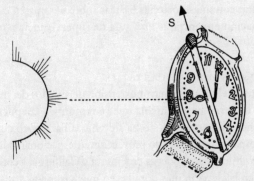

Solución de problemas

Imagina que en lugar de en el desierto te encuentras en la selva y que la neblina te impide ver el sol. Si coges un lápiz, un palo o incluso un dedo y lo sostienes en posición vertical sobre una piedra blanqueci-

3

na, o similar, proyectará sobre ella una sombra lo bastante nítida incluso en un día con poca luz, mostrándote la dirección del sol. De ese modo podrás alinear el reloj correctamente.

¿Y si llevas un reloj digital? Simplemente tienes que anotar la hora, dibujarte un reloj imaginario en la palma de la mano con el dedo y realizar los cálculos siguiendo las mismas indicaciones.

> ◉ *Un millón de segundos equivale a 11 días, y un billón de segundos, a 31.688 años.* ◉

CÓMO
PEDIR VINO EN UN RESTAURANTE

Si vas a cenar al bar más cutre del barrio es posible que sepas más de vinos que la persona que te sirve. Pero en un establecimiento pijo será un camarero llamado «sumiller» el encargado de asesorarte. Por desgracia, en algunos restaurantes, y no siempre en los más baratos, el sumiller es un impostor estirado o un cretino ignorante, o ambas cosas. Tu mejor arma para defenderte de estos creídos es contar con unas nociones básicas sobre el tema en cuestión. A continuación encontrarás una guía de supervivencia para tipos normales.

ELEGIR UN VINO DE LA CARTA

1   España es el país con mayor extensión de viñedos del mundo, y tiene una tradición vinícola que se remonta a la época de los romanos. Sin embargo, no ha sido hasta hace poco cuando el vino español ha alcanzado proyección internacional, poniéndose a la altura de las bodegas de Francia y California y convirtiéndose en la elección más popular en muchas mesas y restaurantes. Incluso los más novatos en el mundo del vino habrán oído hablar de denominaciones de origen como Rioja, Ribera del Duero, Penedés, Rueda o Jerez, y del cava, que rivaliza con el *champagne* francés.

Existe la regla general de que los blancos suelen acompañar a los pescados, mariscos y algunas carnes blancas; los tintos, a las carnes rojas; los rosados, a arroces y pasta italiana, y los vinos dulces, a los postres. Y el cava combina bien con canapés, pescados y mariscos, además de ser la bebida clásica con la que se brinda en toda celebración social. En cualquier caso, cae por su propio peso que lo más recomendable es combinar los platos típicos de una zona con un buen vino local.

2   Los restaurantes suelen obtener unos beneficios enormes con las bebidas alcohólicas, como puedes comprobar si te acercas al supermercado del barrio y comparas precios. También saben que los comensales tienden a descartar el vino más barato de la carta porque les da vergüenza elegirlo, y pasan directamente al segundo de la lista. Y ahí es donde aprovechan para sacar un margen de ganancia gigantesco con un caldo horrible. Por ello es mejor apuntar a los vinos de gama media.

3   En ocasiones, la abundancia de opciones puede resultar abrumadora, pero no te desmoralices. En tal caso, es preferible elegir un vino del que no hayas oído hablar pero con un precio razonable que otro más caro pero con un nombre que no puedas pronunciar, y arriesgarte a que sea de una añada mediocre.

4   Muchas veces el vino de la casa sabe como si saliera directamente de un tanque, y es mejor que lo evites si quieres disfrutar de una buena comida. Sin embargo, si lo que buscas es llenar el buche por poco dinero, o tienes el paladar atrofiado por culpa de una gripe de caballo, no tiene sentido pedir un vino de lujo; así pues, elige el de la casa sin reparos. Eso sí, no te molestes en probarlo (*véase* el apartado sobre el ritual de la «cata» más adelante), con olerlo será suficiente.

5   Si pides *champagne* francés, respira hondo, porque te puede dar un síncope al ver el precio. En vez de eso, opta por pedir cava, a un precio mucho más asequible. El brut nature es el más apreciado, por no tener azúcares añadidos. Pide una cubitera para que se mantenga frío, aunque si el hielo se derrite y la botella acaba flotando en agua no servirá de mucho.

Todo ese follón con la botella

Cuando te sirven un vino peleón en un restaurante normalito no hace falta andarse con toda esa parafernalia de la «cata». Sin embargo, si te plantan delante una botella de vino cara, deberías tomarte la molestia de comprobar que no está picado antes de gastarte un montón de pasta. No quieras ir con prisas durante dicho proceso. Lo primero que hará el camarero antes de abrir la botella será mostrártela. No lo hace porque se lo haya prescrito el médico, sino porque quiere que le confirmes algunas cosas.

1   En primer lugar, asegúrate de que la botella no está abierta. Si lo está (algo que rara vez ocurre), devuélvela.

2   A continuación echa un vistazo a la etiqueta. Si te quedas igual que antes de leerla, tranquilo, no eres el único: el 72 por ciento de los bebedores de vino franceses confiesan que no entienden la información de las etiquetas de vino. Lo importante es que compruebes que los datos sobre el viñedo y el año de la cosecha sean correctos. En caso contrario, pide que te cambien la botella por la que querías o elige otra opción. La diferencia de precio y calidad entre una añada y otra del mismo viñedo puede ser enorme.

3   Una vez que el camarero abra la botella, no permitas que te llene la copa más de la mitad, a no ser que se trate de cava. Los buenos sumillers saben que hay que dejar espacio suficiente para poder hacer girar el vino en la copa.

4   Observa el vino con detenimiento: debería verse claro y «luminoso». Si está turbio o lleno de impurezas, devuélvelo. A continuación sujeta el pie de la copa entre el dedo índice y el corazón de forma elegante para describir con él un pequeño círculo sobre la superficie de la mesa con cuidado, incrementando poco a poco la velocidad del movimiento. Al darle vueltas de esta manera harás que el vino desprenda su aroma (el llamado *bouquet*).

5   Huélelo para comprobar que no se ha picado dentro de la botella. Las técnicas de producción actuales hacen que esto sea tan improbable en el caso de las añadas recientes como que un hue-

vo salga malo. No obstante, si el vino huele a cartón mojado o a moho, es posible que se haya picado debido a una mala reacción con el tapón. Si al olerlo detectas un tufo a queso o a col fermentada, es señal inequívoca de que se ha estropeado; devuélvelo. Si está avinagrado, no podrás evitar apartar la nariz en cuanto descorchen la botella. Si huele raro pero no estás del todo seguro, pide la opinión del sumiller, diciéndole: «Usted es el experto. Huélalo a ver qué le parece. ¿Es normal que esté tan turbio y despida este tufillo a granja apestosa?». Y no dejes que te persuada de que está bien. Fíate de tu instinto; el olfato nunca miente. En un establecimiento serio, el camarero te cambiará la botella defectuosa por otra sin poner objeciones.

6 Si te pasan el corcho, no le hagas ni caso. En su día los comensales comprobaban que el viñedo y la añada que aparecían en el corcho eran los mismos que los de la etiqueta para evitar que los restaurantes sin escrúpulos pusieran etiquetas de lujo en vinos malos, pero eso ya no sucede. Oler el corcho de una botella es como dar un puntapié a los neumáticos de un coche de segunda mano. No sirve absolutamente de nada y además quedas como un idiota, ¡sobre todo si es de silicona! En una ocasión vi a un tipo oliendo un tapón de rosca. No sé qué tendría en la cabeza…

7 Ahora ya puedes probar el vino, pero si a estas alturas ha pasado la prueba de la vista y el olfato, es casi seguro que estará bien. Por cierto, nunca digas: «Sí, está delicioso». Lo que quiere el camarero es que confirmes que el vino se halla en buenas condiciones y que estás contento de pagar lo que vale, no saber si te gusta su sabor. Si fuera así, los camareros se pasarían la noche abriendo botellas y retirando la mitad en cuanto dieran a probar el vino.

8 Solo un sumiller que no conozca su oficio te ofrecería un vino espumoso para que lo probaras. Si tiene burbujas, no puede estar picado.

⊙ *Es más probable morir por el impacto del tapón de corcho de una botella de cava que por una picadura de tarántula.* ⊙

CÓMO
SABER CUÁNDO ATRAES A UNA CHICA

Cuando se trata de reconocer la cantidad de señales que muestra una mujer al sentirse atraída por un individuo del sexo opuesto, los hombres suelen tener la misma perspicacia que un salvaje en un drama kabuki. Las féminas, que tienen una capacidad innata para comprender el lenguaje de la seducción, y que se sirven de él para atraer a los varones, suelen verse entonando sus cantos de sirena ante un sordo, por decirlo de alguna manera. Por ello, y pensando en el hombre de Cromañón, a continuación se ofrece una lista indispensable de las señales a las que hay que estar atento.

EN LA PLAYA O EN LA CALLE

◊ *Mirar hacia atrás volviendo la cabeza:* esta señal significa «sígueme». Así pues, síguela.

◊ *Juguetear con el cabello:* si ella se toca el cabello o juguetea con él, quiere decir que te tiene en su punto de mira.

◊ *Echar la cabeza hacia atrás:* gesto acompañado a menudo con un vaivén de la melena; tienes vía libre para iniciar la maniobra de aproximación.

◊ *Sacudir el pelo:* al igual que el gesto de echar la cabeza hacia atrás, esta es una señal que imitan algunos homosexuales.

EN LA OTRA PUNTA DE LA SALA

◊ *Alisarse o mirarse la ropa:* este suele ser el primer movimiento en una cadena de señales.

◊ *Mostrar la parte interior de las muñecas:* con frecuencia se combina con el acto de juguetear con el cabello; tienes luz verde.

◊ *Apoyar el pulgar en el cinturón:* este es un gesto indicador de autoridad sexual, algo que quizá te atraiga.

◊ *Mirar de refilón con los ojos entornados:* si ella aparta la mirada cuando la miras, es evidente que se te está insinuando.

En las distancias cortas

◇ *Colocarse en jarras, con el cuerpo inclinado hacia ti:* la cosa se anima.

◇ *Cruzar y descruzar las piernas lentamente:* como cuando un vendedor ambulante expone su mercancía.

◇ *Abrir la boca:* una señal con una indudable intención sexual, diametralmente opuesta a la típica mueca de solterona con la boca fruncida.

◇ *Abrir mucho los ojos y levantar las cejas:* este gesto fugaz es una de las señales subconscientes más sutiles y suele pasar inadvertido. Quiere decir: «¡Me muero por tus huesos!». Hay que estar atento por si se da.

◇ *Juguetear con el zapato:* sacar y meter el talón en el zapato es un gesto francamente erótico.

◇ *Acariciarse el muslo:* vamos, muchacho, que tienes pista libre para aterrizar.

◇ *Acercarse:* ¿que se ha acercado a ti lo suficiente para que notes su aliento? Pero ¿a qué esperas?

◇ *Rozarte la rodilla:* ¿ha rozado suavemente tu rodilla con la suya? No, no ha sido sin querer.

◇ *Tocarte la mano:* por muy breve que sea el roce, estás en la recta final.

◇ *Prolongar una mirada íntima con las pupilas dilatadas:* busca provocar una alteración importante en el interior de tu pantalón.

◇ *Acariciar un objeto alargado, como una botella, un bastoncillo de pan o un pimentero:* ¡a por ella!

◇ *Chupar un dedo:* ¡por el amor de Dios! Si ella encuentra un motivo para pedirte que le chupes el dedo, o para chupártelo a ti, estás perdiendo un tiempo precioso. ¡Adelante!

◉ *Las feromonas de una palomilla hembra pueden excitar a los machos que se encuentran a más de 10 kilómetros de distancia.* ◉

CÓMO
ANALIZAR UN APRETÓN DE MANOS

El apretón de manos es un señal primigenia que nos ayuda a formarnos una rápida opinión subconsciente de la persona que acabamos de conocer. Así pues, tanto si estás ante un posible empleado, el alcalde de tu ciudad o un amigo nuevo, tendrás ventaja si sabes analizar este saludo no verbal cuyo origen se remonta a tiempos inmemoriales.

La manera de dar un apretón de manos puede variar enormemente, pero existen tres estilos principales: el de igual a igual, el dócil y el autoritario. Todos los apretones de manos pueden clasificarse bajo estas tres categorías básicas, siendo la postura de la mano el principal indicador de la intención de la persona.

1   EL APRETÓN DE MANOS DE IGUAL A IGUAL
Es el más habitual: se ofrece la palma abierta en posición vertical, con el pulgar hacia arriba. Si te dan la mano de este modo, es lógico suponer que el otro te ve como un igual; así pues, estréchasela con normalidad. El número habitual de sacudidas oscila entre cinco y siete.

2   EL APRETÓN DE MANOS DÓCIL
Estrechar la mano a alguien con la palma hacia arriba es una forma de rendirse a la autoridad. Puede resultar útil a la hora de saludar a una persona que se siente amenazada por tu presencia, pero hay algunas versiones asquerosas que hacen que se te ponga la piel de gallina cuando alguien te da la mano así. La del «calamar mojado» o los «dedos de vicario» es probablemente la más conocida de esta clase de apretones de manos serviles. Es horrible tener que agarrar cuatro dedos blancos y sudorosos que avanzan hacia ti colgando, pues una mano floja refleja una personalidad floja. Una versión aún más pasiva y agresiva es un apretón flácido conocido como el de la «viuda de dos dedos», pues es como si, en lugar de la mano, te dieran un par de tetillas de vaca. Con este tipo de apretones pasivos, la persona se vale del lenguaje corporal para guardar las distancias… y lo consigue.

3   (A) EL APRETÓN DE MANOS AUTORITARIO

Es el que te da normalmente un jefe prepotente u otra persona con autoridad, que con toda probabilidad será también quien haya iniciado el gesto. Si te ofrecen la palma hacia abajo es una señal inequívoca de que pretenden dominarte, y el ángulo que forma la palma con respecto al suelo refleja su nivel de agresividad y dominio.

Si estás en una entrevista de trabajo, o a punto de recibir órdenes por parte del director del colegio, puede que lo mejor sea devolver el apretón de manos de la forma más educada: con la palma mirando al techo. Sin embargo, si es un antiguo pretendiente de tu novia quien intenta darte la mano así, tendrás que volver las tornas. Para ello avanza hacia él con el pie izquierdo y cógele la mano de la única manera posible, es decir, colocando la palma hacia arriba bajo la suya. Estando en dicha posición, da un paso adelante con el pie derecho y al mismo tiempo haz girar su mano para que la tuya quede encima. De ese modo lograrás castrar con firmeza su gesto dominante y te plantarás justo en medio de su espacio vital, una situación que le incomodará un montón. Ahora solo hace falta que le sueltes algo así como: «¿Sabes que con ese peinado pareces una chica?», y problema resuelto.

El más agresivo de este tipo de apretones de manos es el que se da con el brazo estirado, la palma hacia abajo y el pulgar hacia fuera, como el saludo nazi pero apuntando hacia abajo. No te sometas a un gesto tan intimidatorio como este a menos que quieras acabar con los nudillos machacados. La única manera de responder consiste en no estrechar la mano del individuo sino en lanzarse al ataque desde arriba para cogerle por la muñeca con firmeza y sacudirle el brazo con fuerza. De ese modo se verá humillado, y si, además, invades su espacio personal dando un paso al frente, no tendrá nada que hacer.

3   (B) EL APRETÓN DE MANOS AUTORITARIO A DOS MANOS

Existen varios niveles de este apretón de manos enérgico, denominado en ocasiones el «saludo del político». En la posición inicial, la persona que toma la iniciativa estrecha la mano derecha del destinatario de su acción y muestra una sonrisa de oreja a oreja. Los cuatro niveles que siguen son los preferidos de los comerciales, que mientras te tienen sujeto con la mano derecha se sirven de la izquierda para: *a)* estrecharte la muñeca, antes de pasar a *b)* agarrarte el codo, *c)* apretarte el bíceps y, finalmente, *d)* cogerte el hombro con firmeza. En casos muy contados, el vendedor remata el saludo con un gesto de gran complejidad en el que sin soltarte el hombro, y por lo general sonriendo o riendo con efusividad, deja caer de golpe su mejilla izquierda sobre tu hombro, como si compartiera contigo un divertidísimo recuerdo familiar perdido hasta entonces en el olvido. Con este tipo de apretones de manos querrán mostrarse como amiguetes, pero lo que normalmente consiguen es que se dibuje una risa forzada en el rostro de la víctima.

*

EL APRETÓN DE MANOS DEL MASÓN

Todo el mundo sabe que los masones tienen un apretón de manos secreto, aunque nadie me ha confirmado lo que expongo a continuación. El apretón de manos del masón, que algunos temen por considerarlo una señal de maliciosa complicidad, es más bien como el «dib dib dib» de los boy scouts, y no implica más que la pertenencia a una asociación fraternal. Los masones se organizan por medio de una jerarquía estricta en la que cada categoría tiene sus propios saludos, denominados con una alegre nomenclatura bíblica, como «Shiboleth», «Guiblim» o «Boaz», y uno que suena a una especie de silla de bambú y metal, «Tubalcain».

Los apretones de manos van desde el más habitual, donde las manos se estrechan en un gesto sutil, hasta el auténtico apretón de manos de un maestro masón, el «Moabon», que se asemeja a un par de cefalópodos copulando. A continuación te ofrezco una descripción del apretón propio del maestro masón para que lo practiques. ¿Qué tal si lo pruebas con el jefe de policía la próxima vez que te lo cruces por la calle, a ver qué pasa?

TUBALCAIN: EL APRETÓN DEL MAESTRO MASÓN

Para un observador, este apretón de manos no difiere mucho de cualquier otro, pero si das la mano a un masón, él notará sin duda la diferencia. Se trata de un saludo muy similar al «Shiboleth», de categoría inferior, en el que uno ejerce presión con el pulgar en el espacio situado entre el primer y el segundo nudillo de la otra persona, y al «Jachin», entre el «Shiboleth» y el «Tubalcain», en el que el pulgar aprieta el segundo nudillo.

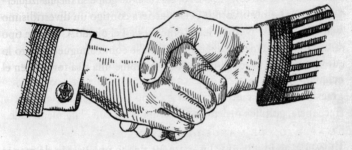

En el «Tubalcain» tienes que apretar con fuerza tu pulgar entre el segundo y el tercer nudillo de la mano del otro hombre, como se muestra en la ilustración. Si se trata de un masón, él hará lo propio. Lo que venga después ya es cosa vuestra.

◉ *Los esquimales no se dan la mano porque se les congelarían los dedos.* ◉

CÓMO
TOMAR RAPÉ

Ahora que cada vez es más difícil encontrar un lugar público donde se permita a un joven fumar un cigarrillo, una pipa o un puro, creo que el arte de tomar rapé merece ser recuperado.

El rapé es tabaco en polvo perfumado con los aceites aromáticos de frutas exóticas y especias necesarios para que incluso la solterona más rancia le coja el gusto al instante. A quien no lo haya probado nunca le puede sorprender descubrir las abundantes excelencias del rapé, desde la deliciosa variedad con aroma a bergamota hasta las más mentoladas, que tienen un enérgico efecto cauterizador en la nariz, por lo que su uso está especialmente indicado como cura instantánea contra el mareo.

No es cierto que la única forma correcta de tomar rapé sea espolvoreándolo en el dorso de la mano para esnifarlo después. El hecho de espolvorear el rapé sobre una superficie sirve para que el polvo se mezcle con el aire en su viaje hacia las fosas nasales, lo que hace la experiencia más estimulante, causando una sensación similar a la que tendrías si te metieras en la nariz un tubo al rojo vivo. No obstante, con la práctica, se puede llegar a esnifar directamente de los dedos sin problemas. Un conocido mío aficionado al rapé solía tomarlo así, echando la cabeza hacia atrás con un movimiento brusco. Por desgracia, su predilección por vestirse como lord Byron hacía que, con frecuencia, golfillos maleducados se metieran con él en plena calle.

PROCEDIMIENTO RECOMENDADO PARA PRINCIPIANTES

◇ Abrir la caja de rapé (el paso esencial, a decir verdad).

◇ Coger una pizca entre el pulgar y el índice.

◇ Espolvorear el rapé en el dorso de la mano (la otra mano, claro está).

◇ Cerrar la caja (estornudar encima de una caja abierta tiene como resultado una costosa nube marrón).

◇ Acercar la cabeza a la mano y aspirar de golpe la mitad del rapé por la fosa nasal izquierda.

◇ Hacer lo propio con la fosa derecha (hay que evitar respirar hondo, de lo contrario el rapé acabará en la garganta).

◇ Limpiarse la nariz y la mano con elegancia, y secarse las lágrimas de los ojos.

El ingrediente activo del rapé es la nicotina, una droga sumamente adictiva, por lo que se aconseja no abusar de su consumo. El escritor Kingsley Amis se refirió en una ocasión a un efecto que denominó «doble fosa nasal del consumidor de rapé», caracterizado por la presencia de dos bultos del tamaño de una avispa en la nariz. El adicto al rapé descubre rápidamente otros efectos secundarios poco atractivos: un moqueo acuoso constante, estornudos en tecnicolor, manchas marrones en la almohada y una factura de la lavandería estratosférica. Es cierto que los pañuelos para rapé son muy bonitos, pero hay una buena razón para su vistoso estampado: el afán por disimular las repugnantes exudaciones incrustadas en las fosas nasales.

¡Salud!

◉ *Es imposible estornudar con los ojos abiertos.* ◉

CÓMO
CORTAR EL CÉSPED

H ay un viejo proverbio del campo que dice así: «Elige entre tener césped o tener vida, pues no puedes tener ambas cosas». Este dicho, como muchos otros, es totalmente falso. Siempre y cuando se le dedique un poco de atención, no hay motivo para no tener un césped impecable y tiempo para disfrutar de él. Pero si lo descuidas, tu hermoso tapiz de hierba no tardará en verse invadido por ranúnculos, pamplinas y milenramas. Así pues, riégalo y abónalo regularmente, y límpialo de malas hierbas, lombrices y otras plagas tanto como puedas. Cortar un césped bien cuidado no solo le dará un aspecto inmejorable, también estimulará el crecimiento. A continuación, las reglas de oro del buen cortador de césped.

◇ Adquirir un buen cortacésped y cuidarlo bien.
◇ Corta el césped de marzo a octubre (dos veces por semana en verano y una sola vez a la semana el resto de los meses) cuando esté seco. Es conveniente cortarlo con regularidad. Usar el cortacésped solo de vez en cuando, con pasadas que lo dejan casi al rape, es malo.
◇ La longitud óptima de la hierba oscila entre 2,5 y 3 centímetros. Antes de pasar el cortacésped, asegúrate de dejarlo todo limpio de piedras, pelotas de tenis o latas de cerveza.
◇ No dejes que crezcan esquejes en la hierba: además de antiestéticos, son más perjudiciales que beneficiosos.

◇ Para evitar que el césped quede cortado de forma irregular (con un ligero «ondulamiento»), varía la dirección de los sucesivos cortes en ángulos de 90°, siguiendo una trayectoria de izquierda a derecha, de arriba abajo y de nuevo de izquierda a derecha.

◇ Trazado a rayas: ¡por el amor de Dios, hacedlo correctamente! Para empezar, hay que acoplar un rodillo al cortacésped, pues es lo que permite trazar las rayas. El efecto se crea al recorrer todo el césped con la máquina sin detenerse, como un viejecito en una silla de ruedas. En el dibujo situado bajo estas líneas se explica cómo hay que hacerlo.

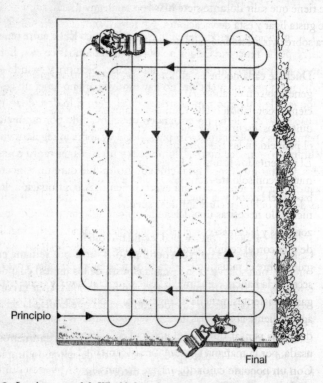

Principio

Final

◎ *La pista central de Wimbledon y la número 1 solo se utilizan durante las dos semanas de competición.* ◎

CÓMO
SOBREVIVIR UNA SEMANA ENTERA CON UNA SOLA MUDA

Imagina que estás en el extranjero y te quedas tirado en un hotel. Quizá un huracán ha destruido el aeropuerto y todas las tiendas, o por descuido has hecho la maleta con ropa para un solo día: una camisa, un jersey, unos pantalones, unos calzoncillos y un par de calcetines. Incluso el más apático de los tíos se estremecería al pensar que tiene que salir durante siete días con la misma muda, sobre todo si le gusta ligar y está de vacaciones. No temas, aquí tienes la solución para sobrevivir a este insignificante contratiempo.

1   Dúchate cada noche en el hotel y con los calcetines puestos. Sé generoso con el jabón. Al mismo tiempo lava el pañuelo a conciencia con jabón o champú. Tras enjuagar bien los calcetines, quítatelos, escúrrelos y cuélgalos encima del radiador. Extiende el pañuelo en las baldosas de la ducha y déjalo secar.

2   El presentador Johnny Morris contaba que viajaba por todo el mundo con solo tres camisas: la que llevaba puesta, la que «lavaba» en el lavabo y la que ponía a secar. En cambio, con mi técnica, solo necesitas una. Llena la bañera de agua y lava los calzoncillos y la camisa con el jabón del hotel, frotando bien el cuello de esta con el cepillo para uñas. Escurre los calzoncillos y cuélgalos sobre el radiador. Coloca la camisa en una percha y déjala secar en la bañera o encima del calentador (si hay). Si tiene arrugas persistentes, prueba a colgarla en la ducha con el grifo del agua caliente abierto: las arrugas desaparecerán rápidamente. Es de ilusos pensar que por el mero hecho de doblar una camisa usada, por la mañana aparecerá mágicamente limpia.

3   Con un poco de cuidado, un par de pantalones pueden durar perfectamente una semana sin necesidad de lavarlos. Si se trata de unos vaqueros o de unos pantalones informales, estás de suer-

te. Bastará con que los dejes sobre una silla. Si son de vestir, extiéndelos bajo la alfombra y duerme encima de ellos. La raya quedará como si estuvieran recién planchados. No los pongas debajo del colchón, pues los muelles dejan marca. Un jersey puede estar presentable durante siglos, siempre y cuando no te lo manches de sopa o acabe hecho un higo.

4   Por la mañana lo tendrás todo seco. Es más, cuando despegues el pañuelo de las baldosas verás que está perfectamente. ¿Qué más se puede pedir? Por lo que tengo entendido, la imaginativa solución del pañuelo y los calcetines la inventó el humorista Frank Muir durante uno de sus agotadores viajes de promoción; semejante alarde de creatividad merece como mínimo una enorme ovación.

◉ *La ingestión de bolas de naftalina puede tener efectos muy nocivos para la salud.* ◉

CÓMO
IMPRESIONAR A UNA CHICA
SIN ARRUINARSE

El poder es un afrodisíaco para la mayoría de las mujeres, y los símbolos que mejor lo representan son, por ejemplo, coches deportivos, ropa cara y relojes de marca. Todo ello puede resultar difícil de conseguir cuando uno es joven, así que, si dichos lujos quedan fuera de tu alcance, ante una chica debes dar la impresión de todo lo contrario. Imaginemos que tienes una cita para dar un paseo por la ciudad con una señorita. Aquí tienes unas cuantas ideas.

◇   En primer lugar, vístete apropiadamente. Visita con frecuencia *outlets* de firmas de alta costura y tiendas de ropa de segunda mano, donde es posible encontrar trajes de lino y corbatas de seda casi nuevos y baratísimos.

◇   Dos meses antes de la cita escribe al palacio de la Zarzuela para pedir audiencia con el monarca. Pasados unos días recibirás un espléndido sobre con el emblema de la Casa Real para informarte cortésmente de que tu petición ha sido denegada. No lo abras.

- La víspera de tu cita date una vuelta por una zona residencial de casas con jardín y busca alguna que parezca ser el hogar de una anciana dama amante de las flores. Cuando des con ella, cuéntale que tu madre está a punto de morir, pero que ver tan hermosas flores serviría para animarla en sus últimas horas. Seguro que te preparará un precioso ramillete. Envuélvelo con un papel de regalo elegante (que no te costará más de un par de euros).

- El día de la cita introduce el sobre de la Casa Real en tu buzón antes de salir de casa. Luego pásate por una tienda donde vendan artículos de perfumería de marca para caballero. Pruébate un aftershave y después abanícate con la mano, diciendo que te ha producido alergia.

- El problema del coche es más complicado. Los taxis cuestan una fortuna y no vas a meter a tu chica en el dos caballos abollado que tienes aparcado en el descampado del barrio, así que insiste en ir caminando para tomar el aire. Lo suyo es proponer un pequeño paseo hasta un lugar interesante como una refinada galería de arte (de entrada gratuita). Si vas con el catálogo de obras expuestas empollado de antemano, podrás salir con comentarios del estilo: «Es evidente que *Las grandes bañistas* de Cézanne tuvo gran influencia en Picasso a la hora de pintar *Las señoritas de Aviñón*; ahí es donde finalmente rompió con el realismo». Eso te dará un aire de entendido sin que te cueste un céntimo.

- Si no tienes un reloj llamativo, es mejor que no lleves ninguno. En caso de que el tema salga a colación, limítate a decir: «Nunca llevo reloj. Como decía Goethe: "El momento presente es una diosa poderosa"». Tu erudición te dará más puntos que si llevaras un Rolex.

- Al ver que se acerca la hora del almuerzo dile: «Con este día tan fantástico, podríamos hacer un picnic en el parque». Tan encantadora propuesta la dejará sin habla (y a ti te dejará maravillado por lo barata que saldrá la comida en comparación con un restaurante). Una vez que estéis sentados bajo un sauce, echa mano de tu gran baza: una botella de champán francés. Es una de las dos botellas que te trajo tu querida tía de la excursión que hizo a Calais y que reservabas para una ocasión especial, información que debes obviar, evidentemente. Si la dejas en el congelador hasta que esté a punto de solidificarse, aún estará fría a la hora del almuerzo. Tras una copa de champán podéis comenzar con el picnic, que consistirá en una barra de pan crujiente, un tarro de paté francés (de los que ofrecen gratis en el supermercado como artículo de gancho), unos huevos en vinagre caseros (*véase* la receta en la página 295), una ensalada con hojas verdes de buena calidad como rúcula fresca o canónigos. De postre, los donuts son una solución económica y llenan mucho; las piruletas entran por los ojos, duran siglos y no valen más de 10 céntimos cada una.

◇ Si te lo montas bien, el 80 por ciento del champán terminará dentro de tu amiga, por lo que es probable que después del picnic quiera echarse una siestecita a la sombra de los árboles, lo cual está bien, pues no cuesta dinero. Si quieres, puedes aprovechar para hacer unos cuantos trucos con una brizna de hierba (instrucciones en la página 133).

◇ Como entretenimiento nocturno desestima la idea de la ópera, que te saldría por un ojo de la cara, y hazte con unas entradas gratuitas a un programa de televisión divertido. Tras el espectáculo invítala a «cenar» a tu casa.

◇ Una vez en el portal, abre el buzón y saca el sobre de la Casa Real. Al leer la carta, comenta como si tal cosa: «La Zarzuela quiere que dé más clases de comandos a su personal del servicio secreto». La pasta rápida (*véase* la página 316) es un plato económico, delicioso, tiene una pinta fantástica, huele bien, y no hay manera de liarla (basta con no cocer demasiado la pasta). La otra botella de champán francés servirá para allanar el camino.

A excepción del transporte, el día entero habrá salido por menos de 20 euros, y el resto de la noche debería ser totalmente gratuita…

◎ *Unos 22.000 cheques son descontados de cuentas bancarias erróneas cada hora.* ◎

CÓMO
PINTAR UNA PUERTA

Hay algo primario en el hecho de pintar una puerta, y al igual que hacer una barbacoa, es competencia de los hombres. Sin embargo, existen distintas formas de ejecutar dicha tarea, desde la más despreocupada hasta la más puntillosa, pasando por la vía profesional, pero, se haga como se haga, una puerta bien pintada es algo bonito, y uno puede pasar horas muy felices contemplando su brillante acabado.

Este es el procedimiento tradicional. Para evitar que te manches de pintura, embadúrnate las manos con vaselina antes de empezar o trabaja con guantes de látex.

Necesitarás
◇ *Pintura*
◇ *Brochas*
◇ *Aguarrás*
◇ *Piedra pómez*
◇ *Papel de lija*
◇ *Radio*
◇ *Cafetera*

Procedimiento
En primer lugar, enciende la radio para amenizar la tarea y friega bien toda la puerta con una solución diluida de agua jabonosa, valiéndote para ello de un cepillo viejo. Alisa la superficie entera lijándola con la piedra pómez y con abundante agua, sobre todo si tras el lavado queda a la vista el veteado de la madera. Enjuaga la puerta a conciencia y déjala secar (un par de días será suficiente).

Remueve la pintura con un palo y vierte la que necesites en un recipiente más pequeño para manejarla con comodidad. Supongamos que vas a pintar una puerta de cuatro paneles. Lo primero que debes pintar son las molduras y las ranuras; para ello utiliza una brocha plana de 2 centímetros. Sujeta las cerdas con una goma cerca de la contera para que las pinceladas queden pulcras. Es hora de tomarse un café. Para evitar que la brocha se seque mientras no la utilizas, envuélvela con un poco de film transparente; así te aguantará en perfecto estado toda la noche.

Una vez pintadas las molduras, es el momento de hacer lo propio con los paneles. Siguiendo la dirección de las flechas que se ven en el dibujo, pinta la madera con una brocha de 5 a 8 centímetros. Una vez pintados los paneles, aplica una «capa sin pintura» en la dirección del veteado de la madera. Para ello, elimina el exceso de pintura de la brocha y apoya el extremo de las cerdas en la parte superior del panel. Acto seguido desliza hacia abajo la brocha hasta la parte inferior del panel con una pincelada suave y ve superponiendo ligeramente las pinceladas a medida que te desplazas hacia la derecha; repite la operación en todos los paneles.

A continuación pinta el resto de la puerta, comenzando por la franja central vertical, para seguir después por las franjas horizontales (superior, central e inferior) y acabar por las franjas verticales laterales. Deberías ir intercalando las capas de pintura «indefinidas» (diluidas con aguarrás) con las «definidas» (sin diluir, para conseguir un acabado brillante), dejando pasar el tiempo necesario entre una y otra para que la pintura se seque bien, y lijando la superficie con un papel de lija fino antes de volver a pintar.

◉ *La leche está indicada como medida de primeros auxilios en caso* ◉
de intoxicación con pintura.

CÓMO
DEFENDERSE SI SOLO TIENES UN PARAGUAS

T odo joven debería adquirir unas nociones básicas de defensa personal con un paraguas, un bastón o una sombrilla, aunque solo fuera para tener un entretenido tema de conversación durante una sobremesa o una muestra de videoarte.

Si se maneja como es debido, un paraguas bien enrollado puede ser un arma defensiva de una eficacia excepcional, aunque no precisamente empleado como porra. No te dejes llevar por el impulso de golpear con él a tu agresor, pues lo único que conseguirás es que el individuo acabe mojado, ya que un paraguas cerrado absorbe gran parte de la energía que un garrote macizo transmitiría en la cabeza del atacante, y un paraguas abierto no sirve de mucho, sobre todo si hace mucho viento. He oído decir que abrir de repente un paraguas automático en la cara de un asesino lo desconcierta momentáneamente, dándote cierta ventaja por lo del efecto sorpresa, pero se puede ir todo a pique cuando tengas que plegarlo. Así pues, lo mejor que se puede hacer es utilizar la punta, el arma secreta mortífera del paraguas. Sostén el instrumento frente a ti como un estoque y pincha a tu adversario en la cara, el vientre o los cataplines con un movimiento seco y rápido. Eso debería servir para refrenar rápidamente su entusiasmo.

Un pariente directo del paraguas es el bastón; un golpe asestado con la contera roma del bastón puede tener el mismo efecto persuasivo para el matón. Una vez que esté en el suelo, no te será difícil retenerlo todo el tiempo que quieras plantándole el bastón en el abdomen con decisión. De vez en cuando puedes ejercer presión un poco más abajo para recordarle que no está en condiciones de negociar. Teniéndolo en dicha posición, podrás charlar con él sobre la inconveniencia de sus improperios, las normas de convivencia cívica, la inminente llegada de los representantes de la ley y otros temas de interés.

Mientras que un paraguas no sirve de mucho empleado como porra, el bastón puede cumplir dicha función si uno sabe manejarlo con destreza. La capacidad para pegar un buen porrazo blandiendo un bastón con rapidez puede poner a un abuelo paralítico en una posición de poder. Practica el manejo del bastón agitándolo en el aire en círculos enormes mientras paseas por el campo. Verás que puedes coger velocidad suficiente para golpear los espejos retrovisores de los coches.

Cuando estés frente a un agresor, gira el bastón en el aire como la hélice de un helicóptero y déjalo caer en diagonal sobre el sujeto. De ese modo le resultará difícil cogerlo, recibirá un impacto mayor y te quedará una mano libre para agarrarle la nariz, retorcerle una oreja o mantener una posición defensiva. Trata de darle en los antebrazos, detrás de las rodillas o en puntos huesudos como la clavícula, la espinilla, el codo o la mano. Evita asestarle un bastonazo en la cabeza, a no ser que quieras matarlo.

◉ *La estrella de kung fu Bruce Lee estaba licenciado en filosofía.* ◉

CÓMO
PARECER MÁS INTELIGENTE
DE LO QUE ERES

Una frase célebre del escritor estadounidense Mark Twain dice que es mejor tener la boca cerrada y parecer tonto que abrirla y disipar la duda. Por muy ingenioso que sea este comentario, es falso según las conclusiones de estudios recientes que demuestran que la gente tiene una forma muy extraña de juzgar el coeficiente intelectual de un desconocido. Aquí tienes algunos consejos basados en las conclusiones.

◇ *Hablar rápido.* Denota inteligencia, pero también puede ser una señal de que te has pasado con el vino, así que cuidado.

◇ *Emplear un léxico rico.* Dominar un extenso vocabulario es un signo de inteligencia. Es improbable que un lerdo se moleste en simularlo, porque eso le supondría un enorme esfuerzo.

◇ *Expresarse con claridad.* Otro indicador evidente de capacidad mental. Es difícil simular claridad al hablar cuando no se tiene.

◇ *Interrumpir a los demás.* Puede parecer una falta de educación, pero si interrumpes pareces más inteligente.

◇ *Alzar la voz.* Otra supuesta (y equivocada) señal de capacidad intelectual: lo único que demuestras es que hablas alto, ni más ni menos.

◇ *Evitar titubear.* Erróneamente se cree que titubear, añadiendo interjecciones del tipo «hummm», «buenooo», indica torpeza mental, pero muchas personas dotadas de una gran inteligencia vacilan al hablar.

◇ *No emplear argot.* Aunque las personas inteligentes suelen expresarse en un lenguaje coloquial, se da por sentado (equivocadamente) que es señal de necedad.

◇ *Ser alto.* Hay un montón de enanos con una gran capacidad mental; pero los altos parecen más inteligentes.

◇ *Llevar gafas.* Desde hace mucho tiempo se cree que el uso de gafas va unido a la inteligencia. No es así, pero la gente continúa pensándolo.

◇ *Ir bien vestido y aseado.* Igual que ser alto, esto tiene poco que ver con la inteligencia, pero la gente piensa que sí.

◇ *Ser delgado.* Evidentemente, es una soberana tontería pensar que los gordos son menos inteligentes, ¡pero la gente lo piensa!

◉ *«Quienes entran en el país de forma ilegal violan la ley», George W. Bush.* ◉

CÓMO
OBRAR FRENTE A LOS TRENES ABARROTADOS Y LAS LARGAS COLAS

En una ocasión me vi dentro de un vagón de metro donde ya no cabía ni un alfiler. Al cabo de un minuto la situación comenzó a incomodar a un individuo, que dijo en voz alta: «¡Dejen sitio, por favor!». La gente se limitó a cambiar el peso de pie, pero no se movió. El hombre, todo un genio en la materia a juzgar por su reacción, gritó entonces: «¡Cuidado, esta señora está a punto de vomitar!». En mi vida había visto a una multitud apartarse con más presteza. Ahora he hecho mía dicha táctica de despeje. Siempre funciona.

Esto me animó a investigar otra cruz de la vida moderna: cómo elegir la cola más corta en un supermercado.

Poniendo por caso que uno tuviera que elegir entre tres colas pequeñas, bastaría con un análisis matemático simple para ver claramente que existe el doble de probabilidades de que una de las colas que no eliges sea más rápida que la que eliges. Pero aún es peor cuando entra en juego el factor humano, pues el comportamiento de una persona según su edad contamina las matemáticas.

Una manera eficaz de superar dicha dificultad consiste en calcular la edad media de cada cola sumando la edad (aproximada) de todo el mundo y dividiendo el total por el número de personas que la integran. Supongamos que estamos ante dos colas: la cola A, donde hay tres personas, de 45, 20 y 60 años, con una EMC (Edad Media de Cola) de 41,60 años; y la cola B, donde hay tres personas, de 11, 65 y 85 años, con una EMC de 53,60 años. Dado que lo que se persigue en este ejercicio es la cifra más baja, la cola A tiene ventaja por encima de la B por ser 12,00 años más joven.

A continuación hay que multiplicar la EMC por el número aproximado de artículos que cada persona de la cola lleva en su cesta, dividir el total por 1.000 y redondear el resultado final para obtener una cifra manejable. Supongamos que en la cola A hay unos 60 artículos y en la cola B unos 35. (El principio general es que la gente mayor suele llevar menos cosas en la cesta.) Tras redondear las cifras se obtiene un resultado de 2,5 en la cola A (41,60 × 60 ÷ 1.000 = 2,496) y 1,9 en la cola B (53,60 × 35 ÷ 1.000 = 1,876). En este caso, parece que la cola B, la de una EMC mayor, es la mejor opción.

Pero, espera, aún no hemos tenido en cuenta el CAN (Coeficiente de la ANcianidad) y, seamos realistas, las ANs nunca tienen prisa. Además, cada período extra de 30 segundos que una AN pasa charlando con la cajera sobre las bondades de las galletas maría debe multiplicarse por el número de personas que tiene detrás. Si hay 10 personas más en la cola, son 10 veces 30 segundos, es decir, 300 segundos, o 5 valiosos minutos de un estrés innecesario que puede llegar a provocar un infarto. Los 30 segundos de cháchara de la señora entrañan un grave riesgo para la salud.

Para calcular el CAN hay que dividir el número de ANs por el número de personas de la cola y multiplicar la cifra resultante por 5 para que resulte apreciable. Cuanto más bajo sea el CAN, más rápida será la cola. Así pues, si en una cola de 10 personas hay 5 ANs, el coeficiente correspondiente será de 0,5. El CAN de la cola A es 0, mientras que el de la cola B es 0,7 (en números redondos). Tras multiplicar estos resultados por 5 se obtiene un CAN ajustado de 0 en la cola A y de 3,5 en la cola B.

Ahora hay que sumar el CAN obtenido a la cifra del cálculo anterior para llegar al RFC (Resultado Final de la Cola). Así pues, en el caso de la cola A (más joven) se añade 0 a 2,5. En la cola B (de mayor edad) la suma de un CAN de 3,5 a 1,9 arroja un RFC de 5,4. Eso hace que esta última cola tenga una desventaja de 2,9. Aunque las personas de la cola B lleven una compra menor, tardarán más en pasar por la caja.

Si no te hace ilusión la aritmética, prueba a hacer un cálculo rápido a ojo: viejos y mucha compra, malo; jóvenes y menos compra, bueno.

También puedes optar por la cola donde esté la cajera más mona.

◉ *El primer carrito de la compra fue inventado en 1937 por Sylvan Goldman.* ◉

CÓMO
LEVANTAR UNA PARED
DE LADRILLOS

En sus ratos libres, Winston Churchill no encontraba mejor distracción que la albañilería. Si aspiras a convertirte en primer ministro o a derrocar un régimen fascista, puedes empezar por aprender a levantar una pared de ladrillos.

Necesitarás

◇ *Llana (en caso de necesidad puede utilizarse una espátula de cocina)*
◇ *Mortero*
◇ *Un listón (o varilla) recto*
◇ *Unos cimientos de cemento*
◇ *Esparavel*
◇ *Unos cuantos ladrillos*
◇ *Una patata atada a una cuerda*

Instrucciones

Antes de empezar, delimita los cimientos con una línea recta. Para colocar los primeros ladrillos, coge un poco de mortero y extiéndelo a lo largo de la línea con ayuda de la llana o la espátula. Hay algunos ladrillos que tienen un lado perforado; colocálos de tal forma que la perforación quede mirando boca arriba.

Tras poner el primer ladrillo, coloca el segundo a unos palmos de distancia y comprueba que están a la misma altura apoyando un nivel de aire entre ambos. Cuando quedes satisfecho, rellena el espacio entre ambos ladrillos añadiendo más. Para unirlos pon un poco de mortero en los bordes. Dado el engorro que supone cortar los ladrillos, es mejor moverlos un poco para intentar equilibrar los huecos. Completa la hilada hasta llegar al extremo de la pared.

A menos que quieras hacer una esquina (nivel avanzado), tendrás que comenzar la segunda capa de ladrillos con uno partido por la mitad, si no todas las juntas quedarán alineadas a medida que levantes la pared, restando solidez a la estructura. Como ya he comentado antes, cortar un ladrillo es un fastidio. Lo mejor es apoyarlo en el suelo horizontalmente y darle un golpe fuerte y seco con un objeto puntiagudo, como un cincel para ladrillos.

Cubre la parte superior de la hilada inferior de ladrillos con mortero y forma un valle a lo largo de la franja central de la mezcla con la llana. Al colocar los ladrillos encima y presionar hacia abajo, el mortero rellenará dicho espacio. Elimina el exceso de mortero que sobresalga por los lados. La cuerda, tensada por el peso de la patata, te servirá para colocar la segunda capa de ladrillos y las subsiguientes alineadas con la primera.

Recuerda realizar las siguientes comprobaciones periódicas:

◈ *Palo.* Usa un palo con marcas para comprobar que todos los ladrillos están a la altura correcta.

◈ *Nivel de aire.* No intentes nivelar cada ladrillo por separado si no quieres volverte loco. Emplea un nivel colocado a lo largo de toda la hilada, y da unos golpecitos a los ladrillos más rebeldes para que queden bien colocados.

◈ *Patata atada a una cuerda.* Esta plomada improvisada (usa una patata pequeña, por favor) garantizará que la pared quede perpendicular.

◈ *Listón (o varilla) recto.* Fíjate en la cara exterior de la pared para asegurarte de que queda plana. El mango de la llana es ideal para encajar los ladrillos mal colocados.

Recuerda: si vas a levantar una pared de ladrillos, la cintura de los pantalones debe estar bastante floja, para poder exhibir la raja del culo.

◉ *La producción anual de bloques de construcción LEGO ronda aproximadamente los 20.000 millones.* ◉

CÓMO
SER FELIZ

L os animales son felices con tal de estar sanos y bien alimentados, pero en el caso de los humanos no suele ser así. Si eres una de esas personas infelices que no disfruta de la vida, este apartado está pensado para ti.

Los «científicos de la felicidad» han descubierto que la alegría es una cualidad programada genéticamente y bastante inmune a las vicisitudes de la vida. Es probable que un colectivo de millonarios sea más o menos igual de dichoso o de desgraciado que un colectivo de parapléjicos. Sin embargo, eso no significa que no puedas entrenarte para ser más feliz de lo que eres.

Test sobre tu nivel de felicidad

La gente feliz tiene ciertos rasgos de carácter en común; por ejemplo, tiende a ponerse metas sencillas, debido a su visión realista. Lejos de consumirle la envidia, la vergüenza, la culpa, el aburrimiento o el miedo, está llena de afecto y entusiasmo, lo que la lleva a acoger la vida con los brazos abiertos. Se juzga a sí misma con sus propios criterios en lugar de hacerlo con los de los demás, y no se pasa el día mirando por encima del hombro al vecino o buscando la manera de adquirir bienes materiales, una costumbre calificada por un psicólogo de «tóxica para la felicidad».

Para saber si eres un alma cándida o un puñetero amargado, puntúa las siguientes casillas del 1 (si no coincides en absoluto con el enunciado) al 5 (si estás plenamente conforme). Si no lo tienes claro, pon un 3.

☐ Soy optimista y extravertido.

☐ Soy de los que perdonan y olvidan.

☐ Me gusta cómo soy.

☐ Siempre veo lo mejor de los demás.

☐ Tengo buenos amigos.

☐ Las actividades que realizo a diario me producen una gran satisfacción.

☐ Me entretengo con un trabajo o un pasatiempo tan absorbente que a veces pierdo la noción del tiempo (por ejemplo, tocar la cítara, coleccionar sellos o la neurocirugía).

Para saber el resultado del test, basta con sumar los números de todas las casillas. Si la puntuación final se sitúa entre 7 y 14, significa que eres un completo desgraciado; si está entre 15 y 28 es que no estás ni bien ni mal, aunque una cifra baja indica que podrías ser más feliz; si se halla entre 29 y 35 es señal de que eres insoportablemente feliz.

¿Cómo ser más feliz hoy?

En lugar de sentarte cada noche a sacar brillo a tu Oscar a la Persona más Infeliz del Año, la mejor manera de ser más feliz consiste en centrarte en tus virtudes y aptitudes, es decir, aquellas cosas que se te dan bien y con las que disfrutas (no vale decir «estar con el ánimo por los suelos»). La gente feliz suele valerse mucho de sus virtudes.

Además, deberías empezar a adoptar una actitud «profelicidad». A continuación tienes una lista de acciones de lo más sencillas que se ha demostrado que sirven para modificar la química del cerebro, produciendo sensaciones de felicidad.

◇ Saludar a un desconocido.
◇ Hacer un favor a alguien.
◇ Poner fin en secreto a una rencilla.
◇ Llamar a un viejo amigo y quedar para veros.
◇ Ofrecerse a hacer algo que no reporte beneficio alguno para uno mismo.
◇ Hacer un poco de ejercicio.
◇ Empezar a cultivar una planta (*véase* la página 188).
◇ Ver una película o leer algo que te haga reír con ganas.
◇ Apagar la tele y dedicar una hora a una afición.

Así de simple.

◉ *Se dice que Charlie Rivel ganó un concurso de imitadores de Charlot, a pesar de que, de incógnito, Charles Chaplin también se presentó.* ◉

CÓMO
RECUPERARSE DE UNA RESACA

A la pregunta «Doctor, ¿cuál es la mejor cura para una resaca?», la respuesta más corta es: «No hay; lo mejor es no emborracharse». Pero como eso no sirve de mucho, aquí van unas cuantas sugerencias para tratar los espantosos síntomas de una resaca.

CÓMO ACTÚA EL ALCOHOL
Cuando uno se toma una jarra de cerveza, una copa de vino o un vaso de whisky, el alcohol es absorbido por el intestino delgado y viaja por el

torrente sanguíneo hasta el hígado, donde es metabolizado por dos enzimas: la alcohol deshidrogenasa y la aldehído deshidrogenasa. La primera de ellas transforma el alcohol en un compuesto volátil sumamente nocivo llamado acetaldehído, del que hablaremos más adelante.

El organismo hace todo lo posible por excretar el líquido que le sobra a través de la orina y del aliento, pero como uno bebe más rápido de lo que el hígado puede procesar, el alcohol acaba causando todo tipo de trastornos al cerebro. Antes de la resaca, viene lo que vulgarmente se conoce como «borrachera», que incluye varios síntomas, como, por ejemplo, pensar que eres un tipo irresistible y un regalo de Dios para las mujeres.

A medida que la noche avanza, la bebida comienza a alterar los mecanismos que tiene la mente para interpretar el mundo, provocando cierto tambaleo y momentos de mareo vertiginoso, que hacen que la habitación empiece a dar vueltas y vueltas, hasta que te entran ganas de vomitar. Tan agradable efecto se ve acompañado por la repugnante toxicidad del acetaldehído, que ya he mencionado antes. Llegado este punto, tu cuerpo supone (y con buen criterio) que se ha intoxicado con algo que te has metido en la boca, y suele tomar la decisión de devolver el contenido del estómago al mundo exterior. De ahí viene el síndrome del Pavimento con Tropezones del Sábado Noche.

LOS SÍNTOMAS DE LA RESACA

Por muy interesante que pueda resultar la explicación científica de cómo acaba uno completamente pedo, lo que más nos interesa en este caso es tu lamentable estado a la mañana siguiente, cuando amaneces en una habitación desconocida o junto a un seto helado, con la lengua como un papel de lija y la sensación de que un luchador de sumo se ha pasado la noche estrujándote la cabeza y presionándote los ojos con los pulgares. Con un poco de suerte, disfrutarás también de un vértigo de órdago, unas náuseas de campeonato y el deseo apremiante de volver a perder el conocimiento.

Los subproductos del metabolismo del alcohol son los principales causantes del mal aliento, mientras que la sequedad de la lengua es resultado de la deshidratación, dado que el medio empleado para eliminar las sustancias dañinas del cuerpo es la orina, secreción que uno ha generado en cantidades muy superiores a lo habitual. El dolor de cabeza martilleante puede deberse a la dilatación de los vasos sanguíneos del cerebro o a un nivel bajo de glucosa en la sangre, una complicación derivada del esfuerzo que realiza el organismo para procesar el alcohol.

Los congéneres, sustancias volátiles resultantes de la fermentación y la destilación del alcohol, son los responsables de una buena parte de esos síntomas que hacen que uno desee estar muerto. La siguiente lista muestra el grado de nocividad de los congéneres de varias bebidas, ordenadas de menor a mayor intensidad.

1   Vodka (la mejor opción para reducir los efectos de la resaca)
2   Vino blanco y ginebra
3   Cerveza
4   Whisky escocés
5   Jerez
6   Vino tinto
7   Brandy (atroz)

Mezclar bebidas alcohólicas es tan insensato como siempre se ha dicho, pues el cuerpo tiene que lidiar con congéneres de distintos tipos, y no da para tanto. La cerveza es una buena apuesta en todos los sentidos, ya que llena, suele ser más floja que el vino o los licores y se sitúa en los puestos más bajos de la escala de nocividad de los congéneres.

La cura

Un copioso desayuno a base de huevos fritos con patatas y beicon o una sesión de ejercicio intensa son solo algunas de las muchas recetas de toda la vida contra la resaca. Una bebida dulce servirá para aumentar los índices de azúcar en la sangre si están en unos niveles bajos, y una que contenga cafeína puede mitigar el dolor de cabeza al contraer los vasos sanguíneos del cerebro (lo que puede conseguirse también con un paquete de guisantes congelados aplicado sobre la cabeza). La levadura de cerveza viene de perlas para combatir la resaca, y no porque contenga alcohol precisamente —no lo contiene, pese a lo que podría pensarse dado su nombre—, sino porque se trata de un alimento rico en vitaminas del complejo B, las cuales ayudan a metabolizar el alcohol, al igual que ocurre con un aminoácido llamado cisteína, presente en germinados y en el ajo. Pero, a menos que a uno le apetezca meterse un cuenco de ajos tiernos entre pecho y espalda, lo mejor es comprar productos con cisteína en tiendas de alimentación especializadas. No hay duda de que la mermelada viene bien cuando uno tiene náuseas, pues es el único alimento que sabe igual cuando entra por la boca que cuando sale de ella.

Quizá el remedio más aclamado jamás sugerido sea el que se atribuye a Eddie Condon: «Lo mejor para una mala resaca es tomarse un par de litros de whisky». Es cierto que ingerir más alcohol puede aliviar temporalmente el síndrome de abstinencia de un bebedor empedernido como W. C. Fields, pero para el resto de los mortales el mejor remedio consiste en la toma de ingentes cantidades de agua, un par de pastillas efervescentes para el dolor de cabeza cada cuatro horas (si consigues soportar el ruido del envoltorio) y mucho reposo o, si se puede, dormir mejor. También ayuda salir a tomar el aire o darse una ducha o un baño caliente, pero lo más aburrido es lo que realmente funciona.

◉ *Cada año se consumen 50 billones de aspirinas en todo el mundo para paliar los dolores de cabeza.* ◉

CÓMO
CALCULAR LA TALLA DE SOSTÉN DE UNA MUJER A SIMPLE VISTA

Este pasatiempo, más delicado de lo que parece, tiene más de ciencia que de arte y ofrece muchas ventajas prácticas. No es algo que muchos hombres sean capaces de hacer, y al mismo tiempo resulta de lo más divertido. Te sorprendería lo complacientes que llegan a mostrarse las mujeres cuando les explicas lo que estás haciendo, y les encanta ver si adivinas su talla. Además, es un ejercicio estupendo para desarrollar el sentido espacial de la mente si quieres dedicarte a la ingeniería civil.

La clave radica en la capacidad para calcular la circunferencia del cuerpo, algo que es de notoria dificultad. Para poner a prueba tus aptitudes al respecto, trata de adivinar la circunferencia de un vaso alto. Cuando lo midas comprobarás que el perímetro de la boca es casi siempre mayor que la altura del vaso. Las apariencias engañan, así que ándate con mucho ojo.

Al grano

La talla de busto corresponde a la medida de la parte más voluminosa del pecho de una mujer, y eso es lo que hay que acostumbrarse a calcular a simple vista. Tras un primer acercamiento empírico con unas cuantas damas de confianza y una cinta métrica, ya deberías ir cogiéndole el tranquillo. En cualquier caso, para ir practicando, supongamos que has adivinado una talla 95. Toma un apunte visual de la imagen y no olvides la medida.

A continuación calcula la circunferencia torácica por debajo de las tetas. Si el resultado de tus cálculos es un número par, añádele 4; si es impar, súmale 5. La cifra final corresponderá a la talla de torso hipotética de la fémina en cuestión. Si, por ejemplo, calculas 86 (número par) y a esta cifra le sumas 4, obtendrás una talla 90.

Para calcular la talla de copa hay que comparar la talla de torso con la de busto. Si las cifras coinciden, significa que la mujer tiene una copa A. Cada 2,5 centímetros de diferencia equivale a una talla de copa: si la talla de busto es 2,5 centímetros más grande que la de torso, se trata de una copa B, si la supera en 5 centímetros, es una C, y así sucesivamente. En nuestro ejemplo la talla de busto (95) es 5 centímetros más grande que la de torso (90), por lo que la copa será una C. Tallas de copa curiosas como la DD de Mae West, en el extremo más voluminoso de la escala, pueden echar por tierra los cálculos de un principiante en la materia, pero sean como sean las domingas que tienes delante, te lo pasarás muy bien tratando de calcular a ojo cuánto miden. Y siempre será mucho más entretenido que ver la tele.

◉ *La sandía más grande del mundo pesó la friolera de 122 kilos.* ◉

II

CIENCIA DE FERIA

IDEAS INCREÍBLES Y DIVERTIDAS BASADAS EN LA FÍSICA

El niño de brea no dice nada, y Brer Fox tumbado está.

JOEL CHANDLER HARRIS
Tío Remo y sus leyendas de la vieja plantación

CÓMO
HACER LEVITAR LAS PELOTAS

Cuanto más rápido se desplaza una corriente de aire, más baja es la presión que ejerce. Este fenómeno se conoce como el «efecto Bernoulli», por Daniel Bernoulli, el científico suizo que lo descubrió. Dicho principio es el que se aplica normalmente en el diseño del ala de un avión, donde el aire se mueve a mayor velocidad sobre la superficie curva de la parte superior que por la cara inferior. En consecuencia, la presión del aire es menor en la superficie superior del ala que en la inferior, hecho que en combinación con la posición del ala hace despegar el avión del suelo. La función de los motores consiste en impulsar las alas hacia delante con la fuerza suficiente para generar la propulsión necesaria. Si esta disminuyera demasiado, el avión caería en picado. Recuerda este dato la próxima vez que tengas a una azafata delante explicando dónde se hallan los chalecos salvavidas.

A estas alturas ya estamos acostumbrados a las curiosas propiedades de las alas de los aviones, pero el efecto Bernoulli puede producir resultados extraños en otras situaciones, donde el principio que lo rige no es tan evidente. A continuación se explican varios trucos sorprendentes que se pueden realizar aplicando dicho principio.

Las pelotas de Bernoulli

Aprovecha el descuido de una dama para coger el secador de su tocador. Tiene que ser de los que llevan un accesorio cilíndrico acoplado al extremo. Ponlo en marcha y coloca una pelota de ping-pong en la corriente de aire que sale del aparato. La bola comenzará a girar manteniéndose arriba por la presión del aire circundante, más alta que la de la columna de aire en movimiento. En este caso se da el mismo principio que hace levitar el guisante de la página 286.

Dicho experimento puede demostrarse a una escala mayor con una aspiradora y un balón de fútbol, aunque para ello se precisa cierta práctica. Si colocas la aspiradora en una posición inclinada y te escondes tras la puerta del trastero, la pelota parecerá dar vueltas en el aire por sí sola (si haces caso omiso del ruido atronador).

ATRACCIÓN NADA FATAL

Cierra las ventanas y ata una pelota de ping-pong a los dos extremos de una cuerda de unos 50 centímetros. Cuelga la cuerda de una regla, de tal modo que las bolas queden al mismo nivel, a un par de dedos de distancia. Si soplas con fuerza entre ambas, verás que se juntan, en lugar de separarse, como cabría esperar, ya que tu soplido ejerce sobre ellas una presión más baja que el aire que las rodea.

También puedes realizar este truco con globos y latas de cerveza vacías… y así tendrás una excusa fantástica para montar una fiesta.

EL EMBUDO DE LA RISA

Deposita una pelota de ping-pong en el interior de un embudo y reta a un amigo a que la saque soplando. Puedes improvisar un embudo con la parte superior de una botella de plástico cortada por la mitad.

Dile a tu víctima que sople por la boca del tubo tan fuerte como quiera. La pelota no se moverá del sitio y él acabará sin aliento, congestionado y con tortícolis. Explícale que el problema es que sopla demasiado fuerte y ofrécele otro embudo, cuya boca habrás untado previamente de salsa picante. Esto no tiene nada que ver con el efecto Bernoulli, pero cuando veas la cara de tu amigo te partirás de risa.

◉ *La corriente de aire que pasa de una zona de altas presiones a una de bajas presiones es lo que se conoce como «viento».* ◉

CÓMO
METERSE EN UNA POSTAL

~~~~

Qué rabia da volver a casa reventado después de pasar dos semanas en un apartamento de Benidorm y encontrarse el buzón lleno de folletos publicitarios, un recordatorio de pago del dentista y una postal con la imagen de una isla tropical paradisíaca donde tu colega está pasando las vacaciones con su novia de piernas torneadas. A continuación te propongo un ejercicio catártico ideal para desahogar tu ira, y, aunque funciona bien con la propaganda comercial, quizá es más impactante con una simple postal.

Puedes ponerlo en práctica casi en cualquier parte, y el material que necesitas para ello es barato y fácil de conseguir. Es más, puedes llevarlo encima hasta que estés preparado para representar el número en público.

NECESITARÁS
◇ *Una postal*
◇ *Un par de tijeras afiladas o un cúter*
◇ *Una regla (si quieres ser cuidadoso)*

PROCEDIMIENTO
Explica a tus amigos que procederás a practicar varios cortes en la postal que te permitirán meterte en ella. Dicho preámbulo suele provocar comentarios del estilo: «¡Anda y piérdete, fantasmón!». Tú fíjate en sus rostros cuando se den cuenta de que acabarán mordiendo el polvo.

1   Dobla la postal por la mitad a lo largo.

2   Desdóblala hasta que quede plana y practica un corte a lo largo del pliegue que quede a unos milímetros del borde de cada extremo.

3   Dobla de nuevo la postal y haz varios cortes en ángulo recto al pliegue. El primero de estos cortes debería partir del pliegue y terminar a unos milímetros del borde longitudinal de la cartulina. El siguiente debería partir del borde y terminar a unos milímetros del pliegue cen-

tral. Repite la operación a lo largo de la postal, alternando los cortes como se muestra en la figura a de la ilustración.

4   Abre la postal con delicadeza (Fig. b) y despliégala de forma que quede una tira en zigzag (Fig. c); será lo bastante grande para que puedas ponerte dentro. A fin de que tu exhibición tenga más efecto, introdúcete en ella y sácatela por la cabeza al tiempo que preguntas: «¿A quién le toca ahora?».

◉ *Benidorm es la cuarta ciudad europea con más rascacielos, después de Londres, Frankfurt y Moscú.* ◉

CÓMO
LEVANTAR CON UN SOLO BRAZO A UN HOMBRE

Con esta demostración tan auténtica, podrás organizar una apuesta en el bar de las que hacen historia, pues parece de lo más improbable, sobre todo si no eres un tipo musculoso ni muy alto que digamos. Para asegurarte el tanto las primeras veces que la pones en práctica, elige un individuo que pese poco si no quieres acabar en una lista de espera para que te operen de una hernia. Cuando propongas el reto, nombra a la persona elegida para evitar que el listillo de turno te pida que levantes a su tío de 200 kilos. Di algo así como: «¿Qué os apostáis a que levanto a Ramón con un solo brazo?».

NECESITARÁS
◇   *Una silla*
◇   *Un cinturón de caballero*
◇   *Un hombre*

PROCEDIMIENTO
1   Pide a tu hombre que se suba a la silla.
2   Abróchale el cinturón alrededor del pecho. Debería quedarle por debajo de los brazos y con la hebilla en la espalda.

3   Colócate frente a él y mete una mano por debajo del cinturón, con los nudillos pegados a su pecho.

4   Cierra los dedos en torno al cinturón y dobla las piernas por las rodillas (¿por dónde sino?) al tiempo que extiendes el brazo hasta que quede completamente estirado.

5   Dale la espalda al individuo y estira poco a poco las piernas, manteniendo firmes las articulaciones del brazo, ya que si lo doblas por el hombro o el codo arruinarías tu actuación. A medida que te pones de pie poco a poco, el sujeto se verá elevado de la silla sin esfuerzo. Si dejas que el peso de su cuerpo repose sobre tu espalda, verás que incluso puedes dar unos pasos con él a cuestas. Cuando hayan cesado los aplausos del público, baja al hombre al suelo, vuelve a ponerte el cinturón y embólsate las ganancias de la apuesta.

Recuerda, no dobles el brazo en ningún momento o todo se irá al traste. Si, pese a todos tus esfuerzos, acabas cayéndote encima del sujeto, o no consigues levantarlo, no te preocupes: ganarás puntos solo por haberlo intentado. Con la práctica verás que puedes con individuos más pesados. Un hombre alto suele parecer más grande que uno bajo del mismo peso, y si lleva chistera añadirás a la acción un elemento de diversión, así como de dificultad. Nada te impide que des unos cuantos brincos con él a cuestas si te apetece.

◉ *Atila, rey de los hunos, medía tan solo 1,35 metros.* ◉

OCHO FORMAS DE ENGAÑAR AL CEREBRO

El cerebro es un instrumento de un gran ingenio y puede funcionar a la perfección aunque estés colgado cabeza abajo o sumergido en el agua. Pero también resulta fácil de engañar, incluso cuando sabe que estás jugando con él. Los juegos e ilustraciones que se exponen a continuación se basan en la capacidad del cerebro para ver las cosas un tanto distorsionadas.

1 LA SALCHICHA FLOTANTE

Une la punta de los índices y acércate las manos a la cara. Desenfoca la vista (dirigiéndola a la pared de enfrente) cuando tengas los dedos a unos centímetros de la nariz. Si en este momento separas los dedos ligeramente, te dará la sensación de ver una salchicha de aperitivo flotando entre ellos, como se muestra en la siguiente ilustración.

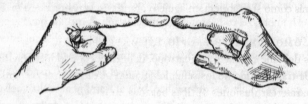

2 METER AL LADRÓN ENTRE REJAS

Este juego es tan viejo como la tiña, además de ser un modo ingenioso de demostrar que el cerebro puede malinterpretar lo que ven los ojos. Coge el libro abierto por esta página y acércatelo a la cara mientras desenfocas la vista. Verás que el ladrón se «desplaza» de lado hacia la celda. Detente cuando el extremo inferior de la línea discontinua quede a dos dedos de tu nariz. (Vale, el tipo se ve un poco desenfocado, pero ¿qué esperas?, ¿milagros?)

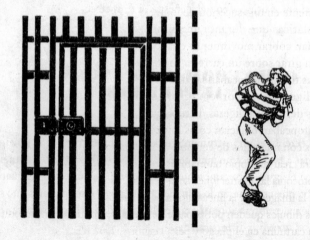

3 UN AGUJERO EN LA MANO

Mantén en alto la mano izquierda con la palma abierta mirando hacia ti y coloca el tubo interior de cartón de un rollo de papel de cocina a un lado de la mano, de modo que puedas ver lo que hay al otro lado. Acerca el tubo a tu ojo derecho y, con los dos ojos abiertos, ve deslizando la mano hasta el centro del tubo. Si mantienes la vista fija en la pared de enfrente, verás como si se abriera un agujero grande en la palma de tu mano.

4 CÓMO CREAR TU PROPIO TAUMATROPO

Antes del cine existía el taumatropo, del griego, «girador maravilloso». Se trata de uno de los sencillos juguetes decimonónicos pensados para crear ilusiones ópticas basadas en la incapacidad del cerebro para olvidar por un instante una imagen que los ojos acaban de ver. Dicho fenómeno se denomina «persistencia retiniana», y en este experimento se traduce en dos imágenes que al alternarse rápidamente parecen superponerse.

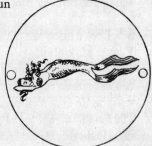

El taumatropo fue el precursor del Mutoscope, un invento patentado en 1894 consistente en una sucesión de imágenes estáticas que durante un minuto parecían cobrar movimiento cuando se hacían girar sobre un carrete. Entre las escenas típicas destacaban las de contenido ligeramente pornográfico, con damas desnudas o ligeras de ropa que se contoneaban o hacían cosas inverosímiles con utensilios de cocina.

Para crear tu propio taumatropo, calca o fotocopia las ilustraciones de la derecha. Dobla la imagen por la línea de puntos de modo que los dibujos queden por la parte de fuera. A continuación introduce una cartulina en el pliego y pega las hojas sobre ella.

Cuando el papel esté seco, recorta el círculo y con ayuda de una aguja de tejer de tu abuela haz dos agujeros en los dos puntos opuestos señalados en la imagen. Luego pasa una goma fina por cada agujero y dóblalos sobre sí mismos. Si giras el disco y tiras de las gomas, la cartulina comenzará a dar vueltas con rapidez, produciendo la impresión de que la sirena está nadando entre los peces.

5   LOS TRES CUENCOS DE AGUA DE RICITOS DE ORO

Llena tres cuencos de agua. Como en el cuento de los tres osos, el primer cuenco contendrá agua caliente; el segundo, agua fría, y el tercero, agua tibia. Sumerge la mano izquierda en el agua fría y la derecha en la caliente. Al cabo de un par de minutos introduce ambas en el agua tibia. Notarás calor en la mano izquierda y frío en la derecha.

6   LOS DEDOS DE YABLONSKI

Esto es como el strip póquer, pero más rápido. Reta a tu contrincante (femenina, naturalmente) a tocarse la nariz con la punta del dedo corazón de la mano izquierda y al mismo tiempo tocarse la punta del dedo corazón de la derecha con el pulgar de la izquierda. Cuando digas «Yablonski», tu rival tendrá que invertir la posición rápidamente, poniendo el dedo corazón de la derecha en la nariz y el de la izquierda en el pulgar de la derecha. Esto es terriblemente difícil, sobre todo si complicas las cosas imponiendo la norma de que solo puede cambiar de posición al oír el nombre de «Yablonski». El juego resultará entonces más divertido si comienzas a decir otras palabras como «Polanski», «Sikorski» o «Gesundheit». Cada vez que uno de los dos se equivoque o reaccione con demasiada lentitud, tendrá que quitarse una prenda de vestir. Como tú habrás practicado y ella no, el resultado estará cantado.

7   UNA NARIZ DE MÁS EN UN SANTIAMÉN

¿Quién de nosotros no ha dicho alguna vez presa de la desesperación: «Si tuviera dos narices, la vida sería mucho más sencilla»? Probablemente nadie, ahora que lo pienso. Sin embargo, aquí explicamos la forma de producir la sensación de que uno tiene exactamente eso.

Cruza el dedo índice y el corazón de tu mano dominante y acaríciate la punta de la nariz con la yema de ambos dedos. Notarás la extraña sensación de que tienes dos narices. Este truco lo dio a conocer Aristóteles, aunque seguro que tenía cosas más interesantes que hacer.

8   CREAR UN DIBUJO ANIMADO

Para crear un dibujo animado se necesitan dos hojas de papel del tamaño de la cuarta parte de un folio, pegadas una a la otra con un poco de celo en la parte de arriba.

Dibuja un círculo (con el contorno de una moneda de 2 céntimos como plantilla) cerca del borde inferior de cada hoja. Los círculos deben estar exactamente uno encima del otro (ponerlo a contraluz en una ventana puede ayudarte). En el círculo de la hoja de abajo dibuja dos ojos y una nariz con un trazo sencillo. A continuación calca el dibujo en la hoja de arriba.

En la cara que has dibujado debajo, añádele una línea recta corta a modo de boca. A continuación, en la de arriba, traza una curva en forma de boca sonriente. Si rizas la cuartilla superior con el filo de unas tijeras para que quede enrollada hacia arriba, podrás introducir en ella un lápiz y superponer rápidamente la hoja de arriba sobre la de abajo. El efecto resultante será el de una cara que pasará de tener una expresión neutra a estar sonriente. Si añades unos puntos en los ojos del papel de abajo y cambias la posición de estos en la hoja de arriba, darás también movimiento a los ojos.

Dicho efecto se atribuye normalmente a la persistencia retiniana, pero seguramente tiene más que ver con la capacidad que los humanos han desarrollado para percibir un cambio de posición como indicador de movimiento, que es lo que sucede en plena naturaleza, para ayudar a los animales a cazar.

Si aspiras a crear tus propios dibujos animados, el siguiente paso consiste en hacer tu propia animación con un bloc. Dibuja un monigote dando saltos en la esquina de las páginas y pasa estas después con rapidez. Te sorprenderán los resultados.

◉ *El cerebro humano de un adulto mide unos 14 centímetros de ancho.* ◉

CÓMO
CAMINAR SOBRE BRASAS

No hay nada mejor para provocarnos una mueca por el dolor ajeno que ver a un tío caminando sobre un lecho de brasas al rojo vivo. Pero ¿cómo demonios lo hacen? Quienes realizan normalmente esta proeza son vistos como una especie de gurús, que explican a los voluntarios que se trata de supeditar la materia al poder de la mente. Sin embargo, no tiene nada que ver con eso; es una mezcla entre una serie de principios científicos básicos y una buena dosis de charlatanería efectista. No obstante, debo hacer hincapié en el hecho de que puede ser sumamente peligroso caminar sobre un lecho de ascuas incandescentes, y de que nunca debe probarse en casa. Por si se te ha ocurrido tal cosa.

LA IMPRESIÓN DE PELIGRO

La temperatura es una medida que indica el grado o intensidad de calor, pero en el tema que nos ocupa lo principal no es tanto el calor como el «conductor». Por ejemplo, si pones la mano en contacto con el aire caliente de un horno no te quemarás, pero si tocas la rejilla metálica sufrirás una buena quemadura aunque el metal esté a la misma temperatura que el aire. Esto se debe a que el aire es un mal conductor del calor, tanto que de hecho se emplea como aislante. El metal, en cambio, es un conductor excelente, motivo por el cual se utiliza para la fabricación de sartenes y por el cual los que caminan por el fuego nunca lo hacen sobre un lecho de bolas de acero incandescentes.

Las «brasas» que pisan son, en realidad, trozos de carbón de madera noble, otro mal conductor térmico incluso cuando está ardiendo (el carbón también se emplea como aislante). A ello hay que añadir el hecho de que la superficie del carbón es básicamente ceniza, otro excelente aislante; puedes tocarlo tranquilamente sin quemarte. Esta es una de las razones por las que cuando asas unas salchichas en la barbacoa, no las pones directamente sobre las ascuas, sino a cierta distancia.

Naturalmente, si se deja pasar el tiempo necesario, el aire caliente y el carbón incandescente acabarán conduciendo el calor suficiente para que te quemes los pies. Por eso es mala idea estar mucho rato sobre las brasas, como también lo sería dejar la mano metida en un horno caliente durante una hora.

He ahí la clave para caminar sobre el fuego sin quemarse: estar aislado del calor. Siempre hay que dejar que las brasas ardan un rato hasta quedar cubiertas por una capa de ceniza antes de caminar sobre ellas; de ese modo las llamas, que de lo contrario te chamuscarían los pelos de las piernas, tendrán tiempo de apagarse. Quien se atreva a caminar descalzo sobre el fuego no correrá ningún riesgo siempre y cuando no se entretenga demasiado por el camino.

LA RADIACIÓN DEL CALOR Y EL BRILLO QUE EMITE

¿Alguna vez te has preguntado por qué será que quienes caminan sobre brasas siempre lo hacen por la noche? La respuesta es sencilla: porque las brasas emiten un precioso ressssplandooor naranja, un efecto que no es tan visible a la luz del día, ni mucho menos. Junto con la radiación del calor (que hace que te apartes de él con un «¡Aaauffff!»), el brillo naranja transmite la idea de que las ascuas están quemando un montón… y así es. Lo más probable es que estén a una temperatura superior a los 500 ºC. Y la impresión que da es que las brasas te quemarán los pies al menor roce, lo cual no es cierto, por los motivos que acabo de exponer.

Como ya he dicho, no es aconsejable que practiques esto en casa, pero la próxima vez que un ridículo faquir te cuente que es cuestión de supeditar la materia al poder de la mente, puedes quitártelo de encima con tu erudición.

◉ *La torre Eiffel mide 15 centímetros más en verano debido a que su estructura metálica se dilata con el calor.* ◉

UN NÚMERO DIVERTIDO CON UNA BANDA DE MÖBIUS

La gente dice que una misma cuestión puede contemplarse desde dos puntos de vista distintos, del mismo modo que una hoja de papel tiene dos caras. El problema es que algunas hojas de papel solo presentan una cara. Esta afirmación puede demostrarse fácilmente mediante una banda de Möbius, nombre que recibe del matemático y astrónomo August Ferdinand Möbius, quien planteó esta idea en 1858. Dicha singularidad topológica hace posible cosas que parecen increíbles, produciendo efectos como los que tienes a continuación.

NECESITARÁS
◇ *Una hoja de papel grande*
◇ *Celo*
◇ *Tijeras*

PROCEDIMIENTO
Corta una tira de 5 centímetros de longitud de un papel de sobre marrón o de un papel de regalo sin dibujos. Retuerce la tira una vez y une los extremos con celo.

EFECTOS CURIOSOS
1   Si cortas el aro por la mitad a lo largo no obtendrás dos aros separados, sino uno muy largo.
2   Si retuerces la tira de papel dos veces antes de unir los extremos y la cortas como se indica en el punto 1 de este apartado, obtendrás dos aros idénticos entrelazados.
3   Si cortas el aro comenzando a un tercio de distancia del borde, terminarás con dos aros entrelazados, uno grande y uno pequeño.

UNA PEQUEÑA DEMOSTRACIÓN
Un catedrático de física que conozco solía ilustrar las extrañas propiedades de la banda de Möbius realizando un ingenioso truco con dos estudiantes de la siguiente manera.

1 Prepara tres tiras de papel, cada una de 15 centímetros de ancho y 3 metros de largo. Une los extremos de cada una de las tiras, retorciendo una vez la primera, dos veces la segunda y dejando la tercera sin retorcer. Señala esta última con una marca visible.

2 Entrega a cada uno de los dos voluntarios una de las tiras, quedándote tú con la buena (la marcada). Dada la longitud de las tiras, no se notará que están retorcidas. Cada persona debe contar con unas tijeras afiladas.

3 Diles: «Esto no es una prueba de habilidad, es una prueba de velocidad. Voy a premiar al primero que consiga cortar el papel y obtenga dos aros separados, como estos». Corta el aro por la mitad a lo largo y muestra los dos nuevos aros resultantes.

4 Advierte a los dos voluntarios que tengan cuidado con los dedos y diles que empiecen a cortar el papel cuando tú se lo digas. En cuestión de unos instantes, tu primera víctima verá que obtiene un solo y enorme aro de papel, mientras que la otra persona obtendrá dos aros, como has pedido, pero entrelazados.

◉ *August Ferdinand Möbius era descendiente de Martín Lutero.* ◉

CÓMO
CLAVAR UN CLAVO EN UNA TABLA CON LA MANO

La idea es que cojas un clavo de aspecto resistente y envuelvas su cabeza en un paño para clavarlo en una tabla de madera solo con la mano. Al igual que ocurre con la capacidad para eructar cuando uno quiere, esta es una de esas cosas que no tienen casi ninguna aplicación práctica. Pero si te molestas en aprender cómo hacerlo, siempre podrás dejar maravillado al personal con una demostración de tu habilidad. El único problema es que tendrás que llevar todo el día una tabla a cuestas. (A diferencia de lo que ocurre cuando uno eructa, en este ejercicio es muy importante que sigas las instrucciones con precisión y sumo cuidado, pues de lo contrario puedes hacerte daño.)

Necesitarás

◊ *Un clavo de 20 a 25 cm*
◊ *Un trapo de cocina o del polvo*
◊ *Una tabla de madera corta*
◊ *2 sillas*

Hay dos factores clave que determinan el éxito de este ejercicio. El primero es utilizar la tabla adecuada. Lo que interesa es que esté hecha de una madera que no sea demasiado maciza. Está claro que no vas a impresionar a nadie si utilizas un pedazo de madera de balsa, pero una tabla de caoba tampoco te ayudará mucho. La madera de abeto y la de algunas variedades de pino son más indicadas, pero ir probando es lo que mejor puede servirte como guía. La tabla debería ser de 1 metro de largo, y cuanto más fina sea, más fácil te resultará el trabajo.

El segundo factor clave radica en la forma de envolver el clavo. La principal función del trapo es absorber y difundir la energía que recibe la mano al impactar el clavo en la tabla, para que puedas golpear con la fuerza suficiente sin que también la mano se te quede clavada en la madera. Cuando más cantidad de tela haya en el hueco de la mano, más fácil será la labor.

Instrucciones

1   Muestra el clavo, sujetándolo en posición vertical por la punta, de modo que se aprecie en toda su longitud. Envuelve la cabeza con el trapo de cocina o del polvo de modo que quede bien rodeada de tela y que esta quede bien recogida en el hueco de la mano derecha, con el clavo sobresaliendo entre el dedo corazón y el anular, en un punto situado entre el primer y el segundo nudillo.

2   Pide a un par de voluntarios que coloquen la tabla entre dos sillas sólidas y resistentes y distánciate.

3   Sujeta la tabla con la mano izquierda para que no se mueva y levanta la derecha todo lo que puedas; hazlo poco a poco y poniendo dramatismo en el asunto.

4   De golpe, deja caer la mano con fuerza, en una posición totalmente perpendicular a la tabla. Asegúrate de que el clavo esté completamente recto, si no, no se clavará bien en la madera.

5   Retira la mano y el trapo para mostrar cómo el clavo ha quedado hundido en la madera.

6   Haz que la tabla pase de mano en mano y pide a algunas damas que saquen el clavo. Les costará lo suyo.

◉ *Hasta finales del siglo* XVIII *los clavos se hacían a mano.* ◉

UNA MANERA PARANORMAL (Y FÁCIL) DE DOBLAR UNA CUCHARA

Hace años, un caballero, considerado por los medios como un ser dotado de poderes sobrenaturales, cobró renombre internacional por realizar cosas supuestamente imposibles con objetos de metal. En realidad, no era más que un gordinflón mentiroso que se valía del engaño para engatusar a sus espectadores. Se trataba de Joaquín María Argamasilla, el supuesto «español con rayos X en los ojos». Sus trucos quedaron al descubierto en los años treinta, cuando Harry Houdini lo espió entre bambalinas mientras estaba aplicando sus cualidades paranormales ayudándose de un reloj, y lo sorprendió haciendo trampa.

Casos parecidos están documentados en el libro de Reginald Scot *Discoverie of Witchcraft*, de 1584; aunque no pongo para nada en duda que quienes dicen tener poderes son realmente paranormales, todavía estoy esperando un titular que diga: «Vidente gana la lotería».

Una de las cosas más inútiles que se cuentan entre las proezas que se atribuyen estos personajes es doblar cucharas y tenedores con solo rozarlos, pero a mí me parece un derroche inútil de energía extrasensorial, ya que pueden lograrse los mismos efectos con los poderes pedestres que poseemos el resto de los mortales. A continuación se explica una forma de doblar piezas de cubertería que puede parecer de lo más sobrenatural.

PREPARACIÓN

Dobla un tenedor hacia atrás y hacia delante con las manos hasta que se forme una pequeña fisura en el cuello. Verás que el metal sobresale un poco justo ahí donde está a punto de romperse. Entrega dos o tres de estos tenedores amañados a un cómplice.

Invita a unos cuantos amigos crédulos a una velada paranormal; pídeles que traigan consigo cubiertos de casa.

REPRESENTACIÓN

Nombra a una guardiana de la cubertería y entrégale una bandeja donde reunir todos los utensilios; dile que no los pierda de vista ni un solo instante. Tu cómplice depositará en la bandeja los tenedores amañados con los demás cubiertos, y a partir de ese momento todo será puro teatro.

Elige uno de los tenedores preparados y sujétalo con la mano izquierda por la punta del mango, con las púas mirando hacia los espectadores. Coloca la yema de los dedos de la mano derecha sobre la protuberancia del cuello del cubierto y comienza a frotar el metal con cuidado, ejerciendo una suave presión en la dirección contraria con los dedos de la izquierda. En todo momento se tiene que ver que manejas el tenedor con suma delicadeza.

Empuja poco a poco la cabeza del cubierto hacia delante con el pulgar y verás cómo comienza a doblarse. Si sigues moviéndolo hacia delante y hacia atrás, el metal parecerá ablandarse. Al cabo de unos minutos notarás que se rompe, pero no lo sueltes. En lugar de ello, sacúdelo en posición horizontal y verás que comienza a moverse como si estuviera hecho de goma.

Al dejar de ejercer presión con el índice y el pulgar, la cabeza del tenedor parecerá derretirse y caer hacia atrás.

Reacciona con sorpresa y ofrece los trozos del tenedor roto a los presentes para que los toquen, diciendo: «Ni siquiera está caliente».

◉ *Hasta el siglo XIX, la cuchara era, aparte del cuchillo o la navaja, el único instrumento utilizado normalmente en las comidas.* ◉

CÓMO
ROMPER UNA GUÍA TELEFÓNICA POR LA MITAD

Este famoso truco del hombre forzudo parece dificilísimo, pero en realidad no se precisa una gran fuerza física para ejecutarlo. Pocos hombres podrían romper mil páginas por la mitad de un tirón, y el procedimiento que se describe en este apartado permite hacerlo rompiendo unas cuantas páginas a la vez. Es aconsejable comenzar con una guía fina (de unas 700 páginas) y pasar a otras de mayor volumen a medida que vayas adquiriendo experiencia. Un mínimo de capacidad interpretativa y de contracción de las facciones servirá para dar más efectismo a la acción, pero incluso un tipo canijo y tímido puede ganarse el aplauso del público con este truco tan llamativo. Como siempre, practicar antes es fundamental, tanto para adquirir técnica como para preparar la puesta en escena.

PROCEDIMIENTO

1 Antes de empezar, saca de la guía cualquier papel grueso o cartulina que pueda haber entre sus páginas.

2 En primer lugar, coge la guía y colócala en posición horizontal, con la portada hacia arriba y el lomo apoyado en el muslo. Sostenla por debajo con los dedos anular y meñique de cada mano en las esquinas exteriores, juntando los pulgares encima de la portada y dejando los dedos índice y corazón de cada mano relajados bajo la guía.

3 Para comenzar a romperla, ejerce presión con los pulgares sobre el centro de la guía, doblando al mismo tiempo hacia arriba los extremos con los dedos anular y meñique de cada mano, de tal modo que el libro adopte la forma de un plátano sonriente.

4 A continuación aprieta la guía con fuerza y separa los pulgares para que la portada y las primeras páginas queden completamente estiradas. Al mismo tiempo, aplasta con los índices las páginas situadas más cerca del lomo, de manera que queden en forma de V (Fig. a).

5 Sin dejar de estirar la portada y las primeras páginas con los pulgares, dobla hacia abajo las esquinas de modo que el plátano pase de sonreír a estar triste. Esto hará que la portada y las primeras páginas se estiren tanto que no aguanten la tensión, lo que provocará que de repente se rasguen, en ocasiones con un sonoro crac (Fig. b).

6 Sigue doblando hacia abajo las esquinas hasta que consigas romper todas las páginas. Puede que necesites reajustar la colocación de los dedos de vez en cuando para aumentar el efecto palanca sobre las páginas. A medida que van rompiéndose, comienza a retorcer las manos como si abrieras un abanico (Fig. c). De ese modo tensarás aún más las hojas, consiguiendo que se desgarren con mayor facilidad al acercarte al lomo. Es llegado este punto cuando cobra protagonismo finalmente la fuerza bruta, pues para acabar de romper la guía tendrás que tirar de la mitad de las páginas hacia ti con una mano mientras empujas hacia fuera con la otra. Un poco de forcejeo no vendrá mal para añadir una dosis de dramatismo a este momento final de tu actuación, sobre todo si además gruñes. Al fin y al cabo, nadie ha dicho que romper una guía sea fácil.

7 Por último, agita en el aire las dos mitades con gesto triunfal y responde a la ovación del respetable con un saludo.

Este es mi método preferido y ofrece un control mucho mayor que otros procedimientos, que implican tener que abrir las páginas en abanico antes de romperlas. Si quieres convertirte en un experto rompedor de guías telefónicas, seguro que a los del servicio de reciclaje de tu ayuntamiento no les importará pasarte unos cuantos listines antiguos para que practiques.

⊚ *El verdadero nombre del forzudo Charles Atlas era Angelo Siciliano.* ⊚

CÓMO
PESARSE LA CABEZA

Pocos problemas debe de haber tan molestos como tratar de pesarse la cabeza. Para empezar, ¿sabrías determinar dónde termina la cabeza y dónde empieza el cuello? Y, una vez delimitada la frontera y señalada la unión con un rotulador indeleble, ¿cuál es el siguiente paso? Semejante enigma sacaría de quicio hasta al mismísimo Arquímedes. No obstante, aquí tenemos un método que te permitirá calcular el peso aproximado de tu cabeza la próxima vez que no tengas nada que hacer.

Necesitarás
◇ *Una piscina de plástico*
◇ *Un bidón de plástico*
◇ *Un cubo de plástico*
◇ *Un vaso medidor de plástico*
◇ *Una silla de plástico*
◇ *Una báscula de baño*
◇ *Tu cabeza*

Procedimiento
1 Un día que haga buen tiempo, infla la piscina en el jardín. Lo normal es tardar un par de horas.
2 Mete el bidón en la piscina y llénalo de agua templada justo hasta el borde, sin dejar que rebose.
3 Aféitate la cabeza. De ese modo obtendrás un cálculo más preciso. La ausencia de pelo impedirá la absorción de más agua de la debida por la acción capilar.

4   Súbete a la silla y sumerge poco a poco la cabeza en el agua hasta la nuez. El agua desalojada rebosará por los lados del bidón e irá a parar al fondo de la piscina. Saca la cabeza del bidón con cuidado.

5   Vierte en el cubo el agua recogida en la piscina. Esta es la parte más engorrosa del experimento, ya que el bidón está lleno de agua y tendrás que moverlo sin derramar una sola gota. Si te animas, puedes comenzar el experimento cavando un agujero profundo en el césped, donde, llegado este punto, puedes meterte con el cubo para trasvasar el agua de la piscina.

6   Mide y anota el volumen de agua que hay en el cubo vertiendo su contenido en el vaso medidor. Si este es demasiado pequeño, realiza la operación por pasos.

7   Vuelve a poner el bidón dentro de la piscina y llénalo otra vez hasta el borde. Desnúdate y pésate.

8   Súbete de nuevo a la silla e introdúcete poco a poco en el bidón, hasta quedar completamente sumergido. Al cabo de un instante sal del bidón con cuidado y vierte el agua desalojada en el cubo para pasarla después al vaso medidor y anotar así su volumen resultante.

9   Multiplica el peso de tu cuerpo por la proporción entre las dos cifras anotadas. De ese modo obtendrás un número correspondiente al peso de tu cabeza.

10 Vístete.

◎ *George Washington llevaba dientes postizos de madera.* ◎

LA CARTULINA IMPOSIBLE DE UNA SOLA SUPERFICIE TOPOLÓGICAMENTE ANÓMALA

Este es uno de esos trucos que tendrás que memorizar, ya que si tratas de entenderlo aplicando únicamente la razón, tu cerebro acabará echando humo.

1   Coge una cartulina y dóblala para obtener ocho rectángulos, como se muestra en la primera ilustración. Haz tres cortes con unas tijeras a lo largo de las líneas más marcadas.

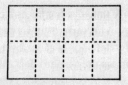

2   Ahora haz girar por completo la parte que tienes cogida con la mano derecha. Ahí la tienes. ¿A que se ve rara?

Si pasas a alguien la cartulina imposible de una sola superficie topológicamente anómala, lo más probable es que no sea capaz de plegarla para que vuelva a quedar plana.

Aún se lo pondrás más difícil si realizas la operación de plegar y cortar bajo la mesa y luego retas a tu víctima a reproducir la cartulina imposible de una sola superficie topológicamente anómala. Probablemente, se le derretirá el cerebro y los ojos se le saldrán de las órbitas.

◉ *Una hoja de papel doblada por la mitad 50 veces alcanzaría un grosor cercano a los 100 millones de kilómetros.* ◉

CÓMO
HACER QUE EL PELO TE QUEDE DE PUNTA

Este es un truco de mi propia cosecha que me inventé durante una aburrida clase de alemán en 1971. La gente siempre acaba muerta de risa con él, y viene de perlas en medio de una reunión soporífera o cuando tu novia te está echando la bronca por tus múltiples defectos como ser humano.

Comienza por hacerte con una goma elástica marrón, de esas que llevan los carteros (y las carteras, naturalmente) en el asa del carrito. Métetela por la cabeza sin que te vea nadie, hasta que se encuentre con las orejas, pero deja que se deslice hasta la parte más ancha del cráneo. A continuación crépate algunos de los mechones de pelo que están atrapados bajo la goma y ponlos encima para taparla. Colócate bien la goma en la frente para que quede justo debajo del nacimiento del pelo, donde se aguantará sin problemas hasta que veas el momento indicado para iniciar tu actuación, sin que te cause mayores molestias que un leve picor en el cuero cabelludo.

Cuando estés preparado para pasar a la acción, levanta con disimulo el trozo de goma que descansa sobre la región parietal-occipital situada detrás de las orejas para que quede por encima del ecuador, el punto donde la resistencia a la tendencia natural de la goma a contraerse será menor. Poco a poco la goma irá deslizándose hacia arriba, arrastrando mechones de pelo a su paso y viendo reducida su circunferencia a medida que se acerque a la coronilla, hasta llegar a un punto en que se cerrará de golpe, haciendo que tu pelo salga disparado hacia arriba en forma de una ridícula fuente. Hasta cierto punto, puedes controlar la velocidad de avance de la goma frunciendo el ceño o arqueando las cejas; y si tienes el cabello oscuro, el mecanismo quedará camuflado en todo momento.

La gente te mirará boquiabierta. Ya lo verás.

◉ *Los eunucos no se quedan calvos.* ◉

III

EL ÁRBOL DEL CONOCIMIENTO INÚTIL

TODO LO QUE SIEMPRE HAS QUERIDO SABER CÓMO HACER PERO NO TENÍAS CLARO POR DÓNDE EMPEZAR

La pasión por el juego es probablemente tan antigua, y perdurará tanto, como la especie humana.

S. W. ERDNASE
El experto en la mesa de juego

CÓMO
ORDEÑAR UNA VACA

Una vaca normal produce más de 16 litros de leche al día, cerca de 6.000 litros al año, es decir, suficiente leche para 30.000 cuencos de cereales o 150.000 cortados. Ordeñar una vaca no es tan fácil como parece, y es una habilidad que, una vez dominada, hará que la gente te halague. Practica con ahínco y verás cómo recibes más de una palmadita en la espalda.

Necesitarás
◊　*Un cubo de acero inoxidable impoluto*
◊　*Un taburete bajo*
◊　*Una vaca*
◊　*Una colección entera de dedos*

Instrucciones
La vaca debe estar alimentada y limpia y hay que hablarle en un tono agradable. Las vacas son animales sensibles y si estás nervioso lo notarán, por lo que es posible que se nieguen a dar leche. Si tienes una voz tranquilizante, puedes intentar cantarle con dulzura. Los psicólogos han descubierto que las composiciones musicales de ritmo lento y carácter romántico aumentan la producción de leche en un 3 por ciento. Entre las preferidas de las vacas se cuentan «Puente sobre aguas turbulentas» de Simon y Garfunkel y la *Sinfonía pastoral* de Beethoven. Como es lógico, deberías evitar las canciones picantes referidas a las damas si no quieres que el animal te tire el cubo de leche al suelo y te pise el pie. No olvides que incluso las vacas que han sido educadas en escuelas suizas para señoritas no tendrán ningún reparo en patearte la cabeza si les apetece. Así pues, no bajes la guardia.

1　Lava la ubre con un trapo mojado en agua templada.
2　Coloca el cubo de la leche ligeramente delante de la ubre.
3　Si eres diestro, pon el taburete en el flanco de estribor (derecha)

de la vaca y, una vez sentado, pega la oreja derecha al costado del animal, mirando hacia atrás y protegiendo el cubo con la pierna izquierda.

4   Si intentas ordeñarla agarrándole una tetilla y tirando de ella sin más, no obtendrás ni una gota. En lugar de ello, con delicadeza y firmeza coge una tetilla con la palma de cada mano. (¿Te recuerda a algo?) Aprieta la parte superior de la tetilla entre el pulgar y el índice, cerrando bien el conducto, y haz que salga la leche ejerciendo presión de arriba abajo con los otros dedos, como si imitaras la succión de un ternero. Está claro que para cogerle el tranquillo hay que practicar.

5   Suelta la tetilla. (Esto es lo más fácil.)

6   Repite la operación hasta que comiences a notar la ubre vacía y suave al tacto, y solo salgan unas gotas de leche cada vez que aprietes.

Lo que hagas con la leche es asunto tuyo.

◉ *El color amarillo de la mantequilla se debe al betacaroteno de la hierba que comen las vacas.* ◉

CÓMO
DEJAR SIN HABLA A UN TESTIGO DE JEHOVÁ EN LA PUERTA DE CASA

Pocas cosas hay que den más rabia que oír que llaman al timbre, justo cuando uno está a punto de encender un pedo o de ponerse a hacer malabarismos con unas piezas de fruta, y encontrarse a un fanático sonriente al abrir la puerta de casa; suele provocar trastornos físicos como soltar sapos y culebras por la boca, agitar los puños en el aire o gruñir poniendo cara de Russell Crowe. Estos vendedores, que van de puerta en puerta junto a un compañero con la cara llena de granos y gafas de culo de botella, son expertos en poner el pie en el umbral antes de que les cierren la puerta en las narices y en eludir las muestras de rechazo más educadas. Por eso, con tu permiso, ofrezco unas cuantas medidas extremas para ahuyentarlos.

EL CHARLATÁN NO RELIGIOSO

Recuerda ante todo que nunca debes responder a ninguna de las inofensivas preguntas de sondeo que te hagan. En lugar de ello, tienes que tomar la iniciativa de inmediato, diciéndoles que estarías encantado de hablar con ellos si firman en la línea de puntos. Ponles delante un contrato de aspecto oficial, como el que aparece bajo estas líneas.

CONTRATO

Nombre:

Edad:

Sueldo:

Raza:

Coeficiente intelectual:

Problemas de salud:

Orientación sexual:

Yo, _____, prometo:

  i. Pagar al dueño de la casa por su tiempo una cuota de interlocución de 7 € por minuto o fracción.

  ii. Pagar al dueño de la casa una compensación por el interrogatorio de 20 € por pregunta.

  iii. Pagar al dueño de la casa una comisión de gestión por contrato de 85 €.

  iv. Realizar de inmediato todos los pagos en metálico.

  v. Facilitar al dueño de la casa mi dirección exacta.

FIRMADO _____ FECHA _____

Esta es una táctica infalible, pues les da donde más les duele: en el bolsillo.

Otra estratagema eficaz con los vendedores consiste en ponerles la mano en el hombro y decirles: «Me alegro mucho de que hayan llamado a mi puerta, porque me siento muy solo y necesito hablar con ustedes de Dios». Cuando veas el pánico reflejado en su rostro, remátalos con la siguiente pregunta: «¿Leen ustedes la Biblia?». Respondan lo que respondan, pídeles que presten mucha atención, y procede a leer un pasaje del Evangelio según san Mateo:

> *Abraham engendró a Isaac; Isaac engendró a Jacob; Jacob engendró a Judá y a sus hermanos; Judá engrendró, de Tamar, a Fares y a Zara; Fares engendró a Esrom; Esrom engendró a Aram; Aram engendró a Aminadab; Aminadab engendró a Naassón; Naassón engendró a Salmón; Salmón engendró, de Rajab, a Booz; Booz engendró, de Rut, a Obed; Obed engendró a Jesé; Jesé engendró al rey David. David engendró, de la que fue mujer de Urías, a Salomón; Salomón engendró a Roboam; Roboam engendró a Abia; Abia engendró a Asaf; Asaf engendró a Josafat; Josafat engendró a Joram; Joram engendró a Ozías; Ozías engendró a Jatam; Jatam engendró a Acaz; Acaz engendró a Ezequías; Ezequías engendró a Manasés; Manasés engendró a Amón; Amón engendró a Josías; Josías engendró a Jeconías y a sus hermanos, cuando la deportación a Babilonia.*

Creerán que ahí se acaba todo, pero el relato de la genealogía de Jesucristo se prolonga más de 60 palabras.

EL CHARLATÁN RELIGIOSO

Para los testigos de Jehová y los de su especie se necesita obviamente un enfoque distinto, así que, cuando con gesto triunfal, te pasen un ejemplar de *Atalaya*, diles: «Sin duda esta es la Iglesia que andaba buscando, pues estoy preocupado y he conocido el mal». Verás cómo aguzan el oído. Ve entonces a por la carpeta que tendrás preparada con fotografías bajadas de internet, y muéstrales una selección. Entre los ejemplos más indicados destacan primeros planos de autopsias a todo color, suicidios cometidos con armas de fuego y gente practicando cochinadas pornográficas con otras personas... o con caballos. Pregúntales: «¿Qué opinan de todo esto?», y cuando los veas retroceder, pásales una hoja repleta de asquerosas obscenidades impresas en negrita con un cuerpo de letra 72. Puedes leerlas en alto mientras los testigos se baten en retirada, y pedirles que los clasifiquen según lo insultante que, por favor, les resulte cada uno. Diles que cierren bien el portal al salir.

El «discapacitado»

Una desagradable artimaña utilizada por algunas empresas deshonestas consiste en contratar a personas para que vendan sus productos de puerta a puerta fingiendo algún tipo de discapacidad física. La sordera, junto con los problemas relacionados con el habla, es una de las más simuladas, aunque es interesante señalar que, sea cual sea la minusvalía, la capacidad para recaudar dinero nunca parece verse mermada. Por lo general, basta con una negativa educada para disuadir a este tipo de vendedores, pero si estás convencido de que te hallas ante un farsante, puedes pagarle con la misma moneda. Intenta colocar la lengua sobre los dientes de abajo, entrecierra los ojos, pon un brazo como si lo tuvieras atrofiado y, con voz estertórea y arrastrando las palabras, di algo así como: «Mner nerg mnurb nmerbmernb». Esta actuación suele quedar de maravilla, pero tiene el inconveniente de que, si el vendedor es discapacitado de verdad, pueda sentir la tentación de darte un puñetazo en la nariz. ¿Y quién podría culparlo?

◉ *La idea de la venta ambulante de aspiradoras se le ocurrió a William Hoover.* ◉

CÓMO
ARRESTAR A UN CIUDADANO

Según el artículo 490 de la Ley de Enjuiciomiento Criminal vigente en España, cualquier persona puede detener a otra si cree que está cometiendo un acto delictivo como un robo, una agresión o una fuga en el caso de un preso. Esta es la modalidad de detención más desconocida por el público en general, y no obstante es un derecho que posee todo ciudadano.

Aunque resulte que estás equivocado, puedes detener a una persona en caso de presenciar su participación en un delito o de saber que es culpable, pese a no haber sido testigo del acto que se le imputa. También puedes detener a alguien con solo tener la sospecha (razonablemente fundada) de que ha cometido, está cometiendo o va a cometer un delito.

Eso sí, si detienes a alguien, debes informarle del motivo por el que lo tienes cogido del pescuezo y llevarlo de inmediato a la comisaría más cercana. Intenta avisar a la policía lo antes posible y entregarles, a ellos o al juez competente, los cargos que tienes contra el sujeto en cuestión, pues de lo contrario la detención que hayas efectuado se verá desestimada ante un tribunal. Asimismo, trata de recordar cualquier cosa que diga el sospechoso, y anótalo todo cuanto antes, indicando las horas aproximadas. Eso te será de ayuda si te llaman a declarar en calidad de testigo.

Para realizar una detención, solo se permite hacer uso de la fuerza hasta cierto punto; no es cuestión de acabar ante el juez acusado de agresión o de causar lesiones graves al supuesto delincuente. Tampoco se puede arrestar a una persona por el mero hecho de que eructe, empuje a la gente que forma una cola o llame foca asquerosa a tu hermana. Sin embargo, la ley se ha endurecido tanto recientemente que la policía puede arrestar a la gente por mucho menos que antes. A este paso, dentro de poco, los cuerpos de seguridad del Estado podrán arrestar a cualquiera por «tener pintilla de sospechoso, señor juez».

⊚ *En España se registra una media de 425.000 robos en viviendas al año.* ⊚

CÓMO
GANAR DINERO EN UN CASINO
SIN HACER TRAMPAS

Glamour, chicas, juego: esto es Las Vegas. Si alguna vez te ha atraído la idea de ganar a lo grande al blackjack, a la ruleta o a lo que sea en Las Vegas, olvídalo. Casi con toda probabilidad te irás de allí más pobre de lo que llegaste. La estafa es una práctica ilegal, se tarda años en dominar las técnicas para contar y memorizar las cartas de una baraja, y el gran capital que se mueve en los deslumbrantes establecimientos de la ciudad te pondrá al descubierto en menos de lo que canta un gallo. Pero sí que es posible ganar dinero en un casino si sigues estas sencillas reglas:

◇ Estudia las probabilidades, algo que podrás descubrir fácilmente con la ayuda de un ordenador. Una vez que te las hayas aprendido al dedillo, estarás preparado para jugar.

◇ Apuesta únicamente cuando las probabilidades estén de tu parte; para ello debes olvidarte de las mesas y centrarte en los jugadores.

Ponte tu esmoquin de jugador empedernido, entra en el casino a lo James Bond y acércate con sigilo al tipo que está armando jaleo en la mesa de los dados, por poner un ejemplo. Lo verás besando los dados y gritando algo del estilo: «Va a salir un cinco…, vamos, cinco bonito, que la suerte está conmigo, ¡lo noto!». Tú sabes que, de las 36 posibles combinaciones en una tirada de dos dados (6 × 6), hay cuatro formas de que salga un cinco. Existen por lo tanto ocho probabilidades contra una de que no saque un cinco, así que puedes decirle: «Apuesto cuatro a tres a que no va a salir el cinco que tanto desea». Lo más seguro es que el individuo se olvide de las probabilidades y apueste basándose en su superstición, con lo cual volverás a ganar.

◇ Mantén la calma cuando ganes, pero haz aspavientos cuando pierdas. Esta es la que se conoce como la técnica invertida de las tragaperras.

Para aumentar más aún tus probabilidades, ¿por qué no apuestas basándote en certezas? Las siguientes apuestas deberían realizarse en el bar o el restaurante del casino:

◇ Apuesta 10 euros con tu víctima a que puedes hacer un nudo con un cigarrillo sin romperlo. Para ello, envuélvelo bien con el celofán alisado del paquete de tabaco, dejando dos extremos largos, que tendrás que enroscar para que acaben en punta. Haz el nudo al cigarrillo; incluso podrás aplastarlo y mojarlo en tu copa. Deshaz el nudo y recoge el dinero de las apuestas.

◇ Al acabar de comer, sugiere a tu acompañante dejar que doña Suerte decida quién corre con los gastos. Di a tu víctima que rompa por la mitad varias cerillas y que las deje en un cenicero. Dile: «Turnémonos para coger un trozo hasta que desaparezcan todos, y quien coja el último trozo pagará la cuenta». El secreto es sencillo: hay que ser el primero en coger un trozo de cerilla.

◉ *Los ciudadanos de Mónaco tienen prohibida la entrada a las salas de juego de la ciudad.* ◉

CÓMO
ENCENDER UN PEDO

El momento en que al primer hombre que se le ocurrió semejante idea se le iluminó la bombilla se pierde en la noche de los tiempos. Tal vez uno de nuestros antepasados neandertales estuviera muy cerca del fuego al soltar los gases que llevaba dentro y alumbrara con una luz sorprendente un nuevo mundo de entretenimiento de lo más ramplón.

Sea cual sea su origen, el arte de encender pedos es un juego tan emocionante como instructivo que no tiene por qué quedar confinado a las residencias de estudiantes y a las comidas de un club de rugby. Encender un pedo en lugar de un puro durante el intervalo de *El anillo de los nibelungos* es sin duda mejor para la salud, y los pantalones de etiqueta no son impedimento alguno para su eficacia.

En cualquier caso, por si te apetece probarlo, convendría que antes entendieras un poco lo que ocurre desde un punto de vista científico.

Los pedos están compuestos por una mezcla de cinco gases en los siguientes porcentajes: 59 por ciento de nitrógeno (N_2), 4 por ciento de oxígeno (O_2), 9 por ciento de dióxido de carbono (CO_2), 21 por ciento de hidrógeno (H_2) y 7 por ciento de metano (CH_4). En este caso, los gases que nos interesan son los dos últimos, es decir, el hidrógeno y el metano, ambos combustibles.

El hidrógeno es el más ligero de los elementos que se conoce, y un potente combustible que arde produciendo una llama amarilla. Se utiliza para propulsar los transbordadores de la NASA al espacio y fue el gas responsable de la catástrofe del dirigible *Hindenburg*. ¿Empiezas a aburrirte? La principal ventaja del hidrógeno es que arde sin producir dióxido de carbono, por lo que encender unos cuantos pedos no va a contribuir demasiado al calentamiento global.

El metano (llamado «gas natural») es inodoro, arde produciendo una llama azul y tiene un efecto flamígero mayor que su pariente más ligero. Tan solo lo emite un tercio de la población. Curiosamente, quienes integran tan selecto grupo tienen derecho a hacerse socios de la Real Orden de la Llama Azul, misterioso y esotérico club donde los haya. A saber qué harán en sus encuentros anuales.

INSTRUCCIONES

Un pedo solo resulta visible con poca luz, así que, si tienes pensado actuar ante un público, primero corre las cortinas. Cabe recordar que encender un pedo comporta sus riesgos; se sabe de gente que ha resultado herida por no tomar las precauciones debidas. Puede prenderse fuego en la ropa y las cortinas, y se tiene constancia de casos en los que las llamas han «reculado». Los estudios revelan que un 25 por ciento de quienes practican este entretenimiento sufren quemaduras, y se dice que el aire se vuelve tan caliente que pueden llorarte los ojos.

Para evitar problemas como los que provocaron el incendio del *Hinderburg*, no olvides seguir estas reglas:

1   Túmbate en el suelo con las rodillas apoyadas en el pecho y los pies mirando al techo, fuera del radio de acción de la llama.
2   Ten a un amigo cerca con un paño de cocina mojado.
3   Utiliza una vela larga y delgada para no quemarte los dedos.
4   No te quites la ropa; el vello humano es sumamente inflamable.

Buena suerte.

◉ *Joseph Pujol (1857-1945) tocaba melodías de flauta con el trasero.* ◉

CÓMO
DESARROLLAR UNA MEMORIA
DE ELEFANTE

A la mayoría de la gente le resulta imposible memorizar la lista de la compra, pero muy pocos olvidamos cómo es nuestro coche o el camino de vuelta a casa. De hecho, los viajes suelen dejar un recuerdo especialmente duradero, y la siguiente técnica, empleada ya desde la época de los antiguos griegos, consiste en relacionar las cosas que no recuerdas con un viaje que sí recuerdas. Pruébala y verás cómo no necesitas escribir una lista de la compra nunca más.

En primer lugar, recorre mentalmente un trayecto conocido. Puede ser una vuelta a la manzana o el camino habitual para ir al supermercado. Memoriza 10 puntos a lo largo de dicho recorrido. Por ejemplo: (1) la puerta de casa, (2) el bar, (3) el paso de cebra, (4) el muro del colegio pintado con grafiti, (5) el sex-shop, (6) la biblioteca, (7) la fuente, (8) el restaurante de comida para llevar, (9) la iglesia de hormigón, (10) la escultura abstracta del parque que nadie entiende.

A continuación piensa en una lista de la compra normal y corriente. Por ejemplo: (1) huevos, (2) pomada hemorroidal, (3) naranjas, (4) una bombilla de 60 vatios, (5) pan, (6) leche, (7) lejía, (8) ectoplasma, (9) miedo, (10) infinito. Habrás advertido que los tres últimos conceptos no son típicos de una lista de la compra. Se han incluido para que sirvan como ejercicio, pues son más difíciles de recordar.

La lista resultará más fácil de memorizar si los objetos se asocian a las distintas etapas del trayecto por medio de las imágenes más llamativas o absurdas que puedas imaginar. Por ejemplo: (1) un huevo roto desparramándose por debajo de la puerta de casa, (2) el camarero del bar Manolo poniéndose pomada hemorroidal, (3) una naranja gigante en medio del paso de cebra, (4) Bob Marley con una bombilla de pendiente, (5) un bocadillo con una sorpresita dentro de lo más inesperada, y así sucesivamente. Intenta convertir los conceptos abstractos en imágenes concretas. Por ejemplo, (9) podría ser un niño muerto de miedo escondido detrás de un banco de iglesia, y (10), una hilera interminable de esculturas abstractas. En el caso de artículos como la bombilla de 60 vatios, tan solo debes preocuparte de recordar la imagen de la bombilla; verás cómo el vataje te saldrá sin pensar.

Si te gusta actuar, puedes reunir a un grupo de amigos y retarlos a que mencionen 10 artículos al principio de la noche y a que los repitan al final de la velada. Como los habrás numerado, te será fácil decir qué cosa ocupa cada lugar de la lista, o citarlas todas en orden inverso.

Había algo más que quería decir, pero no recuerdo de qué se trataba.

◉ *En* Treinta y nueve escalones, *de Alfred Hitchcock, Wylie Watson interpreta el papel del señor Memoria.* ◉

GUÍA BÁSICA PARA CALCULAR LA HORA DE LA MUERTE

Imagina que te pasas por casa de tu mejor amigo y que al llegar te lo encuentras tendido en el suelo, muerto, con una espada clavada en la espalda: no parece un suicidio. El forense y el patólogo tardarán un rato en aparecer en el lugar de los hechos, y seguro que pasa media hora antes de que el médico consiga meter su estetoscopio en el maletín. Mientras, se pueden perder pruebas de vital importancia, así pues, ¿por qué no pasas a la acción? Aquí tienes una lista de comprobaciones básicas que te servirán para determinar el momento de la muerte. No hay tiempo que perder.

1   TOMAR LA TEMPERATURA RECTAL

Partiendo de una temperatura normal de 36,8 ºC, un cadáver reciente se enfría a un ritmo de 1,5 ºC por hora, hasta alcanzar la temperatura ambiental. La piel se enfría tres veces más rápido que el interior del cuerpo, pero si el pobre hombre yace sobre una manta eléctrica, o ha caído por una brecha abierta en el hielo, la cosa variará un poco, lógicamente.

2   MOVER LAS EXTREMIDADES

Debido a los cambios químicos que se producen en los músculos, un cuerpo comienza a quedarse rígido unas 3 horas después de la muerte. Es lo que se conoce como «rígor mortis». Una temperatura ambiental alta acelera el proceso, y una baja lo ralentiza. El entumecimiento de los músculos empieza por los párpados y sigue por el rostro y el resto del cuerpo, hasta llegar a un grado de rigidez total al cabo de unas 12 horas. Entre 10 y 48 horas después, los miembros vuelven a cobrar flexibilidad. Francamente, la cosa varía tanto que el resultado de los cálculos puede ser un tanto dudoso.

3   MIRAR LA PARTE INFERIOR DEL CUERPO

En cuanto el corazón de una persona deja de latir, la gravedad provoca que la sangre fluya hacia abajo, donde queda acumulada (hipóstasis). Las partes del cuerpo donde se produce dicha acumulación de sangre se vuelven violáceas, adoptando la apariencia de hematomas. Al cabo de 5 o 6 horas se habrá amoratado toda la piel, pero si la presionas con el dedo se volverá blanca. Si sigue morada, es señal de que la persona lleva muerta 10 horas como mínimo. Allí donde el cadáver esté en contacto con el suelo habrá zonas que no se vean lívidas. Si lo han movido de sitio después de producirse la muerte, el cuerpo presentará diferencias sumamente reveladoras, querido Watson.

4 FIJARSE EN LOS OJOS

Los ojos muestran indicios evidentes de muerte al cabo de unos minutos. El blanco de los ojos adopta un tono grisáceo y la córnea se ve cubierta por una «película». Al cabo de unas 2 horas, la córnea se empaña, y en cuestión de un par de días suele estar opaca. Dichos signos son de gran utilidad para los empleados de las funerarias, que tienen por costumbre comprobar si la persona que están a punto de meter en un ataúd está realmente muerta. No deja de ser un alivio saberlo.

5 EXAMINAR EL CONTENIDO DEL ESTÓMAGO

¿Cómo? Usa la imaginación, o en su defecto un tubito y un recurso ya clásico para la extracción de líquidos: la técnica del sifón. Una comida tarda entre 1,5 y 6 horas en ser procesada por el estómago. Un bocadillo de queso se ingiere y se expulsa antes que una ensalada mixta, seguida de un buen chuletón de buey, media botella de vino tinto, una porción de tarta al whisky, café y licores.

6 VER SI HAY BICHOS

Después de tres días, el cadáver albergará probablemente larvas de un montón de insectos. Las moscas aprovechan los orificios del cuerpo para poner sus huevos, que incuban rápidamente, a veces en menos de un día. El proceso se prolonga un par de semanas, durante las cuales los gusanos se hacen cada vez más grandes. Estos invertebrados devoran las grasas, y para ellos un fiambre es todo un festín.

7 BUSCAR INDICIOS DE DESCOMPOSICIÓN

La putrefacción de un cadáver comienza a darse normalmente al cabo de dos días en aquellas zonas donde se concentran las bacterias, y su ritmo de avance depende de la temperatura ambiental. Curiosamente, las personas gordas se descomponen antes que las flacas. Al cabo de dos o tres días aparecerá una mancha verde en el abdomen y el cuerpo empezará a hincharse, hasta que algo «ceda» a la presión, por decirlo finamente. Transcurrido un día más, la mancha verde se habrá extendido y las venas se verán de un color marrón oscuro.

Al cabo de cinco o seis días comienzan a formarse ampollas en la piel, que se desprende de las manos como si fueran guantes. En cuestión de tres semanas, los tejidos empiezan a ablandarse, comienzan a reventar cosas en el interior del cuerpo y las uñas se caen. La licuación de los tejidos tarda un mes en tener efectos visibles, provocando que los ojos se «derritan» y que las facciones de la cara se vuelvan irreconocibles. Llegado este punto, el cadáver está ya en pleno proceso de autolisis (muerte de las células).

Naturalmente, hay formas más sencillas de averiguar cuándo ha muerto alguien. Si en la última anotación de su diario, con fecha del 16 de septiembre, dijera: «Hoy no me siento muy bien», podría ser una buena pista. Si el periódico del jueves estuviera abierto encima de la mesa y los de días posteriores en el buzón, eso también querría decir algo. Y no necesitarías una mascarilla para averiguarlo.

◉ *Alejandro I de Grecia murió de septicemia después de que su mono lo mordiera.* ◉

CÓMO
TOCAR LA GAITA ESCOCESA

Aunque seguro que muchas damas tocan la gaita, del mismo modo que habrá caballeros a los que les guste ahuecar los cojines del sofá, por lo general, la gaita es cosa de hombres, como las barbacoas y el bricolaje.

No te prometo que en cinco minutos vayas a convertirte en un experto gaitero, pero al menos adquirirás las nociones básicas para poner la boca donde corresponde y producir un sonido de algún tipo. Necesitarás un poco más de tiempo para poder tocar la banda sonora de *Braveheart*.

La primera vez que te encuentres ante una gaita escocesa puede que te parezca grande e intimidante, pero no le muestres tu angustia, ya que las gaitas, como los animales, huelen el miedo. En lugar de ello, cógela con seguridad y mírala directamente a los ojos con expresión autoritaria.

Si te fijas bien en su estructura, verás que consta de una bolsa como la de una aspiradora cubierta por una funda de tela de cuyo extremo alargado salen tres tubos negros. Al más grande se le llama «roncón» bajo, y está sujeto a los otros dos, los roncones tenores, más pequeños, por medio de una vistosa cinta (hecha a veces de tartán, la típica tela de cuadros escoceses) o de un cordón con una borla. Por los roncones es por donde sale ese sonido plañidero. De la punta cuelga un cuarto tubo con agujeros, el «puntero», por donde se toca la melodía. El quinto tubo, más pequeño y puntiagudo, y alineado con los roncones, es la «boquilla», y es lo que te metes en la boca.

Cuando una gaita escocesa está llena de aire produce un sonido quejumbroso continuo que impide que haya silencios entre nota y nota, por lo que las melodías deben articularse tapando los agujeros del puntero con los dedos. A diferencia del didgeridoo australiano, no hace falta dominar el arte de la respiración circular para tocar la gaita; basta con inflar la bolsa constantemente para contar con la reserva de aire necesaria.

Si quieres hacer las cosas bien desde el principio, coge la gaita y apóyate los tres roncones en el hombro izquierdo, colocando el bajo más cerca de la oreja. Ponte la boquilla en la boca y deja que el puntero te cuelgue por delante del estómago. Dar con la colocación exacta del instrumento no debería llevarte más de seis o siete horas. Si no te queda ningún tubo a la vista y te ves sujetando una bolsa peluda con una correa, es que has cogido por equivocación la escarcela (*sporran*) de un escocés. Y por mucho que soples no le sacarás ningún sonido.

Cuando lo tengas todo bien colocado, comienza a soplar con regularidad por la boquilla al tiempo que aprietas el artilugio bajo el brazo izquierdo para producir una corriente de aire continua que pasa por las lengüetas ocultas en el interior de los tubos. Coordinar el acto de soplar con el de apretar la bolsa no es más difícil de lo que es accionar el embrague y el acelerador de un coche, y tienes la ventaja de que no acabarás tirado en la cuneta si te equivocas. Si haces las cosas como es debido, un agradable sonido (parecido a un *si* bemol) llenará el aire. Una vez que consigas emitir un zumbido continuo (como el resoplido de un

oso que sueña que estrangula a un mono), comienza a tapar y a desta-
par los agujeros del puntero, y la música hará acto de presencia.

Ya he avisado de que se trataría de una lección básica. Como dijo
aquel cuando le preguntaron: «Eh, tío, ¿cómo se llega al Auditorio?»
«Pues practicando mucho, colega».

◉ *La diferencia entre la gaita escocesa y la gallega o la asturiana radica
en su sonido, en la forma de la bolsa y en el número de roncones.* ◉

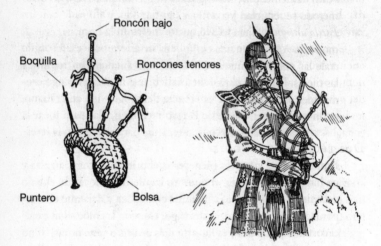

CÓMO
ESQUILAR UNA OVEJA

No se trata de hacerlo al estilo australiano, que es más fácil, sino
a la antigua usanza, siguiendo el genuino método de las
Highlands, tal como me explicó el gran Angus MacKenzie, el sépti-
mo del ilustre linaje de los Angus MacKenzie de toda la vida. (Por si
no lo sabías, es escocés.)

Las tijeras se desafilan con facilidad, sobre todo si encuentran a
su paso un mechón lleno de polvo o de hierbajos, o esas preciosas gre-
ñas que tienen las ovejas alrededor de la cola. Así pues, llévalas a afi-

lar a un establecimiento donde cuenten con la maquinaria adecuada (es difícil que queden bien con una simple afiladora). Con dos pares de tijeras se pueden esquilar unas cuarenta ovejas.

ELECCIÓN DEL MÉTODO DE SUJECIÓN

◊ *Estilo antiquísimo:* ata las cuatro patas del animal y ponlo encima de un banco de esquileo (una especie de lecho de hierba). Antiguamente, esta era una tarea propia de mujeres, y con este método se reducían los dolores de espalda.

◊ *Estilo antiguo:* sujeta la oveja entre las rodillas con firmeza, de modo que quede sentada como si estuviera viendo la tele, y agárrale las patas delanteras con la mano con la que no sostengas las tijeras. Para una mayor estabilidad, puedes rodearle las extremidades posteriores con las piernas. Si lo que tienes entre manos es un carnero, ten cuidado con los cuernos.

DOS TÉCNICAS DE ESQUILEO

1 Empieza por el vientre, donde, por suerte, llega un punto en el que no hay lana. Levántalo y mantenlo tenso mientras cortas el pelo del animal, describiendo círculos alrededor del trasero; sigue luego por la pata trasera que quieras. A continuación acaba de esquilar el costado que hayas elegido antes de pasar al otro lado, sin olvidarte de las patas. Si tienes suerte, el vellón saldrá de una sola pieza.

2 Corta la lana que rodea el cuello hasta la base de la quijada y trabaja después el cuerpo entero de atrás adelante para luego «desvestir» al animal, quitándole el vellón por la cabeza. (Si lo tienes sujeto al estilo antiquísimo, la lana del vientre debe despegarse en último lugar.)

LA LIBERACIÓN

Puede que al verse desnuda la oveja se sienta un poco ofendida, así que conviene que actúes con rapidez cuando te dispongas a soltarla. Da un paso atrás con decisión para apartarte del animal y adopta una pose autoritaria.

◉ *La presencia del mentol explica el sabor a menta de la hierbabuena.* ◉

CÓMO
DEFENDERSE CON EL INGLÉS

Dicen que con el inglés se va a todas partes, pero cada país es un mundo, y cada cual tiene su acento, así que no siempre es fácil hacerse entender. En cualquier caso, aquí tienes unas cuantas frases que, con un poco de práctica, te servirán para defenderte en todo tipo de situaciones. Buen viaje y ¡buena suerte!

¿Qué tal?
How are you?

Quítese la alpargata de la boca, que no le entiendo.
Please take your old shoe out of your mouth. I can't understand a word you say.

¡Anda y que te zurzan, maleducado!
Get lost, you rude git!

Yo pensaba que venía a un hotel, no a una pocilga.
I thought this was a hotel, not a pigsty.

¡Cuidado con ese paraguas, que casi me saca un ojo!
Take that umbrella from me, you nearly had my eye out!

Y en este país, ¿cuándo sale el sol?
And when does the sun come out in this country?

Sírvame un plato de comida para gente con hambre, que soy español.
Please fill my dish. I'm Spaniard, and I'm hungry.

Si quiere propina, béseme el culo.
If you want a tip, kiss my ass.

¿Quiere hacer el favor de ponerme un cubata como Dios manda?
Would you mind serving me a proper drink?

¡Apártate de mi vista, mequetrefe!
Get out of my sight, crumb!

Nena, déjate de niñatos, que ha llegado el macho ibérico.
Baby, forget kids; Spanish man is in town.

¿Se puede saber dónde están los servicios en este tugurio?
Can anyone tell me where is the gents in this shithole?

¡Dime eso a la cara si te atreves, caraculo!
Come and face me if you dare, dickhead!

¿Ya se ha acabado la fiesta? ¡Si solo son las siete de la mañana!
What do you mean, the party is over? It's just seven o'clock in the morning!

En diez minutos llego a la reunión, que me he equivocado de metro.
I'll be in the meeting in ten minutes; I've taken the wrong tube line.

◉ *Según estadísticas recientes, solo el 27 por ciento de los españoles*
pueden mantener una conversación en inglés. ◉

CÓMO
BEBER UNA YARDA DE CERVEZA SIN AHOGARSE

En Reino Unido, está demostrado científicamente que no eres un hombre de verdad hasta que no te has bebido una *yard of ale* (yarda de cerveza). Aquí tienes una breve guía para explicar a los caballeros la teoría y la práctica de esta tradición.

El uso del *yard of ale* está extendido en los pubs desde los tiempos de la Restauración de la monarquía británica, allá por 1660. En un principio se conocía como *ell glass*, siendo *ell* una medida de la época supuestamente equivalente a la longitud del brazo de un hombre (115 centímetros), que superaba en más de un palmo a una yarda inglesa (unos 90 centímetros). El caso es que si los brazos de un tipo normal se correspondieran realmente con dicha medida, el pobre parecería un orangután. Ve a por la cinta métrica y verás a qué me refiero.

La «yarda de cerveza» que se conoce hoy en día es un vaso cónico fino y alargado con la base en forma de globo y el extremo superior en forma de trompeta. Las particularidades del diseño de dicho recipiente, tradicionalmente destinado a beber de un solo trago en ocasiones de gran solemnidad, como puede ser una despedida de soltero, hace que esta proeza resulte casi imposible, incluso para los más expertos. Eso sin contar con la cantidad de cerveza que cabe en su interior (de dos a cuatro pintas, es decir, entre uno y dos litros aproximadamente).

La dificultad estriba en una cuestión de física elemental, y creo que, para ilustrar la dinámica de los líquidos en una clase de instituto, los chavales verían más interesante una demostración con una yarda de cerveza que tanta ecuación rara.

En la práctica, la persona que bebe debe levantar el vaso para que la cerveza fluya hasta su boca. Si intentas hacerlo tú solo, comprobarás que el primer reto consiste en inclinar el vaso con la lentitud necesaria para evitar que la cerveza se te venga a la cara de golpe. Por desgracia, el extremo abombado no ayuda mucho en ese sentido.

La segunda parte del problema, y la más difícil de resolver, es que el aire no puede llegar al globo hasta que el vaso no alcanza un ángulo muy pronunciado. Eso provoca que la cerveza retenida, en lugar de fluir poco a poco, salga de golpe, como el agua de una presa en una película de acción americana. El blup, blup, blup característico anuncia el tsunami, que, cual torrente, te bañará la cara y los hombros. Existe la teoría de que girar el vaso a medida que uno bebe favorece la presión del aire, pero no tengo muy claro cómo funciona.

Como muchas otras cosas en esta vida, la práctica es la clave del éxito, aunque es complicado encontrar un lugar adecuado; puedes probar en el baño. En cualquier caso, la hora de la verdad llegará cuando te reten a beber una yarda de cerveza. Pórtate como un hombre.

La primera parte es fácil: inclina el vaso poco a poco y empieza a beber. No te preocupes por el líquido que sale por los lados; no podrás evitarlo. Si crees que girar el recipiente te servirá de algo, adelante, pero no respondas a los vítores de los que te observan ni agites el vaso en el aire como un encantador de serpientes o, peor aún, como Dizzy

Gillespie haciendo un solo de trompeta, ya que los diques están a punto de romperse.

Cuando sientas la inminencia del maremoto, debes recordar ante todo una cosa de vital importancia: ¡no intentes tragar la cerveza que se te viene encima! Sería como tratar de beber el agua torrencial que inunda un desagüe durante un huracán: la cerveza te entrará por la boca y, equivocadamente, viajará por la nariz y te saldrá en dos chorros paralelos por las fosas nasales mientras te tambaleas de un lado a otro, babeando y jadeando. Para evitarlo, limítate a cerrar los ojos y lo único que pasará será que acabarás empapado y que tus gafas (si las llevas) saldrán disparadas por la fuerza del torrente cervecero.

Lo cierto es que no hay manera de salir victorioso. Por eso la gente se lo pasa tan bien con esta tradición. El secreto de los que baten récords bebiéndose una yarda de cerveza en dos o tres segundos radica en que gran parte del líquido no va a parar a su estómago, sino a la moqueta del pub.

Un gran desparpajo y una indumentaria apropiada son las claves del éxito. Lo ideal sería que llevaras puesto uno de esos chubasqueros amarillos de marinero, con un gorro y unas botas de agua a juego.

Buena suerte.

◉ *El Oktoberfest de Munich se celebra en septiembre.* ◉

CÓMO
DÁRSELAS DE ENTENDIDO
EN CIENCIA

La idea de que deberíamos creer única y exclusivamente aquello que es probable que sea cierto, desde el punto de vista científico, solo tiene cuatrocientos años de antigüedad. Los científicos observan la naturaleza, hacen conjeturas sobre lo que han observado y luego realizan experimentos en un intento de falsear sus propias conjeturas... y las de los demás. Si una conjetura no pasa la prueba, significa que es errónea... aunque seas Einstein. Sin embargo, una teoría que sigue intacta después de probarla solo es cierta de manera provisional.

ACIERTOS Y ERRORES A LO LARGO DE LA HISTORIA

❖ *4000 a.C.:* los mesopotámicos conjeturan que la Tierra es el centro del universo: ¡error!

❖ *Siglo IV a.C.:* los griegos se sirven de la aritmética, la lógica y la filosofía para explicar el mundo. Sugieren que todo está compuesto por partículas diminutas (átomos), una hipótesis acertada y sumamente influyente.

❖ *Siglo XIII:* los europeos comienzan a consolidar teorías y prácticas científicas: muchas son falsas. Los avances son irregulares y la Iglesia se opone a ellos.

❖ *1543:* se publica la teoría de Copérnico (correcta) de que la Tierra gira alrededor del Sol.

❖ *Siglo XVII:* comienza la ciencia moderna. La teoría de William Harvey revela que la sangre circula por el cuerpo (1628). En 1666 Newton descubre que la gravedad afecta tanto a los planetas como a las manzanas.

❖ *Siglo XVIII:* el Siglo de las Luces. Se produce un rápido desarrollo de la biología y la química.

❖ *Siglo XIX:* comienzan a venirse abajo supuestos seculares. En 1803 John Dalton formula la primera teoría (útil) atómica sobre la materia. Michael Faraday y James Maxwell hacen grandes progresos en el estudio del electromagnetismo, la gravedad y la luz. En 1859 la teoría de la evolución de Charles Darwin basada en la selección natural causa una gran conmoción.

❖ *Siglo XX:* Einstein deja estupefacto a todo el mundo con sus extrañas teorías de la relatividad (la general y la especial). La mecánica cuántica, una teoría más extravagante aún, explica los fenómenos que tienen lugar a una escala infinitesimal. Pese a ser desestimada por Einstein, la mecánica cuántica no se ha visto falseada por ningún experimento concebido para ponerla a prueba (de momento). James Watson y Francis Crick descubren la estructura en forma de doble hélice del ADN.

◇ *Siglo XXI:* el proyecto del genoma humano traza el camino a seguir. Surge la «teoría de cuerdas», que puede que resulte ser una «teoría del todo». O no…

◉ *Una pulga, al saltar, se acelera 20 veces más que un transbordador espacial al despegar.* ◉

DWILE FLONKING PARA PRINCIPIANTES

El *dwile flonking* es un juego tradicional de los pubs ingleses. Se practica al aire libre con dos equipos de doce hombres que parece que se estén peleando con un mango de escoba, o que estén en una bronca de borrachos, y es el entretenimiento ideal para aquellos que disfrutan pillando una buena curda una tarde de verano.

ORÍGENES

Dwile o *dwyle* es un vocablo arcaico utilizado en el condado inglés de Suffolk para designar un trapo, y *dwoile* es un término propio del dialecto del condado de Lincolnshire que significa «hule». En holandés al «trapo» o «bayeta» lo llaman *dweil*, palabra introducida posiblemente por los tejedores flamencos durante la Edad Media. Para liar aún más las cosas, se dice que *flonk*, con toda probabilidad una corrupción ortográfica de *flong*, el pasado en inglés arcaico del verbo *fling* («lanzar»), es también la palabra que se utilizaba antiguamente para *ale* («cerveza»).

Por otra parte, puede que la expresión *dwile flonking* provenga en realidad de *dweile humpfen*, un juego introducido por los holandeses en Luxemburgo cuando este territorio formaba parte de los Países Bajos.

REGLAS DEL *DWILE FLONKING*

Se forman los dos equipos y se elige un *jobanowl* («árbitro») que vele por la imparcialidad más absoluta. Este tira una remolacha azucarera al aire para decidir qué jugador lanzará primero mientras el resto de sus compañeros se retiran al banquillo. Entre tanto, se prepara un trapo de punto (el *dwile*) colocándolo en un orinal lleno de cerveza.

Al oír la orden *Here y'go t'gither!* («¡Juntaos todos!»), el equipo que no tira se coge de las manos formando un corro (*girter*) en torno al lanzador, que envuelve el extremo del mango de una escoba (el *driveller*) con el trapo empapado en cerveza para luego intentar dar con él a uno de los hombres del corro. Estos pueden moverse para esquivar el trapo, siempre y cuando se mantengan a su alcance.

El *jobanowl* ordenará al corro de hombres que cambie de dirección cuando a él se le antoje, y se encargará de anotar la puntuación del lanzador en función del lugar donde aterrice el trapo: un tortazo en la cabeza (un *wanton*) vale tres puntos, uno en el cuerpo (un *marther*) dos puntos y un toque en la pierna (un *ripple*) un punto. Si tras dos intentos el lanzador no consigue dar a nadie, se verá obligado a beber la cerveza que queda en el orinal antes de que los hombres del corro logren pasarse el trapo de mano en mano hasta que este vuelva al punto de partida mientras, por un extraño motivo desconocido para la ciencia, gritan *Pot pot pot* («Orinal orinal orinal») al unísono. Cuando todos los lanzadores de un equipo han tenido su oportunidad, los rivales toman el relevo.

El equipo ganador es aquel que consigue la mayor puntuación tras dos turnos de lanzamiento, descontándose un punto por cada jugador que aún esté lo bastante sobrio para mantenerse en pie. Los vencedores tendrán que beberse un orinal rebosante de cerveza.

Abstente de conducir o de llevar maquinaria pesada tras jugar al *dwile flonking*.

◉ *Los bebedores superan a los no bebedores en tests cognitivos.* ◉

CÓMO
CONTAR HASTA DIEZ EN ESCRITURA CUNEIFORME

La primera lengua escrita fue inventada hace unos 5.000 años en Mesopotamia por los sumerios, que grababan sus símbolos en tablillas de arcilla blanda con un punzón hecho de junco. Esta técnica producía hendiduras triangulares características que llevó a los estudiosos a denominar dicha escritura como «cuneiforme», del latín *cuneus*, cuña.

Al principio se trataba de una caligrafía pictórica como la escritura japonesa clásica, pero con el tiempo derivó en un alfabeto silábico abstracto, que en un primer momento se utilizó para anotar transacciones comerciales mediante un sistema decimal.

Inicialmente, los números se expresaban de un modo rudimentario: si Juan vendía a Pedro media docena de cabras, los amanuenses se limitaban a escribir el signo de la cabra seis veces. Si lo que se tenía que representar eran granos de arroz, debía de ser una auténtica pesadilla.

No es de extrañar que hacia el año 3000 a. C. los números y los artículos a los que se referían comenzaran a expresarse por separado. De ese modo, en lugar de escribir «cabra» equis veces, empezaron a escribir el símbolo de la mercancía junto a aquel que representaba el número correspondiente. Este enorme salto conceptual permitió que los números pudieran ser anotados, y concebidos, con independencia de los objetos reales, de un modo más sofisticado, complejo y útil. Asimismo liberó a los escribanos más jóvenes de la tortura de anotar cosas como el número de ladrillos necesarios para la última ampliación del superpalacio del emperador Tiglath-Pileser.

LOS NÚMEROS

Los números cuneiformes se escriben mediante una combinación de dos signos: una fina cuña vertical para el 1 y una cuña más gruesa para el 10. El esquema básico (excepto algunas variaciones comunes) se representa más adelante.

Con un pedazo de plastilina y una pajita de plástico o un utensilio similar puedes reproducir una tablilla que parezca realmente cuneiforme. Y ya solo el hecho de esbozar dichos números en un posavasos merecería que te invitaran al menos a una caña.

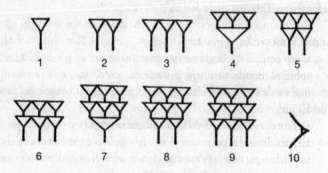

◎ *En España se puede aplicar una pena de hasta diez años a un menor que cometa un delito muy grave.* ◎

CÓMO
JUGAR AL POLO CON ELEFANTES

Esta variante del polo habitual, practicado a caballo, comenzó a jugarse en la India a principios del siglo XX, con mazas de bambú provistas de un mango de 275 centímetros de longitud. En un primer momento se utilizaron balones de fútbol, pero en vista de que los elefantes los aplastaban, se ha pasado a jugar con una pelota de polo normal en un campo que mide tres cuartas partes de la longitud de uno estándar. Es más pequeño porque los elefantes son más lentos que los caballos.

La otra diferencia fundamental entre el polo con caballo o con elefante consiste en que a este último no lo lleva el jugador sino el adiestrador o *mahout*. El jugador comunica al *mahout* hacia dónde hay que ir y qué hay que hacer, y el *mahout* transmite la información al elefante con órdenes verbales y apretándole detrás de las orejas con los pies. Los elefantes adiestrados para jugar al polo son monolingües, y solo entienden el nepalés; esto puede llevar a confusión, cosa que ocurre con frecuencia. Así que, a menos que los integrantes de tu equipo dominen el nepalés, sería un auténtico reto jugar al polo con elefantes en Talavera de la Reina o en Majadahonda.

Reglas básicas

- ◇ Cada equipo se compone de cuatro elefantes y cuatro jugadores; sobre el terreno de juego hay además un árbitro y un ayudante, que van a lomos del elefante del colegiado.
- ◇ El juego comienza cuando el árbitro lanza la pelota entre dos elefantes rivales dentro del área central.
- ◇ El partido se divide en dos partes llamadas *chukkers* de diez minutos cada una, con un descanso de quince minutos durante el cual se cambian los elefantes y el lado en que juegan los equipos.
- ◇ Ninguno de los dos equipos puede tener más de tres elefantes en la misma mitad del campo al mismo tiempo.
- ◇ Se considera falta que un elefante se tumbe frente a la portería, ya que arruina el juego a los demás. El equipo contrario tiene derecho a un tiro libre.
- ◇ Los hombres deben jugar únicamente con la mano derecha, pero las mujeres pueden jugar con ambas manos.
- ◇ Ningún jugador puede golpear a otro jugador, a un elefante o al árbitro con la maza.
- ◇ Se considera falta que un elefante coja la pelota con la trompa (¿con qué si no?). Dicha acción se penaliza con un tiro libre para el equipo contrario desde el lugar donde el animal ha cogido la pelota.
- ◇ No está permitido ponerse de pie encima de la pelota.
- ◇ *Mahouts* y jugadores deben llevar un *sola topi* o un casco protector.
- ◇ Al final del partido los elefantes se ven recompensados con una o dos bolas de arroz recubiertas de azúcar, y los *mahouts*, con una cerveza bien fría. No se permite cambiar las bolas de arroz por cerveza.

◉ *Los elefantes machos no tienen escroto.* ◉

CÓMO
DÁRSELAS DE ENTENDIDO EN FILOSOFÍA

A diferencia de la leyes de la ciencia y las reglas de las matemáticas, las ideas filosóficas no se pueden probar ni rebatir. No es posible refutar afirmaciones como «no hay nada como el "conocimiento"» o «los animales no tienen derechos» realizando un experimento o consultando las tablas de logaritmos. Eso significa, lógicamente, que puedes pasarte toda la noche debatiendo sin temor a llegar a una conclusión, razón por la que la filosofía, al igual que la política, resulta un tema de conversación tan apasionante para quien domina el arte del embaucamiento.

TIPOS DE FILÓSOFO

Existen principalmente dos tipos de filósofo. En el caso de los que pertenecen al primer tipo, uno suele intuir de qué hablan. Valga como ejemplo esta importante aseveración filosófica del pensador Bertrand Russell:

> «Por lo que a mí me consta, podría haber razones admirables para comer guisantes con cuchillo, pero el efecto hipnótico de la primera impresión me ha incapacitado por completo para valorar dichas razones.»

La exposición de este razonamiento filosófico es de una claridad cristalina.

Por el contrario, los filósofos del segundo tipo son, en todo momento, completamente ininteligibles. Dicen cosas como esta:

> «El cambio de un concepto homólogo en el que se cree que el capital condiciona las relaciones sociales en modalidades intrínsecamente estructuralistas como una revaloración de los constructos oligárquicos y hegemónicos, en los que el sometimien-

to capitalista está supeditado a la reformulación, la reconvergencia y el rearticulacionismo, invoca el dilema de la efimeralidad conceptual como idea de una estructura renovada, distinguiendo un cambio que pasa de la visión de las materias primas como totalidades hipotéticas a una en la que la cognición de las posibilidades contingentes de la estructura introduce, por el contrario, una imagen revivificada de hegemonía entendida como la concomitancia ineluctable de los tropos y tácticas de la renuncia del poder.»

Este estilo magistral es el que hay que adoptar si uno quiere dárselas de entendido en filosofía. Aprende unas cuantas frases retorcidas como las del párrafo anterior, reservándote el recurso del léxico conceptuoso, y tendrás una respuesta a mano para cualquier cuestión filosófica que te planteen. Es más, te tomarán por un cerebrito.

El atuendo también tiene su importancia:

◇ Pantalones con la raya marcada, americana de nailon y camisa con el cuello de un tono distinto componen la indumentaria de un filósofo analítico. Asimismo se necesitan unos cuantos lápices afiladísimos.

◇ Tejanos negros, camiseta negra y una chaqueta de piel negra definen al filósofo europeo, que se acompaña de una estilográfica para trazar esos esquemas confusos llenos de flechas, líneas y signos de interrogación.

◇ Bolsa de pana y americana de tweed con coderas constituyen la indumentaria del historiador de la filosofía. Naturalmente, se impone el uso de una pipa. Ante una cuestión peliaguda, entretente limpiándola. Te llevará horas.

◇ Si un tipo vestido de lo más normal se pone unas gafas de marca, adoptará al instante la apariencia de un catedrático. El atuendo más fácil de todos.

◎ *Aristóteles pensaba que la dirección del viento determinaba el sexo de un bebé.* ◎

CÓMO
CAMBIAR DE NOMBRE

No hay nada más fácil en este mundo que cambiar de nombre. Para ello debes hacer lo siguiente:

◊ Empezar a utilizar tu nuevo nombre.

Así de simple. Otra cosa es que quieras oficializarlo. En tal caso, se impone la burocracia. Eso significa que deberás presentar la solicitud en el Registro Civil donde te inscribieron al nacer o bien en el que te corresponde según tu domicilio, acompañada de varios documentos entre los cuales debe haber alguno que acredite que usas ese nombre y que se te conoce habitualmente por él, como un ejemplar del periódico gratuito del barrio que diga algo así: «El señor José Culo quiere que a partir de ahora todos le llamen por su nuevo nombre, Antonio Culo».

Si eres menor de edad, necesitarás el consentimiento de tus padres, cuya autorización estará sujeta en cualquier caso a una serie de supuestos bastante limitados. Vaya, que por mucho que te guste Spiderman o Pikachu, lo tienes bastante crudo.

Con todo, debes saber que, una vez que cambies de nombre oficialmente, no podrás volver a hacerlo hasta al cabo de veinticinco años y, en todo caso, no podrás recuperar tu nombre inicial. Así pues, piénsatelo bien, no sea que luego te arrepientas.

◉ *Truman Streckfus Persons tuvo el buen gusto de escribir bajo el seudónimo de Truman Capote.* ◉

CÓMO
LLEVAR UNA BATEA SIN HACER EL RIDÍCULO

La idea de llevar a una dama a dar un paseo en barca es de lo más romántica, pero a la hora de la verdad puede tener terribles consecuencias. Seguro que muchos caballeros que se han visto en el trance de intentar controlar una batea lo han pasado tan mal como si les hubieran obligado a tragarse unas cuchillas para luego regurgitarlas unidas por una cuerda. La que sigue es la manera adecuada.

1   Colócate encima de las rejillas de la popa (la parte de atrás) de la batea con un pie cerca del lado por el que vayas a utilizar la pértiga.

2   Cuando la gente y las cosas del picnic estén en su sitio y el perro haya dejado de ladrar, ponte manos a la obra inclinando la pértiga hacia delante para apoyarla en el lodo y empujar con fuerza.

3   Cuando la embarcación empiece a moverse hacia delante y tu cuerpo se acerque a la pértiga y pase de largo, empújala con fuerza hacia la popa.

4   No cometas el error de novato de deslizar las manos hacia el principio de la pértiga. Lo que debes hacer cuando hayas terminado de empujar es sacar rápidamente la pértiga del agua y levantarla bien, procurando no quitarle el *canotier* al catedrático de filosofía moral que va a bordo de otra batea que se aproxima en dirección contraria.

93

5   Hunde la pértiga en el agua frente a ti y repite la operación desde el principio. A medida que cojas velocidad, tendrás que apuntar cada vez más lejos para no quedar encima de la pértiga cuando llegue al fondo.

6   La recuperación de la pértiga es un arte que requiere práctica, y muchos principiantes ven con desaliento cómo la vara se queda clavada en el lodo sin moverse detrás de ellos mientras la batea sigue avanzando, fuera de control. Intenta sacar la pértiga recogiéndola en tres movimientos y no la sueltes. Si la manejas por la izquierda, primero tira de la pértiga con la mano derecha, después con la izquierda y luego nuevamente con la derecha, mano que deberás dejar en la punta de la vara para volver a introducirla en el agua. Si estás en el lado derecho, invierte los movimientos. La pértiga no debería tocar en ningún momento la batea.

7   No hace falta cambiar de lado para manejar la pértiga. Si quieres mantener el rumbo en línea recta, apunta con la pértiga ligeramente bajo la embarcación para que la parte de arriba se desvíe un poco de la vertical. Para dar la vuelta, modifica el ángulo de manera apropiada. La pértiga es un timón magnífico, así pues, haz una leve presión con las manos en la dirección contraria para que la batea se mueva hacia el otro lado, y llegarás muy lejos.

◉ *El número de hombres que mueren ahogados es tres veces mayor que el de mujeres.* ◉

CÓMO
DEFENDERSE CON EL *SPANGLISH*

El *spanglish* es la fusión del español con el inglés, la prueba fehaciente de que las lenguas no tienen fronteras. El término fue acuñado por el humorista puertorriqueño Salvador Tió en 1948, aunque fue en los años sesenta cuando se extendió en las comunidades hispanas de Estados Unidos, hasta alcanzar en los últimos años una difusión mundial gracias a internet y a las nuevas tecnologías. Aquí tienes un minidiccionario y unas cuantas frases habituales para que vayas practicando. ¡Que lo enjoyes!

MINIDICCIONARIO

Spanglish	Español	Inglés
Agriar	Estar de acuerdo	*Agree*
Aseguranza	Seguro	*Insurance*
Babysit	Cuidar niños	*Baby-sit*
Bloke	Manzana	*Block*
Break	Descanso	*Break*
Carpeta	Alfombra	*Carpet*
Cash	Dinero en efectivo	*Cash*
Chequear	Examinar	*Check*
Clikear	Oprimir	*Click*
Culear	Enfriar	*Cool*
Cuquear	Cocinar	*Cook*
Dealer	Distribuidor	*Dealer*
e-mail	Mensaje electrónico	*e-mail*
Enjoyar	Disfrutar	*Enjoy*
Eskipear	Faltar a clase	*Skip*
Freezer	Congelador	*Freezer*
Ganga	Pandilla	*Gang*
Grocería	Comestibles	*Grocery*
Guachimán	Vigilante	*Watchman*
Income tax	Impuesto sobre la renta	*Income tax*
Jeans	Pantalones tejanos	*Jeans*
Likear	Gotear	*Leak*
Luz	Semáforo	*Traffic light*
Mailear	Enviar un correo electrónico	*Mail*
Marketa	Mercado	*Market*
Mopear	Pasar la fregona	*Mop*
Parkear	Estacionar	*Park*
Quitear	Dejar	*Quit*

Ruffo	Techo	*Roof*
Signear	Firmar	*Sign*
Sortear	Clasificar	*Sort*
Spelear	Deletrear	*Spell*
Taipear	Escribir a máquina	*Type*
Vacunar	Pasar la aspiradora	*Vacuum*
Washatería	Lavandería	*Wash*
Watchar	Observar	*Watch*
Yarda	Patio	*Yard*

FRASES HABITUALES

Spanglish	Español	Inglés
Hey man, ¿puedes darme un raite a mi casa?	Oye, ¿puedes llevarme en coche a casa?	*Hey, man, can you give me a ride home?*
Honey, tienes que vacunar la carpeta.	Cariño, tienes que pasar la aspiradora por la alfombra.	*Honey, you should vacuum the carpet.*
Me llegó mi grincar ayer y estoy super-happy.	Ayer me llegó el permiso de residencia y estoy muy contento.	*I received my green card yesterday and I am really happy.*
Me voy de shopping y luego a las movies. Te veo.	Me voy de compras y luego al cine. Hasta luego.	*I'm going shopping and then to the movies. See you!*
Necesitamos una josa para rociar la yarda.	Necesitamos una manguera para regar el césped.	*We need a hose to water the yard.*
Te llamo para atrás.	Te llamo luego.	*I call you back.*
Tengo que chequear las brekas del carro.	Tengo que revisar los frenos del coche.	*I have to check the brakes of the car.*

Se deliveran grocerías.	Se entrega la compra a domicilio.	*We deliver groceries.*
Se me laqueó la troca.	La camioneta se ha quedado con las llaves dentro.	*The truck is locked out.*
Se necesitan mujeres estériles.	Se precisan empleadas fijas.	*We need steady women.*
Va a correr para presidente.	Va a presentar su candidatura a la presidencia.	*He's going to run for President.*
Voy a comprar una cheeseburger para mi lonche.	Voy a comprarme una hamburguesa con queso para almorzar.	*I'm going to buy a cheeseburger for my lunch.*
Vuelvo para atrás.	Ahora vuelvo.	*I'll be right back.*

◉ *El* spanglish *es la tercera lengua de Nueva York después del inglés y el español.* ◉

CÓMO
IDENTIFICAR LOS ÁRBOLES QUE NOS RODEAN

La mayoría de nosotros nos vemos rodeados de árboles aunque vivamos en una gran ciudad, pero seguro que muchos no sabríamos qué decir si nos pidieran que los identificáramos por el nombre, salvo los más conocidos. En el caso de que seas tan ignorante como yo, aquí tienes una breve guía con algunos de los más destacados. Encontrarás las ilustraciones más adelante.

1   El tejo da un fruto venenoso, pero es un árbol que crece muy bien en zonas montañosas. Mi amigo Oscar tiene un seto de tejos de montaña en un extremo de la pista de tenis de su casa que actúa como una barrera fantástica para parar las pelotas. Este

árbol de hoja perenne prospera en un clima frío y húmedo, y suele encontrarse en barrancos y umbrías.

2 El plátano, un árbol de gran envergadura muy común en parques y jardines de las ciudades, soporta todo lo que le echen. Esas manchas blancas que caracterizan el tronco son el resultado de la tendencia que tiene su delgada corteza a desprenderse en placas, lo que en el fondo le viene bien para deshacerse de toda la mugre que va acumulando.

3 Si no sabes identificar un sauce llorón, difícilmente llegarás a distinguir algún día un fresno de un olmo. Suele plantarse en las riberas de los ríos, y su follaje colgante con aire de resignación lo hace inconfundible. Pocos sonidos son tan evocadores del verano como el rumor de sus hojas.

4 El abedul es un árbol extraño donde los haya: delgado, tranquilo, educado, y al igual que el tilo, va a la suya. Su corteza blanca y negra, que tiende a desprenderse con facilidad, es lo que lo delata. Es inconfundible.

5 El tilo es un árbol de buenos modales, modesto y retraído, y quizá por ello menospreciado. Sus aromáticas flores son conocidas por sus propiedades curativas para combatir catarros y se toman también como tranquilizante, preparadas en una infusión llamada tila. Es un placer pasar el día sentado bajo su frondosa copa.

6 El castaño de Indias es un árbol que alcanza los 30 metros de altura y sus hojas pueden llegar a ser enormes en el caso de un espécimen longevo. Difiere del castaño dulce en que su fruto no es comestible por su amargor, pero a los niños les encanta recoger las castañas que caen al suelo en otoño.

7 Se dice que el hayuco o fruto del haya sabe bien al paladar si eres capaz de hincar el diente a la cápsula espinosa que lo recubre. El árbol en sí destaca por su porte erguido y majestuoso, y su follaje ofrece un refugio seguro bajo la amenaza de un cielo plomizo. Yo le veo un aire militar.

8 El espino suele plantarse como seto, ya que sus ramas espinosas lo convierten en una magnífica barrera natural. Sin embargo, pese

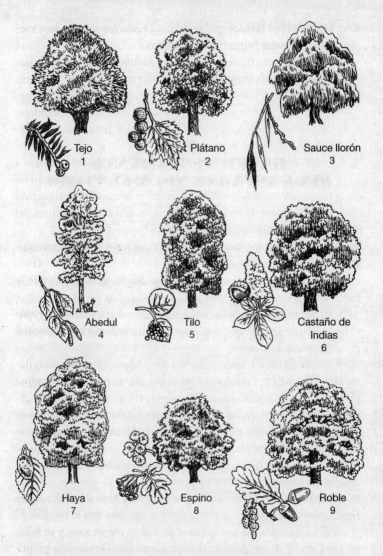

Tejo
1

Plátano
2

Sauce llorón
3

Abedul
4

Tilo
5

Castaño de
Indias
6

Haya
7

Espino
8

Roble
9

a su aspecto hostil, sus delicadas flores, que salen a finales de la primavera, cada una con cinco pétalos blancos y numerosos estambres rojos, se caracterizan por su singular belleza.

9   De todos los árboles que podemos encontrar en un bosque, el roble se lleva la palma. Todavía podemos encontrar muchos ejemplares a la sombra, de los cuales nuestros tatarabuelos quizá disfrutaron de una comida campestre.

◎ *El incienso es una resina aromática obtenida del árbol* Boswellia sacra. ◎

CÓMO
HACER TESTAMENTO
SIN GASTARSE NI UN CÉNTIMO

En España fallecen cada año miles de personas sin hacer testamento. Es lo que se conoce como «morir intestado», y resulta tan doloroso como parece.

Si estás casado y tienes hijos, la ley establece que si la palmas sin hacer testamento, tus hijos heredarán la totalidad de tus bienes, incluso la moto, tu butaca favorita, los calzoncillos dados de sí, el MP3 y el Scalextric, mientras que a tu mujer le corresponderá el usufructo de un tercio de los bienes.

En caso de estar casado y sin hijos, tu herencia pasará íntegramente a tus padres, si están vivos, mientras que tu mujer tendrá derecho a la mitad del usufructo, o a dos tercios si los herederos son finalmente tus hermanos o los hijos de estos. A falta de descendientes (hijos, nietos) o ascendientes (padres, abuelos), hereda el cónyuge, y, si no hay, los parientes colaterales, o sea, los que proceden de un mismo tronco común (hermanos, tíos, sobrinos), entre los cuales está aquella prima hermana solterona por parte de madre que solo has visto en fotos o aquel tío segundo que emigró a América y al que tu familia perdió la pista.

A falta de hijos, padres, parientes o cónyuge, el heredero final será el Estado. Así pues, si no deseas que tu apartamento en la costa o tu deportivo de gama alta (qué más quisieras, ¿no?) acaben en una subasta pública para financiar un nuevo tramo de la interminable red de carreteras nacional, más vale que hagas testamento para dejar tus bienes a quien quieras, como por ejemplo tu amante, y designes a un amigo de confianza como albacea para que se ocupe de todo.

Tipos de testamento

◇ La mayoría de los testamentos son «atestiguados», es decir, redactados por escrito y firmados por dos testigos que confirman que el documento refleja los deseos del testador y que este no estaba como una cabra.

◇ Una modalidad poco frecuente es el testamento «nuncupativo» (oral). Es el que se susurra con voz estertórea a los presentes en el lecho de muerte; estos se apresuran a anotar lo que imaginan que has dicho y después lo muestran a los abogados. Este tipo de documentos suele dar muchos problemas, como puedes suponer.

◇ Los abogados insisten en que deberíamos obrar con previsión y contratar sus servicios para hacer testamento, pero en vista de los honorarios nada insignificantes que cobran por ello, nada nos obliga a tomar dicho consejo al pie de la letra. ¿Por qué no lo haces tú mismo?

◇ Puedes comprar un formulario oficial u optar directamente por un testamento «ológrafo», que no tiene nada que ver con esas imágenes en 3D producidas con rayos láser. Es un documento escrito a mano por ti mismo. Es especialmente indicado cuando la cosa no tiene mucha complicación que digamos (vamos, cuando no eres el copropietario de diecisiete empresas en varios paraísos fiscales ni tienes varias esposas con un sinfín de hijos menores de edad repartidos por todo el mundo).

El testamento ológrafo

◇ Siempre y cuando el documento esté escrito de tu puño y letra (incluso podrías firmarlo), no necesitas ningún testigo. Muchos marineros atrapados en medio de una tempestad y soldados asediados por las balas se ven garabateando a toda prisa su última voluntad en un papel, y seguro que la ausencia de un notario engreído confiere a su inminente inmolación una maravillosa sensación de serenidad.

◇ Según el *Libro Guinness de los récords*, el testamento más corto del que se tiene constancia reza así: «Todo para mi mujer». Lo escribió un tipo en la pared de su habitación cuando vio que se acercaba su hora. Se consideró totalmente legal, pues era evidente que no podía haberlo escrito nadie más que él.

◇ Otro individuo con iniciativa propia, un granjero que supo que se le escapaba la vida por momentos al verse aplastado por su tractor, repartió sus bienes mediante una inscripción en el parachoques embarrado del vehículo. Tan improvisado testamento fue legalizado sin que nadie rechistara. Sin duda, un ejemplo que puede servirnos de estímulo a todos.

◉ *Las monedas comenzaron a fabricarse con electrum, una aleación de oro y plata.* ◉

CÓMO
RECORDAR LA TABLA PERIÓDICA

No hay razón alguna para aprender de memoria los nombres de los elementos de la tabla periódica, a menos que seas estudiante de química y te toque un hueso de profesor. En cualquier caso, siempre viene bien para acertar esas preguntas del *Trivial* que nadie sabe o para fardar delante de una chica a la que se quiere impresionar.

Para memorizar los más de cien nombres que la componen, utilizaremos la mnemotecnia, una técnica que ya empleaban los antiguos griegos. Se trata de formar frases con palabras que contengan las siglas (indicadas en mayúscula y con alguna que otra concesión gramatical) de elementos que guarden cierta relación entre sí, como estar situados en la misma hilera o columna, o pertenecer al mismo grupo. A continuación encontrarás unos cuantos ejemplos, pero tu esfuerzo tendrá un valor añadido si memorizas tantas palabrejas con frases que sean fruto de tu imaginación.

Para recordar el primer elemento de cada columna de la tabla periódica:

«Hoy BEnito SaCó el TÍtulo de Vago CRomático MieNtras FElipe COmía NÍsperos CUbiertos de ZaNahoria. Barcelona Con Navarra Ofrece Fresas HEladas.»
(Hidrógeno, Berilio, Escandio, Titanio, Vanadio, Cromo, Manganeso, Hierro, Cobalto, Níquel, Cobre, Zinc, Boro, Carbono, Nitrógeno, Oxígeno, Flúor, Helio)

Para recordar la segunda fila de la tabla:

«La BEBC NO Fue NEcia.»
(Litio, Berilio, Boro, Carbono, Nitrógeno, Oxígeno, Flúor, Neón)

Para recordar los halógenos:

«Fuiste CLara BRonceada Inocente y ATractiva.»
(Flúor, Cloro, Bromo, Yodo, Astato)

Para recordar los elementos de transición:

◊ Primera fila:
«eSCandinavia TIene Voluminosos CRáteres MuNdiales FEos COmo NInguno CUando ZumbaN.»
(Escandio, Titanio, Vanadio, Cromo, Manganeso, Hierro, Cobalto, Níquel, Cobre, Zinc)

◊ Segunda fila:
«Y ZacaRías No "Bio" MOrir TéCnicos RUsos, ReHuyendo PaDecer AlGún CoDazo.»
(Itrio, Circonio, Niobio, Molibdeno, Tecnecio, Rutenio, Rodio, Paladio, Plata, Cadmio)

◊ Tercera fila:
«LUcía la HuérFana TAmbién «Womitó» REnos y OSos IRascibles, PoTando AUn aHoGada.

(Lutecio, Hafnio, Tantalio, Wolframio, Renio, Osmio, Iridio, Platino, Oro, Mercurio)

Para recordar los lantánidos:

«LAura CEcilia PRimero NaDó, ProMetiendo a SuMadre EUgenia la GorDa que TumBada DYsfrutaba, HOloturias, ERmitaños y TaMbién YerBa del LUgar.»
(Lantano, Cerio, Praseodimio, Neodimio, Prometio, Samario, Europio, Gadolinio, Terbio, Disprosio, Holmio, Erbio, Tulio, Iterbio, Lutecio)

Para recordar los actínidos:

«el THoro PAsó Uno a NePtuno, la PUra AMericana CoMía y Bebía "Kon" CaFé ESpañol y FuMaba MaDera de NOgal LaRgo.»
(Torio, Protactinio, Uranio, Neptunio, Plutonio, Americio, Curio, Berkelio, Californio, Einstenio, Fermio, Mendelevio, Nobelio, Laurencio)

Seguramente te dejarás alguno en el tintero, pero ¿quién va a darse cuenta cuando lleves más de cincuenta citados de carrerilla?

◉ *La tabla periódica es obra del químico ruso Dmitri Mendeléiev, quien la publicó en 1869.* ◉

CÓMO
DÁRSELAS DE ENTENDIDO EN ARTE

A diferencia de lo que ocurre con la ciencia, con el arte es fácil ir de enterado. He conocido a embaucadores de campeonato que pueden pasarse horas hablando de arte sin saber nada del asunto. Uno de ellos me enseñó en una ocasión un boceto de Picasso que había hecho del natural. Era espantoso, pero eso no le impedía escribir a menudo sobre arte para varios periódicos. Así que ya sabes, deja la vergüenza a un lado, que nadie se dará cuenta de tu engaño.

ALGUNOS PERÍODOS Y «ESTILOS» ÚTILES PARA VACILAR

- *Griego* y *romano:* vasijas enormes y esculturas de señoras sin brazos. Un montón de templos y todo ese tipo de edificios, así como vistosos mosaicos.
- *Medieval (siglos XIII-XV):* período en el que despegó la pintura. Destacan los cuadros de temática bíblica, sobre todo cristiana, aunque hay algo raro en ellos con respecto a la perspectiva y la tridimensionalidad.
- *Renacimiento:* comenzó en Italia en el siglo XV. Un sinfín de retratos, pero con la idea de la perspectiva ya clara.
- *Alto Renacimiento (siglo XVI):* el óleo sobre lienzo sustituye a la pintura sobre madera.
- *Manierismo:* derivación del Renacimiento caracterizada a menudo por la representación de hombres con el torso desnudo, así como también por el gusto por un realismo rebuscado.
- *Barroco:* descomunales, recargados y espectaculares cuadros con referencias clásicas por todas partes (plagados de figuras femeninas en escorzo y personajes que tañen el laúd).
- *Rococó:* propio de la época de Luis XV de Francia (principios del siglo XVIII), sumamente ornamental. Profusión de cortinajes y fundas de cojines, como en Zara Home. Más modernidad en el manejo del pincel.
- *Neoclasicismo:* despegue del paisajismo. Numerosos cuadros de caza y al aire libre, junto con retratos rancios de tipos gordos acompañados de sus feas esposas.
- *Siglo XIX:* se dispone de pintura en tubo. Siglo de gran actividad, con los afectados prerrafaelitas y sus veleidades artísticas en Inglaterra y, hacia finales de siglo, los impresionistas en Francia, con un concepto más laxo de la temática y el tratamiento. Señoras con los pechos al aire y almiares desenfocados. Rápido relevo de Manet a Monet a Degas a Seurat a Van Gogh a Cézanne a Gauguin a Matisse y a las primeras vanguardias artísticas.

◇ *Siglo XX:* locura absoluta. Expresionismo, fauvismo, cubismo, vorticismo, futurismo, dadaísmo, neoplasticismo, surrealismo, expresionismo abstracto, op art, pop art, arte conceptual y todos los demás. Los artistas pasan a ser «marcas» a escala mundial, y se habla de tener un picasso, un dalí, un hockney, un warhol o un bacon.

◇ *Siglo XXI:* un período de sequía artística con premios subvencionados, concursos y «polémicas» afectadas en los suplementos dominicales. Vuelta a las señoras con los pechos al aire.

◉ *El Museo del Prado solo exhibe unas 900 pinturas de las casi 8.000 que tiene en su haber.* ◉

GUÍA DE
FUNERALES ALTERNATIVOS

Ahora que los cementerios están abarrotados de cadáveres, la gente cada vez tiene mayor tendencia a buscar otros lugares y formas de dar sepultura a sus seres queridos. Para algunos, la primera opción consiste en enterrarlos en el jardín de casa, pero eso equivale a reducir en un 25 por ciento el valor de una propiedad. Así pues, aquí van algunas sugerencias, quizá una alternativa mejor como morada final.

ENTIERRO EN EL MAR

Así fue como enterramos a mi suegro marinero, o a parte de él, esparciendo sus cenizas contenidas en una bolsa de plástico por la borda del transbordador a Boston a pocos kilómetros de Cape Cod en un día de viento. Como resultado de dicho experimento, puedo confirmar que comerse un sándwich espolvoreado con los restos mortales de una persona no comporta ningún riesgo para la salud.

Si uno desea enterrar a alguien en aguas de jurisdicción española sin haberlo incinerado antes, hay que informar de ello previamente en el registro de defunciones y solicitar un certificado del juez de instrucción. Asimismo, es necesario dirigirse al Ministerio de Medio Ambiente para obtener un permiso en virtud de la ley que regula los vertidos al mar. Junto con la solicitud, debe incluirse un certificado médico en el que se declare que el cuerpo no tiene fiebre ni infección alguna. (Es posible que los embalsamados no puedan enterrarse en el mar.)

Para evitar que los cadáveres acaben siendo arrastrados por la corriente hasta una playa turística o saliendo a flote en unas redes de pesca, los entierros en el mar están restringidos a unos puntos concretos situados a cierta distancia de la costa.

Puedes encargar el entierro a una funeraria u ocuparte personalmente de él. Se trata más que nada de utilizar el sentido común: lastrar el ataúd como es debido (sin olvidar hacer unos cuantos agujeros en la madera), asegurarse de que la tapa no se saldrá de su sitio y dar con un barquero servicial con una embarcación desde donde pueda lanzar al mar a tu ser querido sin demasiados esfuerzos ni improperios indecorosos. Asimismo, habrá que lastrar el cadáver con cadenas y asegurar bien la chapa de identificación a su alrededor por si ocurre lo peor y tienen que devolver el cuerpo.

Otras alternativas

Conviene hablar con los expertos en la materia con antelación, es decir, antes de que fallezca nadie. No hay necesidad de dejar el tema en manos de una funeraria; se puede aprender mucho de gente de a pie que se ha encargado personalmente de organizar toda la movida.

Además de resolver las cuestiones prácticas, es posible que uno contemple la posibilidad de contratar los servicios de un cura, un chamán o un actor para que pronuncie unas palabras en memoria del difunto. Los ritos y las ceremonias solemnes son importantes para la gente en momentos trascendentales, aunque no es obligatorio pronunciar un discurso sobrenatural. Si eres ateo, puedes recurrir a un «oficiante» laico para que celebre un funeral no religioso. También puedes optar por que hablen los miembros de la familia; como tú quieras.

En los últimos años se ha puesto de moda el uso de ataúdes biodegradables hechos de cartón, bambú, sauce y yute, aunque puede que los difuntos con más clase prefieran el modelo alemán Uono Cocoon, una especie de cápsula gigantesca de líneas elegantes.

Si lo que uno busca es un funeral por todo lo alto, en lugar de recurrir al crematorio municipal, ¿por qué no copiar la idea de Hunter S. Thompson, que quiso que sus cenizas salieran volando por los aires desde un cañón de 45 metros? «Le encantaban las explosiones», explicó su esposa.

Buena suerte.

◉ *Al décimo duque de Hamilton le cortaron las piernas para que cupiera en el ataúd.* ◉

CÓMO
IDENTIFICAR UN AVIÓN POR LA INSIGNIA DE LA COLA

A ntes era facilísimo identificar la compañía aérea a la que pertenecía un avión con solo fijarse en la cola, pero ahora el diseño de las insignias cambia con una celeridad pasmosa. En cualquier caso, aquí tienes una selección de los logotipos más interesantes para que la próxima vez que estés esperando en la zona de embarque y mires por los ventanales, retes a tus compañeros de viaje a distinguir los aviones por la cola. *Véase* la ilustración de la página 110.

1   *Aer Lingus*. El nombre corresponde a una variante anglicanizada de Aer Loingeas, «flota aérea» en irlandés. Fiel a su origen, la cola es de color verde con un trébol en el centro. ¿Qué más necesitas?

2   *Aeroflot*. Esta compañía aérea era conocida en su día por sus azafatas hombrunas de modales bruscos. Puede que estas hayan cambiado, pero el logotipo de la cola sigue luciendo el rojo, el azul y el blanco de la bandera rusa.

3   *Air Canada*. La hoja de arce roja que caracteriza la insignia de la cola de sus aviones ha adoptado distintas formas a lo largo de los años, pero si ves una hoja de arce roja, es Air Canada.

4   *Air France*. No, no se distingue por ningún símbolo gabacho sino por un diseño conservador a base de rayas diagonales en azul y

blanco, con una sola franja roja que destaca en el borde inferior. Muy francés.

5   *Air New Zealand.* El *koru*, símbolo maorí en forma de una hoja de helecho al desenroscarse, sigue distinguiéndose por su color blanco en la cola de los aviones desde que la compañía neozelandesa adoptó una nueva imagen en 2006.

6   *Alitalia.* Otro ejemplo de logotipo nacionalista: el rojo, el blanco y el verde de la bandera italiana. Este es de los que se distingue a la legua, como la delantera de Pamela Anderson.

7   *British Airways.* Otra vez una bandera, la del Reino Unido, o parte de ella, la cual parece ondear al viento mediante un ingenioso diseño de líneas estilizadas. Una apuesta segura.

8   *Cathay Pacific Airways.* No sabría decir qué representa esta insignia, ¿un ave sin cabeza, quizá? Me parece un tanto enigmática, la verdad. Pero simboliza las líneas aéreas de Hong Kong.

9   *EasyJet.* Toda la cola pintada de naranja con una sola palabra sobreimpresa en blanco: «easyJet». La e inicial en minúscula y la J mayúscula hacen daño a la vista, pero el logotipo se reconoce a la primera. Todo ello se debe a Stelios Haji-Iouannou; creo que hasta él mismo es naranja.

10 *Japan Airlines.* Ni más ni menos que una sección del círculo rojo que caracteriza la bandera del país del sol naciente. Seguro que el diseño ha costado millones.

11 *Quantas.* Pues sí, amigos, me temo que se trata de un canguro. Otros que no ganarán el premio a la originalidad. Lo único que sorprende es que no lo hayan puesto boca abajo.

12 *Ryanair.* Probablemente el símbolo peor dibujado de la historia de los logotipos de la aviación civil. Después de devanarme los sesos como nunca lo había hecho, he llegado a la conclusión de que pretende ser una mujer arpa voladora. ¡Lo que hay que ver!

13 *Scandinavian Airlines.* Logotipo con tintes militaristas donde los haya, por no decir fascistas. A mí lo de las siglas SAS en blanco sobre un fondo azul oscuro me hace pensar más bien en la División Aérea Especial británica.

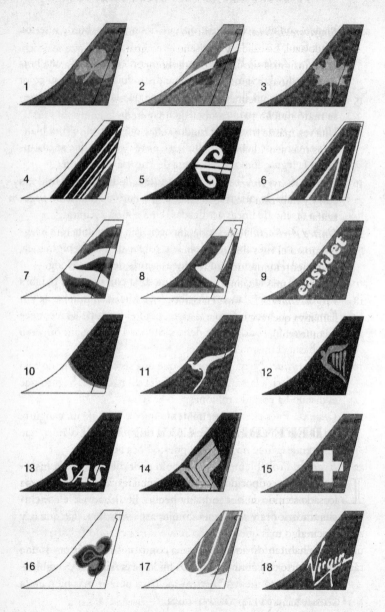

14 *Singapore Airlines*. Una estilizada ave en un tono pálido sobre un fondo azul. La calidad del diseño es equiparable a la que se observa en insignias similares de otras compañías aéreas. Vamos, que deja mucho que desear.

15 *Swiss*. Tras la quiebra de Swissair en 2001, su sucesora Swiss no se mató mucho para cambiar la imagen de la compañía suiza. Una vez más se trata de la bandera nacional, y es uno de los logotipos más sencillos y logrados que puede verse en la cola de un avión.

16 *Thai Airways International*. Un intrincado diseño con sabor a curry y muy morado. De hecho, podría decirse lo mismo de sus azafatas.

17 *United Airlines*. Después de años de dificultades económicas (como en el caso de otras compañías aéreas), United ha lanzado recientemente un nuevo logotipo inspirado en el anterior. ¿Un poco más elegante, quizá? Sí, es posible.

18 *Virgin Atlantic*. La imagen corporativa de esta compañía es tan llamativa que raya la vulgaridad, pero su ingenioso diseño la hace inconfundible.

◉ *El primer vuelo de los hermanos Wright cubrió una distancia menor que la envergadura de un 747.* ◉

CÓMO
DEFENDERSE CON EL VASCO

Los vascos son conocidos, entre otras muchas cosas, por tener un acusado sentido de la identidad diferenciada, plasmado en su cultura, sus tradiciones y su lengua. Si quieres visitar Euskal Herria y saber decir algo más que *egunon* o *eskerrik asko* cuando te cruces con uno de sus habitantes, aquí tienes unas cuantas frases que te ayudarán a defenderte con el idioma de los Patxi y las Ainhoa.*

* Gracias a Idurre y a Lide Azkue por su colaboración. *(N. del T.)*

Eso no es un nombre de pueblo, ¡es un trabalenguas!
Hori ez da herri baten izena, aho-korapiloa baizik!

¿Le importaría repetirme su apellido? Me he perdido en la quinta sílaba.
Zure abizena errepikatuko al zenidake, mesedez? Bosgarren silaban galdu naiz.

¿Podría llevarme a urgencias? Creo que al saludarme me ha roto la mano.
Larrialdietara eraman nazakezu? Uste dut agurtzerakoan eskua hautsi didazula.

No me llene el plato, por favor; aún estoy digiriendo el marmitako de anteayer.
Ez iezadazu platera bete, mesedez; oraindik herenegungo marmitakoa digeritzen ari naiz eta.

Sí, tenía sed, pero después de los primeros quince zuritos se me ha pasado.
Bai, egarri nintzen, baina aurreneko hamabost zuritoekin pasatu zait.

¿Dan un premio por visitar todos los bares en una sola noche?
Saria ematen al dute hiriko taberna guztiak gau bakar batean pasatuz gero?

Gracias por el paseo, he descubierto músculos que no sabía que tenía.
Mila esker ibilaldiarengatik, ez neukan arrastorik ere muskulu horiek guztiak hor neuzkanik.

Y usted, ¿se quita la chapela para dormir o la lleva pegada con Loctite?
Eta zuk, txapela kentzen al duzu lotarako edo loctitekin itsatsita daramazu?

Oye, y hablando de política, ¿para cuándo un lendakari negro?
Aizu, politikaz ari garenez, noizko lehendakari beltza?

◉ *Se calcula que en todo el mundo hablan euskera unas 800.000 personas.* ◉

CÓMO
LIDIAR UN TORO

Torear es mucho más divertido que coleccionar sellos y en media hora ya has acabado la faena. Las corridas de toros tienen lugar después de comer y se dividen en tres partes o tercios. El espectáculo comienza con el paseíllo, en el que el matador, enfundado en su traje de luces, sale a la plaza con su cuadrilla al son del pasodoble que interpreta la banda. A continuación se exponen las nociones elementales que todo torero novato debe tener claras.

Primer tercio

◇   El toro sale a la plaza y tu subalterno comienza a provocarlo con el capote de brega, de color rosa y amarillo. De momento, puedes limitarte a observar.

◇   Luego te toca a ti entrar en acción para realizar una serie de pases o lances, entre los cuales destaca la verónica. Dichas maniobras resultan difíciles de explicar, y como principiante, lo mejor que puedes hacer es mover el capote sin más con el brazo estirado, manteniendo en todo momento la región pubiana lo más alejada posible de las astas del animal. Deja el arte para más adelante.

◇   Al poco rato verás que se presentan en el ruedo los picadores sobre sus monturas. Su tarea consiste en incitar al toro a que embista contra los caballos, que van protegidos con un peto acolchado, para poder picarlo con la garrocha en la testuz a fin de que no pueda levantar la cabeza durante el tercer tercio.

◇   Un toque de clarín anuncia el final del primer tercio, y con él los picadores se retiran del ruedo. Es el momento para fumarte un pitillo a escondidas.

Segundo tercio

◇   Esta es la parte más fácil de la corrida, y la mayoría de los matadores dejan que sus subalternos se encarguen de agotar al animal, reservándose para la última parte de la lidia. Te recomiendo que hagas lo mismo. Quédate atrás y aprovecha para mandar un mensaje de texto a tu novia, por ejemplo. El segundo tercio termina una vez que los banderilleros han clavado los pares de banderillas reglamentarios en la cerviz del toro.

TERCER TERCIO

◇ El último tercio de la corrida es la faena. Al oír de nuevo el toque del clarín, debes quitarte la montera (el gorro) y brindar la muerte del toro a una persona presente en la plaza (preferiblemente una señorita), ofreciéndole la montera, o al público en general, en cuyo caso habrás de lanzar el sombrero al suelo.

◇ Esta es la parte más artística de la lidia, en la que debes demostrar tu valor y astucia con la muleta, una tela de color rojo más ligera y pequeña que el capote; oculto tras ella llevarás el estoque, la espada con la que se mata al toro. Ha llegado el momento de que te ganes la ovación del público con acciones arriesgadas como hincarte de rodillas ante el morlaco. Debes provocarlo para que te embista, y apartar la muleta de tu cuerpo en el último instante. Si la suerte te acompaña, conseguirás salir airoso del trance sin llevarte una cornada. (En caso de que la cosa se ponga fea, corre a ponerte a salvo tras la barrera más cercana.)

◇ Cuando estés preparado para matar, asegúrate de que el bicho tiene la vista puesta en la muleta, no en tus partes pudendas. Inclínate entonces sobre sus pitones y clávale el estoque entre los omóplatos. Este es el momento más peligroso de toda la faena, así que ya puedes cruzar los dedos, de las manos… y de los pies también.

◇ Si la espada se hunde hasta la empuñadura en una estocada certera, el animal por lo general se desploma en la arena y muere. Por el contrario, si toca el hueso es posible que haya que rematar al toro con el descabello, un pequeño estoque de mango cruciforme con el que se le pincha la médula espinal para provocarle una muerte instantánea.

◇   Si el toreo te parece una actividad cruel e injusta por entender que el animal se halla en desigualdad de condiciones frente al diestro, es mejor que optes por otros pasatiempos más equitativos como las damas o el parchís, donde podrás eliminar a tu rival sin tener cargos de conciencia por ello.

◎ *Un traje de luces puede llegar a pesar más de 5 kilos.* ◎

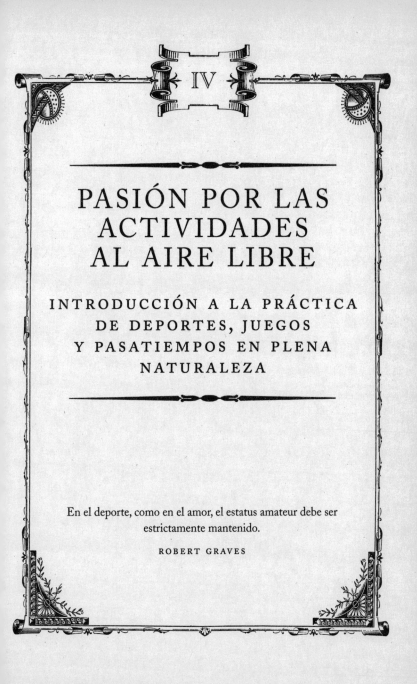

IV

PASIÓN POR LAS ACTIVIDADES AL AIRE LIBRE

INTRODUCCIÓN A LA PRÁCTICA DE DEPORTES, JUEGOS Y PASATIEMPOS EN PLENA NATURALEZA

En el deporte, como en el amor, el estatus amateur debe ser estrictamente mantenido.

ROBERT GRAVES

CÓMO
LLEVAR UNA CANOA

────ᵂᴵᴵᴵ*ᴵᴵᴵᴵ────

No te dejes engañar por el porte de cisne del gran jefe indio que surca majestuoso las aguas en calma del riachuelo. Su serenidad oculta años de esfuerzo entre aspavientos e improperios para conseguir desentrañar los misterios de este arte. Estas instrucciones no van destinadas a los expertos como él, sino a quienes desean aprender a llevar una canoa. Aunque no podrás enfrentarte a unos rápidos tras diez minutos de práctica, al menos te servirán para protegerte de la bochornosa humillación de tener que pedir auxilio al ver que la embarcación no para de dar vueltas, balanceándose de un lado a otro.

PROCEDIMIENTO

1   Ponte el chaleco salvavidas. Esto puede llevarte un rato aunque cuentes con ayuda.

2   Métete en la canoa. Esta acción constituye un arte en sí mismo y lo más probable es que acabes mojándote. Tendrás que practicar un poco antes de continuar con el siguiente paso. (Es el momento de que te asegures de que estás en una canoa y no en un kayak. El remo debería terminar en una pala plana en uno de los extremos. Si tiene una pala curva en cada uno de los extremos, se trata de un kayak, así que ya puedes salir.)

3   Arrodíllate o siéntate en medio de la canoa, mirando hacia la parte delantera (la proa). Unas rodilleras te harán la travesía más fácil, pero solo si te arrodillas.

4   Coge el remo con la mano derecha, a unos 60-90 centímetros del extremo superior, con los nudillos hacia fuera, y agárralo por arriba con la mano izquierda, también con los nudillos hacia fuera.

5   Estira los brazos hacia delante todo lo que puedas, sin tambalearte, y sumerge el remo. Mantén el mango vertical, como una pala de jardín, no inclinado como un remo. Y recuerda: no te tambalees.

6   Con el extremo superior del mango colocado en todo momento por debajo de los ojos, tira hacia atrás la mano derecha de modo que el remo retroceda por el agua hasta la altura de tu trasero, no más allá. Empuja la mano izquierda hacia delante para contrarrestar la resistencia del agua. No cometas el error de seguir la curva del casco de la canoa; mantén la línea recta. Y no hace falta que «caves» el agua con el remo; solo sirve para derrochar energía y hacer presión en la canoa hacia abajo.

7   Saca la pala y colócala paralela al agua mientras la canoa se desplaza hacia delante. Vuelve al punto de partida para iniciar de nuevo todo el proceso. A fin de evitar la fatiga muscular de un brazo, puedes remar por el otro lado de la canoa de vez en cuando. La acción es básicamente la misma, pero con las manos cambiadas de posición.

Si hace buen tiempo, dichas instrucciones te valdrán para deslizarte hacia delante en todo momento, con la cabeza por encima del agua. Pero si sopla el viento, tendrás que hacer algo más.

◉ *En Arabia Saudí no hay ríos.* ◉

CÓMO
BUSCAR FÓSILES

S i tuviera que elegir entre ser uno de esos tipos que van por la playa buscando tapones de botella con un detector circular de metales, o bien uno de los que descubren una nueva especie de dinosaurio de un martillazo, no me costaría nada decidirme. Así pues, aquí tienes unos cuantos consejos para convertirte en un paleontólogo al instante.

LA HISTORIA COMPLETA DE LA TIERRA EN 150 PALABRAS

Nuestro planeta tiene unos 4.600 millones de años (un poco más si estás leyendo la 2.ª edición de este libro), y los distintos estratos que lo componen revelan su cronología. Los fósiles son recientes, pues los más antiguos datan de hace tan solo unos 570 millones de años. Su historia se clasifica en tres eras: el paleozoico («animales antiguos» en griego), el mesozoico («animales intermedios») y el cenozoico («animales nuevos»). Dichas eras se subdividen en once períodos geológicos, cuyos nombres constituyen un fascinante objeto de estudio en sí mismos; no tienes más que buscarlos en un diccionario y lo comprobarás. Comienzan por el cámbrico y pasan por el silúrico, el carbonífero (bosques), el jurásico (el más famoso) y el cretácico (que finalizó con la extinción de los dinosaurios), hasta llegar al terciario y el cuaternario, período tras el cual aparecen los seres de la época glaciar y los humanos.

QUÉ SON LOS FÓSILES

Los fósiles son los restos de animales (y plantas) antiguos, cuyas partes blandas han desaparecido tras un proceso de putrefacción. Con el paso del tiempo, los huesos y los dientes de los animales, y las estructuras más duras de las plantas, absorben poco a poco los minerales de los sedimentos que tienen a su alrededor y acaban petrificándose. La fosilización solo puede darse bajo el agua; resulta divertido pensar que todo dinosaurio fosilizado pasa sus últimos días… calado hasta los huesos.

EQUIPO NECESARIO PARA LA BÚSQUEDA DE FÓSILES

◇ *Bolígrafo y libreta*
◇ *Una estupenda lupa*
◇ *Botas de agua resistentes*
◇ *Utensilios grandes (véase abajo)*
◇ *Termo con leche y cacao*
◇ *Casco y gafas protectoras ante el riesgo de desprendimiento de rocas*
◇ *Una bolsa resistente para las piezas más grandes*

Es posible encontrar fósiles en rocas sedimentarias al descubierto como la pizarra, la caliza y la arenisca. Eso sí, cabe extremar la precaución a la hora de escalar riscos altos que se desmoronan con facilidad, y se desaconseja salir a buscar fósiles solo en plena noche por una zona peligrosa como un acantilado a merced de las imprevisibles mareas.

En los yacimientos más recientes, de textura más blanda, los fósiles están sueltos o pueden despegarse fácilmente de la superficie con un cuchillo. A veces es posible encontrar dientes y huesos pequeños cribando la arena de una playa, y si la criba se realiza en el agua puede que aparezcan especímenes aún más pequeños. Pide consejo a otros buscadores; es una buena forma de conocer gente nueva. Una vez desenterrados, hay que envolver estos frágiles hallazgos y guardarlos en una caja para su transporte.

Los fósiles más antiguos deben arrancarse con un cincel y un martillo pesado. Lo ideal es emplear un martillo geológico de acero templado, con una cabeza que termina plana en un extremo y tiene forma de cincel en el otro. En la mayoría de los casos, basta con un martillo de 1 o 1,5 kilos, pero para rocas realmente duras es mejor utilizar uno que pese entre tres y seis kilos.

Se requiere práctica para arrancar un fósil que está bien incrustado en su matriz sin dañarlo, pero antes de que comiences a desenterrar un *Allosaurus*, asegúrate de que es una tarea asequible y de que no vas a destrozarlo en el intento. Si te ves preparando una funda de escayola para proteger tu hallazgo, es un indicio inequívoco de que has sobrepasado el terreno del aficionado.

Lleva siempre un registro apropiado de los hallazgos en la libreta y etiqueta cada fósil con los datos relativos al lugar donde lo has desenterrado; no haber anotado bien los datos puede restar valor científico al objeto encontrado. Por cierto, ponerse a excavar de forma indiscriminada en zonas de excepcional belleza natural puede que no sea muy buena idea.

Una vez en casa, lava bien los fósiles. Procura no retirar mucha piedra, ya que suelen quedar mejor si están incrustados en la roca en la que los has descubierto.

◉ *El fósil completo de dinosaurio más grande hallado hasta la fecha corresponde a un* Brachiosaurus; *mide 23 metros de longitud.* ◉

CÓMO
CONFECCIONAR UNA COMETA
Y HACERLA VOLAR CON MUY POCO

P or las veces que he observado a alguien haciendo volar una cometa, creo que consiste en: blasfemar, correr, arrastrar, desgarrar y chocar. No obstante, aquellos que son de constitución fuerte encontrarán a continuación un método económico y fiable para confeccionar una cometa, junto con una serie de consejos muy importantes para hacerla volar.

QUÉ SE NECESITA PARA UNA COMETA CASERA BIEN HECHA
◇ *Un rollo de cordel*
◇ *Un cuchillo afilado*
◇ *Una regla larga o una cinta métrica*
◇ *Cola blanca*
◇ *Un cuadrado de 1 metro de papel marrón de embalar*
◇ *Cinta de embalar marrón*
◇ *2 cajas de copos de maíz (o un producto similar)*
◇ *2 varillas de 0,5 cm de anchura: una de 90 cm y otra de 100 cm de longitud*
◇ *Un pedal de bicicleta*
◇ *Varias cintas vistosas (o tiras de una bolsa de basura)*

1   Haz una muesca que atraviese los extremos de las varillas para sujetar el cordel. Por lo que más quieras, vigila con el cuchillo.

2   Cruza la varilla corta sobre la larga en horizontal, colocándola a un cuarto del extremo superior de la larga. Con las muescas paralelas a la mesa, ata las varillas justo por el centro. Pon un poco de pegamento en el punto de intersección antes de realizar la operación y sírvete de las cajas de cereales como guía para que los ángulos que forman las varillas sean rectos.

3   Corta un trozo de cordel lo bastante largo para que dé la vuelta a la cometa y sobre un poco más. Haz una pequeña lazada a unos 2,5 centímetros de uno de los cabos del cordel y ata este a la punta superior de la cometa enrollando el extremo del cordel alrededor de la varilla. Con la lazada sujeta a la punta, pasa el cordel por la muesca y luego por la otra muesca del extremo derecho de la varilla horizontal. Ata otra lazada en la punta inferior de la cometa para pasar el cordel por la muesca de dicho extremo y seguidamente por la muesca del extremo izquierdo de la varilla horizontal. Acaba de atarlo poniéndolo alrededor del cordel sujeto a la punta superior y corta el cabo suelto. El cordel debería quedar tenso por todas partes, sin que ceda por ningún lado.

4   Extiende el papel de embalar sobre la mesa de modo que quede totalmente plano y coloca encima el armazón. Corta el papel, dándole la típica forma romboidal de una cometa, con un margen de unos 3 centímetros de más alrededor de la figura.

5   Dobla los bordes alrededor del cordel y pégalos con un poco de cola blanca diluida. Pega unos cuantos trozos de cinta de embalar aquí y allá para reforzar la unión. Cuanta menos cinta pongas, más endeble resultará la cometa. El papel debería quedar bien tenso una vez realizada dicha operación.

6   A continuación procederás a colocar lo que se conoce como la brida, es decir, el trozo de cordel que sujeta la cuerda a la cometa. Corta 1,20 metros de cordel y ata un extremo a la lazada de la punta superior y el otro a la punta inferior. Luego haz una pequeña lazada en la misma brida justo por encima del punto donde se cruza con las varillas. Aquí es donde irá sujeta la cuerda.

7   Vamos ahora a por la cola. Ata un trozo de cordel a la lazada de la punta inferior y adórnalo con cintas de vivos colores colocadas a intervalos de unos 10 centímetros. Para calcular la longitud óptima de la cola, lo mejor es basarse en la experimentación. Comienza con una cola que mida cinco veces la longitud de la cometa y, tras ponerla a prueba sobre el terreno, córtala hasta que tenga el tamaño ideal. Cuantas más cintas añadas, más estabilidad tendrá la cometa (pero también pesará más).

8   Por último, comprueba el equilibrio de la cometa. Haz que quede suspendida en el aire cogiéndola por el cordel; si se inclina hacia un lado, añade un poco de papel engomado a modo de contrapeso. Tendrás que realizar pequeños ajustes cuando la hagas volar, ya que cada cometa es única.

LA CUERDA

Lo mejor es emplear una cuerda de fibra de nailon o poliéster, aunque también puede servir lo que ha sobrado del cordel, si bien frenará el avance de la cometa. Como carrete se puede utilizar un pedal de bicicleta, o un simple trozo de cartón duro.

CÓMO HACER VOLAR LA COMETA

Sin viento, una cometa no puede despegar, y menos aún mantenerse en el aire. Lo ideal es un viento moderado y constante de entre 10 y 25 kilómetros por hora. Si el viento sopla con más fuerza destrozará la cometa, y si lo hace con menos intensidad no servirá para que alce el vuelo. Si ves que tienes que correr para mantener la cometa en el aire, puede que el viento no sea lo bastante fuerte o constante.

Si no la tuvieras sujeta con una cuerda, la cometa saldría volando como una bolsa de plástico, y en cierto modo es la cuerda la que la hace volar. Dado que el viento no puede llevársela más allá de lo que da la longitud de la cuerda, la corriente de aire se ve empujada hacia abajo, lo que produce una fuerza ascendente que se comporta según las leyes de Newton.

Los lugares más apropiados para hacerlas volar son una playa extensa o un campo despoblado de árboles, donde no haya enormes torres de alta tensión ni tendido eléctrico, naturalmente. A menos que quieras aparecer en las noticias, abstente de jugar con una cometa en medio de una tormenta eléctrica o cerca de un aeropuerto.

1   Colócate de espaldas al viento, que debe ser constante, y pide a un amigo que tenga la amabilidad de lanzar la cometa al aire con cuidado.

2   Una vez que esté en el aire, ve soltando cuerda hasta que la cometa alcance una altura aceptable. Si sueltas demasiada, la cometa perderá propulsión debido a la resistencia al avance. Por el contrario, si te quedas corto, no tendrá estabilidad. Lo ideal es que llegue a una altura de unos cuatro pisos, aunque puedes hacerla volar más alto si lo deseas.

3   Si el viento pierde intensidad, recoge un poco de cuerda para aumentar la fuerza propulsora.

En un día de viento puedes atar la cuerda a un poste y tomarte algo tranquilamente mientras la cometa vuela por sí sola. Para hacerla bajar, basta con que recojas la cuerda y agarres la cometa cuando la tengas al alcance de la mano… preferiblemente antes de que se estrelle contra el suelo.

Los desgarrones pueden arreglarse con papel de embalar engomado o con cola en aerosol (que huele de maravilla).

◉ *Los hombres tienen 6 veces más probabilidades que las mujeres de que les parta un rayo.* ◉

CÓMO
EVITAR UNA MORDEDURA DE SERPIENTE

Aunque aquí la probabilidad de sufrir la mordedura mortal es menor del 1 por ciento, en otros rincones del mundo abundan más las serpientes venenosas que las inocuas. Seguro que habrás visto programas de televisión en los que un hombre (a menudo australiano) vestido de Coronel Tapiocca coge serpientes enormes por la cola y, con ayuda de un palito, describe los horribles efectos de sus neurotoxinas y hemotoxinas letales. Visto desde el sofá de casa puede resultar interesante, pero seguro que no te gustaría experimentar dichos efectos en tus propias carnes si tuvieras delante a una víbora rinoceronte. En la mayoría de los casos, toparse con una serpiente venenosa suele ser un hecho accidental —la gente las pisa sin querer—, por eso expongo a continuación unas cuantas reglas generales para evitar su mordedura cuando uno se encuentra en un país poblado de serpientes.

LA MORDEDURA DEL IDIOTA

A las serpientes les encantan los rincones oscuros, como las ramas huecas, las grietas de las rocas y la maleza densa. Si se te cae un billete de 10 euros en algún lugar cuyo interior no alcanzas a ver con claridad, y metes la mano en su busca, tienes todos los números para que te muerdan. No seas memo.

LA MORDEDURA DEL EXCURSIONISTA

A las serpientes les gusta la hierba alta, así que si recorres una zona sembrada de matas espesas o grandes hierbajos, fíjate bien dónde pisas. Sobran las explicaciones.

LA MORDEDURA NOCTURNA

Si sabes que estás en una zona poblada de serpientes peligrosas, ten un poco de sentido común: no duermas en un lugar donde veas hierba alta, maleza, rocas o árboles a tu alrededor, pues estos son algunos de los escondites favoritos de las serpientes. Busca un claro donde poner el saco de dormir y tápate con una mosquitera o una tela de visillos. Así evitarás que alguna serpiente fisgona se te cuele en el pijama.

Eso sí, ten cuidado con los leones.

PASIÓN POR LOS TRONCOS

Pongamos que te encuentras con un árbol caído en medio del camino. ¿Qué harás? ¿Pasar por encima de él? ¡Ni se te ocurra! A las serpientes les encanta agazaparse detrás de una rama caída o de un tronco cubierto de musgo. En lugar de ello, súbete al tronco y echa un vistazo para ver qué hay al otro lado. Si te encuentras con una serpiente, pídele que se largue o busca otro camino. Mejor aún, vete de ahí pitando y métete en el coche a leer un libro.

Coger una serpiente
Anda y déjate de tonterías.

Coger una serpiente muerta
Los hay que sienten el afán de posar para su álbum de fotos con una serpiente a la que acaban de matar. No caigas en ese error. Más de un explorador que ha querido dárselas de héroe blandiendo su presa muerta ante una cámara ha acabado con una mordedura en las pelotas. El sistema nervioso de una serpiente recién ejecutada puede seguir funcionando en perfectas condiciones, y responder con unos actos reflejos excelentes. Si quieres pasearte por ahí agitando una serpiente muerta en el aire, antes ten la precaución de cortarle la cabeza de un tajo con un cuchillo afilado.

Qué hacer si te muerde una serpiente
Ante todo, lo más importante es que no te encuentres solo en el momento de la mordedura; de lo contrario, lo tienes crudo. La víctima debe permanecer completamente inmóvil y ser trasladada a un hospital lo antes posible. La mayoría de los venenos se extienden por el sistema linfático, y cualquier movimiento del cuerpo puede acelerar dicho proceso. Para ralentizar su avance se recomienda vendar y entablillar con firmeza la extremidad donde se ha producido la mordedura.

No hay que practicar ningún corte en la mordedura ni chuparla, y menos aún hacer un torniquete, pues lo único que conseguirás es empeorar las cosas. En lugar de ello quédate quieto, mantén la calma y pide a un amigo que:

◊ Te aparte de la serpiente.
◊ Se apresure a identificar de qué tipo de serpiente se trata (si es posible).

◇ Te quite el reloj.

◇ Te aplique un vendaje compresivo ancho (para ello puede utilizar prendas de vestir y toallas).

◇ Te lleve al hospital a toda prisa, procurando que permanezcas inmóvil y calmado.

◉ *Los inhibidores de la* ACE *(Enzima de Conversión de la Angiotensina), medicamentos que regulan la tensión arterial, han sido desarrollados a partir de veneno de serpiente.* ◉

CÓMO
HACER UN PLUVIÓMETRO CASERO

Está lloviendo, ¿eh? No te preocupes, hay un montón de cosas que puedes hacer. Para empezar, podrías sentarte junto a la ventana para ver y escuchar el golpeteo de la lluvia en los cristales. No hay nada mejor para combatir el estrés y bajar la tensión. Pero si buscas un pasatiempo más activo que requiera además cierta habilidad, aquí tienes una sugerencia sencilla para estar entretenido sin moverte de casa.

NECESITARÁS
◇ *Una botella de plástico transparente grande*
◇ *Un rotulador*
◇ *Un cuchillo afilado o unas tijeras*
◇ *Cinta de pintor*
◇ *Una regla*

PROCEDIMIENTO

1 Corta la parte superior de la botella por donde se ensancha el cuello y quítale la etiqueta.

2 Pon la parte superior de la botella boca abajo y apóyala en la parte inferior; sella la unión con cinta adhesiva. De este modo se facilitará la entrada del agua de lluvia en el recipiente y se reducirá su evaporación.

3   Vierte un par de dedos de agua en la botella y marca dicho nivel con una señal correspondiente al cero. Continúa marcando el exterior de la botella a intervalos de 1 centímetro.

4   Coloca el pluviómetro en el exterior. Puedes idear un soporte con una percha curvada y sujetarlo en algún lugar de la fachada donde nadie pueda tener la tentación de tirarlo o beberse su contenido.

5   Intenta llevar un registro de lo que ocurre a lo largo de un mes. Hace diez años el pluviómetro habría marcado unos niveles de lluvia más o menos considerables en función del lugar donde se encontrara, pero con el calentamiento del planeta se puede pasar de registrar valores nulos a obtener resultados equivalentes a siete años de precipitaciones en solo cinco minutos. Eso ya no depende de mí.

◉ *El nivel de precipitaciones más alto jamás registrado se ha obtenido en Foc-Foc (Reunión), en el océano Índico, donde en una ocasión se recogieron más de 180 centímetros cúbicos en 24 horas.* ◉

CÓMO
CANTAR AL ESTILO TIROLÉS

El yodel es un tipo de canto tradicional típico de las montañas de Austria, Baviera y Suiza derivado de los gritos que utilizaban los cabreros tiroleses para comunicarse a través de riscos y desfiladeros nevados por medio del eco. Se caracteriza por los repentinos cambios de tono que se producen al alternar registros de voz normales con otros muy agudos en los que se utiliza el falsete.

Quien más o quien menos ha hecho sus pinitos alguna que otra vez con este canto tan peculiar, a menudo de forma involuntaria, como cuando uno se ve sentado de repente en una bicicleta sin sillín, salpicado de agua fría estando con el torso al desnudo o víctima de un balonazo en los cataplines. Sin embargo, aquel que se proponga ejecutarlo en serio puede tener dificultades para dar con un lugar idóneo donde practicarlo. El interior de un automóvil sería un espacio solitario apropiado si no fuera por sus reducidas dimensiones, mientras que el baño, pese a brindar unas condiciones acústicas óptimas, constituye un entorno de lo más aséptico que poco tiene que ver con los bucólicos parajes alpinos.

Entre las ventajas, cabe señalar que el estudio de esta técnica de canto ya no resulta tan difícil como antes. Hoy en día se pueden encontrar en el mercado numerosas grabaciones de gran calidad, y es posible escuchar en directo a cantantes de yodel consumados que, ataviados con unos calzones bávaros auténticos, interpretan a grito pelado su repertorio en tabernas tradicionales.

Empecemos

La clave del yodel consiste en cogerle el tranquillo al falsete. Si bien este registro tan agudo se encuentra fuera de la tesitura normal de una voz masculina, puede alcanzarse con facilidad. De hecho, es el registro que emplean inconscientemente los padres cuando hablan con sus retoños. Hay quienes consideran el falsete una señal de afeminamiento o esterilidad propia de un eunuco, pero no podrían andar más descaminados. La mayoría de los cantantes de yodel son tipos vellosos que acaban acodados en la barra del bar después de su actuación (o en ocasiones durante la misma), pidiendo cervezas con voz de barítono antes de volver a casa con su esposa y sus diez vástagos.

Así pues, lo primero que tienes que hacer es practicar el falsete siempre que te sea posible, a cualquier hora del día. Una vez que lo domines, debes intentar pasar rápidamente de tu registro de voz natural al agudo típico del yodel. No es fácil, pero con un poco de práctica acaba saliendo.

Si sabes solfeo, prueba a cantar la breve frase que aparece más adelante, probablemente una de las tonadas más conocidas del mundo entero. La he escrito en *do* mayor para no complicar demasiado las cosas, pero puedes cambiarla al tono que mejor se adapte a tu registro de voz. Las dos últimas notas deben ejecutarse con voz de falsete; el salto de una octava a otra es precisamente lo que caracteriza el arte del yodel.

Odl lay hee hoo
Yo muy bien, ¿y tú?

¿Te sale? Pues pasemos a la siguiente frase. En este caso también hay que emplear el falsete para cantar las dos últimas notas.

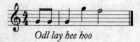

Odl lay hee hoo

¿Vas viendo ya por dónde van los tiros? Cuando consigas dominar la técnica, atrévete con «High on a Hill sat a Lonely Goatherd» de la banda sonora de *Sonrisas y lágrimas*. No tendrás que hacer ningún gorgorito hasta que llegues a la parte de la letra en la que Julie Andrews suelta aquello de «Old lay hee hoo?». Las únicas sílabas que hay que cantar con falsete son «hee » y «hoo?».

A estas alturas te habrás percatado de que no puedes dejar de mover el pie al son de la cantarina melodía. Eso se debe a que el énfasis recae en el tiempo débil del compás, provocando una síncopa, como ocurre en el reggae.

Bueno, ha llegado el momento de practicar con la tonada tradicional más famosa del mundo (fuera de China, naturalmente).

Odl lay hee hoo   *Odl lay hee hoo*   *Odl lay hee hee hee hoo*

Ahora que ya estás metido en el papel, deberías ver ante ti a la pintoresca familia Trapp y al solitario cabrero, asta en mano, con unas verdes praderas al fondo, aunque estés cantando en medio del desierto de Tabernas.

◉ *El cartílago tiroides es más conocido como nuez o manzana de Adán.* ◉

CÓMO
OFRECER UN ESPECTÁCULO DE CINCO MINUTOS CON SOLO UNA BRIZNA DE HIERBA

Luce el sol y acabas de disfrutar de un delicioso picnic en el campo. Es el momento ideal para hacer unos cuantos trucos con una brizna de hierba. No solo entretendrás un rato a la gente, sino que además conseguirás escaquearte del marrón de recogerlo todo.

El mono chillón

Coloca las manos en posición de rezo con una larga brizna de hierba sujeta a lo largo entre los nudillos de los pulgares. Pon los labios en forma de O y pega a ellos los pulgares. Sopla con fuerza a través del hueco en forma de almendra que se abre entre los dedos; la brizna de hierba vibrará como la lengüeta de un clarinete, produciendo un sonido estridente. No es que sea música celestial para los oídos, pero te servirá para llamar la atención de tus amigos que están al otro lado del río… y para incordiar a tu hermana.

La hierba mágica

En la brizna de hierba que acabas de arrancar hay miles de filamentos casi invisibles, todos ellos apuntando en la misma dirección. Si la coges con cuidado entre el pulgar y el índice y mueves el pulgar arriba y abajo con rapidez, la brizna tirará hacia arriba como por arte de magia. (Si tira hacia abajo, es que está mal colocada.) A quienes desconozcan este misterioso truco les parecerá una exhibición desconcertante que querrán imitar. Para ganar unos cuantos puntos más, enséñales cómo funciona.

El cazahierba

Pega una bola dura de barro al extremo inferior de una brizna de hierba no más larga que un dedo. Sostenla por la punta con la pelota de barro colgando entre el pulgar y el índice estirados y ligeramente separados de tu víctima. Apuéstale que no puede coger la brizna al vuelo con los dedos si la sueltas sin avisar. Nueve de cada diez veces que lo intente fallará porque sus ojos, su cerebro y su sistema nervioso tardarán un poco más en registrar la caída y ordenar a los dedos que se cierren de lo que tardarás tú en soltar la brizna, que caerá fuera de su alcance.

LA NARIZ CAÑÓN

Aprovecha un momento en que nadie mire para coger una larga brizna de hierba y enrollarla en una bola bien comprimida y lo bastante grande para que te quepa en el orificio nasal derecho sin que se caiga. Apriétala bien con el pulgar. Cuando estés listo, haz que todo el mundo te preste atención gritando: «¡Cuidado…, un moco volador!». Tápate la fosa nasal vacía con el índice estirado de la mano izquierda, y lanza la bala de hierba en medio del público con un fuerte soplido de la nariz. Si la expulsas con el impulso suficiente, recorrerá una distancia sorprendente, pero asegúrate de que tienes las fosas nasales limpias antes de poner en práctica este truco; a la gente no le gusta recibir el impacto de partículas extrañas procedentes de narices ajenas.

◉ *La alergia al polen afecta a 4,5 millones de españoles.* ◉

CÓMO
HACER Y ENCENDER
CORRECTAMENTE UNA HOGUERA

Antes de que existiera la televisión y la calefacción central, los hombres se sentaban alrededor del fuego y contaban historias. Hoy en día perdura una versión de esta actividad ritualista, que consiste en chamuscar salchichas en una barbacoa, vestidos con una gorra y un delantal ridículos. Los relatos populares han dado paso a historias sobre fútbol, coches, cerveza, mujeres y eructos.

Una de las habilidades más importantes que todo joven debería adquirir es la de hacer fuego correctamente. Aquí tienes, paso a paso, una buena técnica para lograrlo.

Amontonar la leña

Un fuego debe hacerse metódicamente, por etapas. No hace falta montar una hoguera gigantesca; es mejor no echarle más leña de la cuenta. Una fogata enorme puede acabar descontrolándose con facilidad, prendiendo fuego a los coches o al mobiliario urbano que tenga cerca, o amenazando con arrasar bosques enteros si se hace en el campo. Así pues, hay que buscar un lugar seguro y disponer un círculo de rocas en el suelo para señalar el perímetro del fuego. Antes de empezar, lee las instrucciones que se detallan a continuación para saber de qué tamaño debe ser la leña que tienes que recoger.

1 Dispón dos troncos de la longitud de un brazo en el centro del círculo de rocas, paralelo uno a otro y con una distancia entre ellos correspondiente a la anchura de dos troncos.

2 Recoge un manojo de yesca, es decir, ramitas de la longitud de un pie que se rompan con un ruido seco. Un lugar idóneo para encontrarlas es al pie de los árboles, donde están protegidas de las inclemencias del tiempo. Abstente de utilizar corteza seca, ya que cuando esta arde tiende a arrojar chispas que pueden llegar hasta el bosque o hasta la casa del vecino.

3 Coloca el haz de ramitas entre los troncos, en ángulo recto, apoyándolo sobre uno de ellos, de modo que quede como el palo horizontal de una H mayúscula.

4 Recoge dos manojos más de ramitas y apóyalos encima del primero, en ángulo recto, formando una especie de tejadito a dos aguas. Deja espacio suficiente sobre el haz situado debajo para que luego puedas meter la mano y encenderlo desde arriba. (Fig. 1).

5 Dispón dos troncos del tamaño de los primeros sobre los extremos de estos, en ángulo recto. En el hueco que queda en medio, y paralelos a los troncos de arriba, coloca varias astillas o trozos de rama del diámetro de un círculo formado con el pulgar y el índice (Fig. 2).

6 Pon encima más astillas colocadas en ángulo recto. Verás que el hecho de alternar la dirección de la leña entre norte-sur y este-

oeste permitirá que el aire tenga espacio de sobra para circular entre las ramas.

7   Cubre la pila de leña con unos cuantos troncos gruesos y pequeños. Cuando el fuego esté encendido, estos troncos arderán a un ritmo constante (Fig. 3).

8   Rodea esta especie de cubo con una pared vertical de astillas, preferentemente ramas finas de la longitud de tu brazo.

9   Dispón alrededor varios troncos en vertical a modo de trípode, como si se tratara de una tienda india. Estos troncos deberían tener la longitud y el grosor de una pierna (Fig. 4).

10   Coloca una docena más de troncos similares alrededor de la tienda, dejando un hueco triangular para que puedas situarte dentro y encender el fuego.

11   Cuando veas que todo el mundo te presta atención, mete la mano entre los troncos y las ramas y enciende el haz inferior de yesca con una cerilla; luego cierra la rendija de la tienda. No intentes encender la leña con trozos de cartón o gas para encendedores. Eso sería hacer trampa, y además dichos materiales pueden provocar que el fuego no arda como es debido.

12   Fíjate en cómo sale el humo de la chimenea. En cuestión de pocos minutos tendrás ante ti una hoguera impresionante.

Para apagar el fuego al final de la noche, vierte encima agua en abundancia y remueve las brasas con un palo largo. Ten cuidado con el círculo de rocas, pues puede que aún estén calientes. Si te encuentras en medio del campo, remueve bien las ascuas y échales agua hasta apagarlas del todo.

◉ *La mitad de los incendios forestales de la Unión Europea*
se registran en España. ◉

CÓMO
PATINAR HACIA ATRÁS

P ocas cosas hay más humillantes que verse por primera vez en medio de una pista de hielo, rodeado de expertos patinadores que se deslizan con majestuosidad entre los silbidos de las cuchillas, mientras uno avanza vacilante y cauteloso por la pista, sin despegarse un solo instante de los lados. «Si supiera patinar hacia atrás —piensa uno, deseando correr antes de saber andar—, podría ir a cualquier pista de hielo con la cabeza bien alta.» Pues bien, aquí te lo explico.

Primero, patinar hacia delante

Me temo que no hay más remedio. Tendrás que aprender a patinar hacia delante antes de poder ir hacia atrás, así que ponte los patines y pásate cinco minutos caminando sobre un suelo que no sea de hielo para acostumbrarte a esa extraña sensación. Cuando estés preparado, métete en la pista. No intentes andar como si estuvieras en la calle; lo único que conseguirás es arrastrar los pies como un galeote con grilletes o caerte al suelo en cuestión de segundos. En lugar de ello, junta los pies y gira hacia fuera la punta derecha hasta que los patines formen un ángulo de casi 90º, con el derecho colocado ligeramente detrás del izquierdo. Si te impulsas con la hoja derecha, te deslizarás hacia delante con el pie izquierdo. Inmediatamente, levanta el patín derecho y, cuando dejes de deslizarte, apóyalo de nuevo en el hielo, con la punta hacia delante.

Gira ahora hacia fuera el pie izquierdo y empújate con él como has hecho antes con el derecho. Todo se basa en ir impulsándose y deslizándose, primero con un pie y luego con el otro. Si aprendes a patinar de este modo, no pasarás tantos apuros como muchos principiantes que son incapaces de avanzar un centímetro sobre el hielo sin tropezar ni perder el equilibrio. Si ves que vas a caerte, hazlo hacia delante, dejándote llevar por el impulso. Los brazos y las rodillas se encargarán de frenar la caída. Dada la dureza del hielo, no hay nada como caerse hacia atrás para romperse la crisma.

Hay novatos, sobre todo los niños, que tienen suficiente con una sola hora de práctica para ponerse a patinar con soltura, así que no te desanimes por las carcajadas burlonas que oigas cuando te fallen las piernas y sufras una aparatosa caída por enésima vez. Antiguamente, los principiantes aprendían los movimientos básicos apoyándose en el respaldo de una silla de cocina, pero puede que a los responsables de la pista de hielo de tu ciudad no les parezca muy buena idea ver la pista invadida con decenas de sillas. En cualquier caso, con un poco de práctica, verás como empiezas a despegar los pies del hielo a medida que te deslizas sobre él, con más o menos gracia, y eres capaz de doblar las rodillas correctamente con la cabeza bien alta.

Patinar hacia atrás

Muy bien. Supongamos que ya has aprendido a patinar hacia delante sin aferrarte al brazo de nadie y que por fin estás preparado para probar suerte hacia atrás. Te tranquilizará saber que no tiene mucha más complicación que ir hacia delante. Para empezar, debes tener ambos pies apoyados en el hielo; flexiona las rodillas de golpe y mueve los pies, impulsándote con los talones, hasta que comiences a desplazarte en la dirección deseada. Al cabo de unos instantes verás que vas cogiendo velocidad a medida que retrocedes, primero con un pie y luego con el otro. Ahora ya puedes concentrarte en la técnica del deslizamiento, como has hecho al ir hacia delante. Impúlsate cada vez con un pie para girar después la punta hacia dentro y deslizarte sobre la hoja del otro pie con naturalidad. Mira hacia atrás para evitar chocar con los demás. ¿Podría haber algo más sencillo?

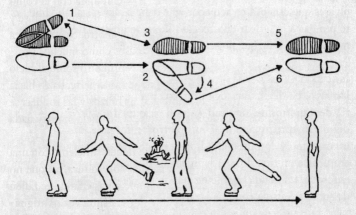

◉ *El primer disco con el que se jugó a hockey sobre hielo*
era un pedazo de boñiga helada. ◉

CÓMO
HACER GIRAR UNA CUERDA AL ESTILO VAQUERO

El manejo de la cuerda, sobre el que ya escribió Heródoto hace más de 2.000 años, está pasado de moda en los últimos tiempos. Sin embargo, un número ejecutado por un experto en el manejo del lazo es un espectáculo digno de ver, y jugar con las múltiples posibilidades que brinda una soga es un excelente pasatiempo para cualquier joven. Como introducción a las distintas formas que existen de hacer girar una cuerda, comenzaremos por la más básica, la lazada plana, que una vez dominada te abrirá las puertas a un nuevo y apasionante mundo. No hace falta que lleves puesto un sombrero de vaquero para ejercitar el manejo del lazo, pero siempre ayuda. Y no olvides que esta es una actividad que debe realizarse al aire libre; no te pongas a practicar en una casa llena de objetos de porcelana, a menos, claro está, que no sea tu casa. *Yeee ha!*

NECESITARÁS
Un lazo. Es decir, una soga trenzada para usos corrientes de 4 metros de longitud, con un peso medio y un diámetro aproximado de 7 milímetros, reforzada por un extremo y con un ojal u honda en el otro. Debe emplearse un tipo de cuerda maleable que no se enrosque. La honda se obtiene atando la cuerda sobre sí misma con una lazada.

GIRO CON LAZADA PLANA
La lazada plana se denomina así porque la cuerda se hace girar en un plano horizontal, como una pizza dando vueltas paralela al suelo. Observa la colocación del vaquero de la ilustración. Con la mano izquierda sostiene la lazada sin apretar; de ese modo podrá soltarla con

facilidad cuando comience a hacerla girar. El cabo suelto tiene la misma longitud que el radio de la lazada. Con la derecha sujeta tanto el cabo suelto como la lazada.

¡ACCIÓN!

Comienza a mover la mano derecha en sentido contrario a las agujas del reloj al tiempo que sueltas la soga con ambas manos, de tal modo que dé vueltas antes de que tenga tiempo de rozar el suelo. No dejes que la lazada se agrande y hazla girar a un ritmo lento, sosteniendo el cabo suelto con la mano derecha lo bastante alejada del cuerpo para que la soga no te dé en las piernas. Al dibujar con esta mano un círculo en sentido contrario a las agujas del reloj, verás que la lazada, que se sostiene en el aire por el cabo suelto que sujetas, se mantiene abierta debido a la fuerza centrífuga (*véase* el dibujo). Otra de las cosas que notarás será la tendencia de la cuerda a retorcerse. Para evitarlo, vigila constantemente el cabo suelto que tienes cogido con la mano para que no se enrosque sobre sí mismo.

Como ves, has de tener en cuenta muchas cosas a la vez, así que lo mejor es practicar poco a poco hasta que empieces a cogerle el tranquillo.

◉ *Proverbio vaquero: «Jamás te agaches con las espuelas puestas».* ◉

CÓMO
CAZAR UNA MARIPOSA COMO ES DEBIDO

Cada vez hay menos mariposas, diurnas y nocturnas, porque la agricultura y otras actividades humanas están destruyendo sus hábitats naturales. Para cazarlas necesitarás:

◊ *Un día cálido*
◊ *Una red*

La red es un utensilio propio de especialistas, pero por un par de euros puedes comprar una mala en una juguetería. Las baratas, que a menudo se venden como redes de pesca, sirven sin duda para cazar mariposas, pero su principal inconveniente es que la parte de la red suele estar hecha de un material de plástico barato y poco flexible, y pueden resultar demasiado pequeñas.

Utilices la red que utilices —y no olvides que siempre puedes hacer una tú mismo—, cazar mariposas tiene su intríngulis. Es más complicado de lo que uno imagina, así que ahí van un par de consejos.

Una vez que hayas identificado a tu presa, pasa rápidamente la red de lado por el aire, y cuando la mariposa esté dentro apresúrate a girar la mano para que el aro abierto de la red quede boca abajo, formando una especie de bolsa cerrada que le impida salir de nuevo, un problema habitual en el caso de los principiantes que emplean redes demasiado pequeñas.

Ahora ya puedes examinarla todo el tiempo que quieras, pero abstente de cogerla con las manos a menos que sea necesario. Las mariposas son criaturas delicadas y la vida ya es lo bastante dura para ellas para que manosees el polvillo de vistosos colores que recubre sus hermosas alas o les rompas las patas sin querer.

Libera a tu presa cuando hayas acabado de observarla; es una sensación de lo más agradable.

◉ *La película* Papillon, *de 1973, tuvo como protagonista a Steve McQueen.* ◉

CÓMO
ENVIAR MENSAJES MEDIANTE EL CÓDIGO INTERNACIONAL DE SEÑALES

A hora que es posible transmitir de forma instantánea un mensaje de vídeo con el móvil desde el bar de un pueblo perdido del interior hasta la cima de una montaña nepalesa, saber comunicarse por medio de señales hechas con banderas de una colina a otra parece una rareza obsoleta. Pero la próxima vez que te encuentres acampado en el monte y la tienda de comestibles más cercana te quede al otro lado del valle, ¿quién será el que pida un cartón de leche o media docena de huevos mediante el código de señales?

EL MANEJO DE LAS BANDERAS

El mensaje enviado por medio de banderas debe transmitirse en grupos de letras (que forman normalmente palabras), y para ello hay que mover los brazos con rapidez de una letra a la otra y volver después a la posición de partida al final de cada grupo. Si uno de los brazos ya está en la posición correcta para la siguiente letra del grupo, hay que dejarla quieta y desplazar la otra bandera con decisión para colocarla en su sitio. Supongamos que quieres transmitir la palabra «lima». Si te fijas en las ilustraciones que representan las letras del alfabeto (*véase* la página 145), verás que el brazo derecho permanece en la misma posición durante toda la palabra, mientras que es el izquierdo el que realiza todo el trabajo. Sin embargo, cada letra de la palabra «uva» requiere un cambio de posición en ambas manos.

Al final del mensaje hay que enviar las letras «AR» en bloque. Si el mensaje ha llegado correctamente a su destinatario, recibirás una «R» como respuesta.

Consejos básicos

Utiliza banderas del mismo color y colócate sobre un fondo liso que les sirva de contraste.

◈ Durante la transmisión del mensaje, mantente totalmente erguido e introduce el asta de las banderas por la manga de cada brazo, apoyando el dedo índice en el palo.

◈ Cada vez que representes una nueva letra, coloca los brazos con precisión en la posición correspondiente. De lo contrario, puedes provocar una confusión innecesaria. «Es demasiado caro para mí» puede convertirse fácilmente en «Es demasiado cano para mí».

◈ En el caso de las letras dobles, pega las manos al cuerpo y las banderas a las piernas entre una y otra. Transmite las letras dobles a la misma velocidad que si se tratara de una sola.

◈ Cuando transmitas una letra para la que se requiere la intervención de un solo brazo, no agites en el aire la otra bandera. En lugar de ello, colócala delante del cuerpo y déjala quieta.

◈ A la hora de practicar, no te pongas delante de un espejo o lo aprenderás todo con los lados cambiados y te volverás loco.

◉ *La palabra «semáforo» proviene del griego y significa literalmente «portador de señales».* ◉

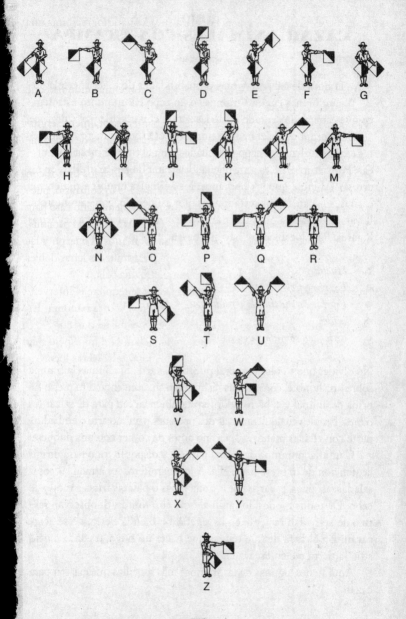

CÓMO
CAZAR ANIMALES CON TRAMPA

A la hora de cazar hay más probabilidades de tener suerte colocando unas cuantas trampas o un cepo en un punto estratégico que esperando sentado entre las zarzas con un rifle y el culo frío.

Si te propones cazar con trampa, debes saber primero qué quieres cazar y utilizar los cepos adecuados para el tipo de presa que buscas. Por ejemplo, no es muy buena idea tratar de pescar ardillas en un arroyo. Al igual que los humanos, los animales también tienen sus casitas, sus bares y sus restaurantes, por así decirlo, con caminos que llevan de un sitio a otro. Las trampas deben colocarse cerca de dichos lugares. Para localizarlos, hay que buscar indicios como:

◇ *Huellas*
◇ *Excrementos*
◇ *Vegetación masticada o roída*
◇ *Nidos*
◇ *Sitios con comida y agua*

No olvides que tu olor corporal puede delatarte. Si ahúmas la trampa sobre una lumbre, conseguirás disimularlo sin ahuyentar a tu presa. La orina de animal y el barro odorífero también sirven para disfrazar los olores. Emplea cualquiera de las dos opciones para mojarte o embadurnarte con ella las manos…, pero no antes de comer con una duquesa.

Camufla la trampa de forma natural, y disponlo todo para dirigir la atención de tu presa hacia ella. A los mamíferos les atraen las cosas saladas; así pues, esparce por la zona pipas o patatas fritas a modo de cebo. De todos modos, los animales no son tontos. Si observan rastros de actividad reciente en la vegetación o en la tierra, no se acercarán. En el caso de que tengas que hacer un hoyo, traslada a otro sitio la tierra recién excavada.

Aquí tienes algunas de las trampas más sencillas que existen para cazar.

Lazo básico

Lo más indicado en este caso es emplear alambre flexible. En primer lugar, hay que hacer un ojal. Para ello se dobla uno de los extremos sobre sí mismo y se ata con cuidado. Luego se pasa el cabo largo por el agujero y se prueba la eficacia del lazo metiendo en él dos dedos y alejándolos del trozo largo de alambre. El lazo debería apretarlos con facilidad.

Trampa de lazo

Esta trampa consiste en un lazo colocado en un sendero, o a la entrada de una madriguera, con el cabo largo sujeto al suelo por medio de una estaca. El lazo debe ser lo bastante grande para que pase por él la cabeza de la presa, alrededor de la cual se estrechará el alambre cuando el animal avance. Para camuflar el cepo, lo mejor es taparlo con ramas pequeñas y briznas de hierba.

Tirón

Despoja de ramas y hojas un arbolillo y dóblalo hacia abajo, tensándolo con un trozo de cuerda atada a una estaca, que debes clavar al suelo formando un ángulo agudo. Dispón el lazo plano sobre la tierra alrededor de la estaca, donde habrás atado un cebo a conciencia. Los animales pequeños tirarán del cebo hasta que arranquen la estaca, lo que hará que el arbolillo salga disparado hacia arriba con una fuerza enorme, estrechando el lazo en menos tiempo de lo que tardarás en decir «conejito estrangulado».

Postes para ardillas

Esta trampa consiste en un palo largo apoyado contra un árbol donde retozan las ardillas. Coloca unos cuantos cepos de unos 5 centímetros de diámetro a lo largo del poste para que las ardillas que correteen arriba y abajo se vean obligadas a pasar por ellos. Tras un período de cautela inicial, las ardillas se volverán más atrevidas y más pronto que tarde alguna acabará quedando atrapada en un cepo. Al principio forcejeará un poco, pero no tardará en perder el agarre y caer del poste, de donde penderá del cuello hasta que muera. Si no prestan atención, otras como ella correrán la misma suerte, lo que te proveerá de carne suficiente para preparar un buen estofado. No permitas que las mujeres te critiquen dejándose llevar por el sentimentalismo, ¡estamos hablando de comida!

La trampa del frasco de boticario

Aunque no se necesita un frasco de boticario para preparar una trampa como esta, siempre viene bien. Para empezar, cava un hoyo y mete en él un tarro de boca estrecha. Rellena el hoyo con tierra de modo que el borde superior del recipiente quede justo a ras de la superficie. Coloca unas cuantas piedras alrededor del hoyo y cúbrelo con un tejado hecho con un trozo grande de corteza o algo similar, sostenido por encima del suelo mediante las piedras. No pasará mucho tiempo antes de que algún roedor pequeño busque refugio bajo la corteza, y caerá al hoyo sin darse cuenta. Cuando vayas a inspeccionar la trampa, tapa el cuello del tarro con un corcho antes de desenterrarlo, por si acaso hay una serpiente venenosa merodeando por la zona.

◉ *Los conejos ingieren sus propios excrementos, de modo que los alimentos pasan dos veces por su organismo.* ◉

CÓMO
JUGAR A *CONKERS*
A CASTAÑAZO LIMPIO

El fruto del castaño de Indias se denomina *conker* en inglés, y da nombre a un juego infantil típico de Reino Unido en el que se ata una castaña a una cuerda y con ella se trata de romper la del contrario. Este es un entretenimiento antiguo y noble que, pese a la oposición de algunos directores de escuela empecinados en prohibirlo por razones de «seguridad», sigue muy arraigado en la tradición británica.

Reglas

Dos jugadores, cada uno sosteniendo con el brazo estirado una castaña atada a una cuerda o a un cordón de zapato, se turnan para golpear el fruto del otro, hasta que uno consigue destrozar la castaña del contrincante. El primer turno corresponde al jugador que posee la castaña con la puntuación más alta en su haber (*véase* la explicación al respecto más adelante).

La castaña pasiva o «receptora» debe sostenerse sin que se mueva mientras el rival prueba a darle, y este puede sujetarla para que se quede quieta. Si el jugador pasivo aparta su castaña, el adversario tendrá derecho a un tiro libre. Pero como ocurre con todas las reglas del juego, existen discrepancias regionales sobre si hay un tiro final o se puede seguir probando suerte con uno o más tiros.

Cuando las cuerdas se enredan durante un tiro, algo bastante habitual, el primer jugador que grita *Stringsies!* («¡Cuerdas!») tiene un tiro libre. Si una castaña cae o es golpeada contra el suelo durante la partida, el jugador activo puede exclamar *Stampsies!* («¡Pisotón!») y aplastarla rápidamente con la bota. No obstante, si el jugador pasivo se le adelanta y grita *No stampsies!* («¡Nada de pisotones!»), el otro no podrá pisarla. Este es un juego que se practica entre caballeros, y hacer trampas será un oprobio para el canalla que se atreva a intentarlo.

La competición continúa hasta que una de las castañas acaba espachurrada. La puntuación del fruto vencido pasa a sumarse a la del vencedor, más 1 punto de regalo. Así pues, si una castaña con 0 puntos derrota a una de 22, se convertirá en una castaña de 23 puntos. Pero si una de 6 gana a una de 22, pasará a ser una de 29 puntos. Así de simple. Las castañas con una puntuación muy elevada se convierten en ocasiones en una especie de moneda de cambio con mala fama en los patios de recreo, pero no hay que desconfiar de la veracidad sobre los puntos que acumulan. Solo un sinvergüenza mentiría al respecto.

Preparación, tácticas y consejos

1   A la hora de seleccionar las castañas, mete las candidatas en un cubo de agua; las más compactas se hundirán. Esas son las que

te interesan. Puedes «donar» las que quedan flotando en la superficie a tus adversarios.

2   Busca a un jugador que tenga una castaña más pequeña y blanda que la tuya. El tamaño es una cualidad muy ventajosa.

3   Se dice que las castañas hemisféricas con un borde plano, conocidas como «cortaquesos», tienen la ventaja de actuar como un machete en una maniobra de ataque. Sin embargo, dicha «ventaja» es más que dudosa, ya que, cuando cuelgan de la cuerda, presentan una superficie plana que puede golpearse con facilidad.

4   Se rumorea que hay quien las adultera poniéndolas a remojo en vinagre la noche anterior, barnizándolas o metiéndolas en el horno para que se endurezcan, pero dichas prácticas se consideran fraudulentas. De todas formas, es discutible que sirvan de algo.

5   El agujero es la parte más débil de la castaña, por ello debe hacerse con mucho cuidado con un utensilio afilado y fino, como una barrena.

6   Las castañas pilongas del año anterior o incluso de varios años pueden resultar de una ferocidad imbatible. No hay nada como una castaña enorme y dura con veinte años de pedigrí atada a un cordón resistente para que a tu rival se le haga un nudo en el estómago de miedo.

En ocasiones, las castañas «campeonas» que han cosechado las más grandes victorias son «retiradas» del juego en cuanto muestran síntomas de agotamiento. Recuerdo que en mis tiempos de colegial una famosa castaña con 111 puntos acumulados pasó a mejor vida en cuanto su dueño vio que tenía una pequeña grieta en su caparazón de un color granate apagado. Me pregunto qué habrá sido de ella.

☉ *En 1954, una majestuosa castaña de 5.000 puntos ganó la competición anual de* conkers *organizada y televisada por la BBC.* ☉

KIT DE SUPERVIVENCIA EN UNA LATA

Perdido en mitad del desierto o de la montaña, ¿no? Pues aquí tienes la respuesta a tus problemas: un kit de supervivencia portátil con todo lo necesario para poder cobijarte, buscar y preparar comida, hacer fuego, depurar y almacenar agua, hacer señas y realizar curas de primeros auxilios. Este completo kit te permitirá valerte por ti mismo durante tres días como mínimo.

CONTENIDO

◇ Una lata de tabaco o de galletas. Además de servirte para guardarlo todo, el interior de la tapa es muy reflectante y podrás utilizarla para hacer señas a tus rescatadores.

◇ Un cuadrado doblado de papel de aluminio. Podrás convertirlo en un cacito que te servirá para recoger y hervir agua, cocinar, lavar y beber.

◇ Un silbato que se oiga bien. Para obtener instrucciones sobre cómo silbar con una brizna de hierba, *véase* la página 133.

◇ Un trozo pequeño de pajita bien sellado por ambos extremos, con lejía doméstica dentro para depurar agua. En el interior de la pajita cabrán unas ocho gotas de lejía; una sola gota debería bastar para esterilizar medio litro de agua.

◇ Un condón para almacenar agua (o para otros usos si tienes suerte).

◇ Una docena de cerillas cubiertas de parafina. El uso de esta sustancia evitará que se mojen… y además, puedes comerte los trocitos de cera.

◇ Un cabo de vela. Varios usos: luz resistente al agua, lubricante y alimento.

◇ Tres cuadrados de 2,5 centímetros de goma de neumático: un material con propiedades increíbles para encender un fuego resistente al agua.

◇ Tres bolas de algodón cubiertas de vaselina. Otro material multiuso: yesca eficaz resistente al agua, artículo de primeros auxilios y lubricante.

◇ Un lápiz de mina blanda. Además de servir para escribir mensajes, naturalmente, podrás utilizarlo como un excelente lubricante, y las virutas secas arderán con facilidad para encender un fuego.

◇ Tres antihistamínicos de los que se compran sin receta y tres comprimidos contra la diarrea. Impedirán que tus fuerzas se vean mermadas por culpa de una reacción alérgica o de la deshidratación.

◇ Un pequeño rollo de esparadrapo resistente al agua. Además de sus usos evidentes en materia de primeros auxilios, te permitirá realizar reparaciones vitales y, colocando un trozo en una rama, podrás utilizarlo incluso para cazar insectos, útiles como alimento rico en proteínas y como cebo.

◇ Un terrón de azúcar. En combinación con el esparadrapo, te permitirá cazar abejas y otros insectos para comer. La sopa de abeja es muy nutritiva.

◇ Seis imperdibles. Puedes utilizarlos para realizar arreglos de emergencia en prendas de vestir, así como elemento de sujeción para la construcción de un refugio. También sirven de anzuelo. Basta con que pongas una oruga y un pedazo de papel de aluminio como señuelo, y listo.

◇ Una pastilla de caldo. Con ella mejorará considerablemente el sabor de las cosas espantosas que tengas que comer.

◇ Una pequeña navaja suiza. Te servirá para pelar frutos, destripar animales, cortar y un montón de cosas más (las pinzas te vendrán bien para depilarte el entrecejo si no tienes nada que hacer).

◇ Tres metros de cuerda trenzada de paracaídas, envuelta alrededor de la caja. Además de servir como elemento de suspensión del refugio si se tiende entre dos árboles, también puede utilizarse para colgar la comida y así mantenerla fuera del alcance de los animales. Los filamentos que la forman son perfectos para coser, preparar un cepo, sujetar tu cantimplora y sobre todo para pescar. Asimismo, son ideales como hilo dental.

Cómo encender un fuego con el contenido del kit de supervivencia

Reúne una piedra plana pesada, el papel de aluminio, una cerilla cubierta de parafina y un objeto contundente como una piedra dura que sirva de pedernal. Da forma cóncava al papel de aluminio para improvisar un parabrisas y sujétalo en el suelo con la piedra plana. Ten preparada una bola de algodón cubierta de vaselina y raspa la punta del lápiz para que caigan sobre ella unas cuantas virutas. Junta un montoncito de briznas de hierba y corteza secas y ponte manos a la obra.

1   Raspa la parafina de la punta de la cerilla y cómetela (la parafina).

2   Golpea la cerilla en la piedra dura y arrójala (la cerilla) dentro del parabrisas.

3   Sostén uno de los cuadrados de goma de neumático sobre la cerilla hasta que prenda (la goma).

4   Pon la goma encendida en contacto con la yesca (el algodón con las virutas de lápiz).

5   Sopla la yesca y, una vez que arda, colócala entre el montoncito de hierba y corteza.

Si quieres que la hoguera sirva para que te localicen, hazla bajo un pino seco. Verás qué poco tarda en arder el árbol entero. Abstente de quemar todo el bosque si puedes evitarlo.

Notas

1   Recuerda, el alcohol es el enemigo número uno de la supervivencia. Provoca la deshidratación del organismo, hace descender la temperatura corporal (al dilatar los vasos sanguíneos periféricos) y afecta a la psicomotricidad.

2   Si te encuentras perdido en plena naturaleza, quédate donde estás. No obstante, si no tienes más remedio que moverte del sitio —para buscar agua, por ejemplo—, consulta las instrucciones de la página 3 para utilizar tu reloj a modo de brújula.

◉ *El marino escocés Alexander Selkirk sobrevivió más de cuatro años solo en la isla chilena Más a Tierra.* ◉

INTRODUCCIÓN AL SUMO

El sumo es una refinada modalidad de lucha japonesa en la que se persigue sacar al oponente del ring o hacer que toque el suelo con cualquier parte del cuerpo que no sea la planta de los pies. No se permite dar puñetazos ni patadas, tirar del pelo ni agarrar al adversario por los genitales. Esas son las reglas. Para llegar a dominar los grandes misterios que envuelven este deporte, se requieren años de práctica, pero los principiantes pueden aprender lo esencial sin demasiada dificultad y convertirse en poco tiempo en luchadores competentes, sobre todo si son bastante corpulentos.

LAS NOCIONES BÁSICAS

El ring (*dohyo*) es un espacio circular de 4,5 metros de diámetro delimitado por un aro de paja (*shobudawara*). Antes de entrar en el ring tienes que dar unas cuantas palmadas y patear el suelo con las piernas flexionadas para ahuyentar a los malos espíritus. Arroja a la arena varios puñados de sal purificadora para curarte en salud.

Tras la ceremonia de entrada debes plantarte frente al otro luchador (*rikishi*) y mirarlo de hito en hito con aire de superioridad. Puede que esto te resulte un tanto difícil llevando el pelo recogido en un moño y vestido tal como vas, sin más prendas que el llamado *mawashi*, una banda de tela alrededor de la cintura y de la entrepierna que te cubre las vergüenzas.

El combate no dará comienzo hasta que tu adversario y tú hayáis indicado con un gesto al árbitro (*gyoji*) que estáis preparados. Dicho gesto de cortesía se alienta con la imposición de una multa de 100.000 yens (unos 600 euros) al luchador que entre en acción antes de que su rival esté listo.

Una vez que le hayáis hecho saber que estáis preparados, el árbitro desplegará el llamado abanico de guerra (*gunbai*) y dará la orden de *Gunbai wo kaesu!* («¡Derribad el *gunbai*!»). Si a partir de este punto pones un pie fuera del ring, quedarás eliminado.

Tras golpear el suelo con los puños debes pasar a la acción, abalanzándote sobre tu oponente. El choque de vuestras cabezas producirá un sonido similar al de una pelota de tenis al impactar en una sartén, pero tú haz como si nada. Mientras forcejeas con la mole de carne a la que te enfrentas (agarrando a tu rival del *mawashi* o abrazándote a él), el *gyoji* gritará en todo momento *Nokotta!*, indicando que la lucha puede continuar. Si en un momento dado llegáis a un punto muerto, el árbitro os invitará a retomar la pelea con la orden *Yoi, hakkeyoi!*

La mayoría de los combates duran poco tiempo, y en un mismo torneo las victorias se acumulan, quedando como vencedor final aquel que suma la puntuación más alta.

PREPARACIÓN FÍSICA

No es cierto ese rumor aterrador de que los luchadores de sumo se meten los testículos en el canal inguinal para evitar lesiones. ¿Lo has probado? Bajo el *mawashi* llevarás una especie de taparrabos que te brindará la protección necesaria. En cualquier caso, es antirreglamentario que tu oponente te agarre de los *mae-tatemitsu*, es decir, esos flecos largos que penden del cinturón por delante del paquete.

Como principiante, te será de gran ayuda que engordes todo lo que puedas en el menor tiempo posible. Los luchadores de sumo flacuchos dan un poco de pena y suelen acabar abatidos a las primeras de cambio por sus enormes adversarios, cuyo elevado peso les da un centro de gravedad bajo y, por lo tanto, mayor estabilidad.

CATEGORÍAS DE PESO DE SUMO

◇ *Peso ligero:* menos de 85 kg
◇ *Peso medio:* entre 85 y 115 kg
◇ *Peso pesado:* más de 115 kg

La mejor manera de cebarse es seguir el ejemplo de los auténticos *sumotori* («competidores»): comer cantidades ingentes de arroz pegajoso. Al principio engordarás muy lentamente, hasta que un día tu cuerpo se dará por vencido y de repente comenzarás a hincharte como un globo ajustado al inflador de neumáticos de una gasolinera. Pero ten cuidado: casi todos los luchadores de sumo sufren diabetes del tipo 2 como resultado de su talla descomunal. Así pues, por razones de salud, puede que te convenga más jugar al ajedrez.

◉ *Konishiki, de Hawai, es el luchador más pesado de la historia del sumo, con 284 kilos.* ◉

CÓMO
CONSEGUIR QUE UN BUMERANG VUELVA REALMENTE AL PUNTO DE ORIGEN

El bumerang es la mayor contribución de los aborígenes australianos al arte de la caza de animales. Los primeros bumerangs, concebidos como un utensilio para golpear a una presa en la cabeza desde lejos, solo volvían cuando no acertaban en el blanco. Esta cualidad del bumerang de volver a su punto de origen es sin duda inherente a su extraordinaria eficacia como proyectil, cuya forma curvada y perfil similar al de un ala le da precisión, estabilidad y propulsión en su trayectoria hacia un desdichado canguro.

CÓMO HACER UN BUMERANG

Un bumerang puede tener distintas formas, como una cruz, un triángulo o la V característica del diseño aborigen. Si la madera empleada para hacerlo se obtiene del tronco de un árbol cortado en el punto donde se une con la raíz principal, el ángulo de curva resultante será de entre 95º y 110º.

A continuación se explica cómo hacer un bumerang en forma de cruz rudimentario. El procedimiento no reviste mayor complicación que dar un par de tijeretazos. Prepárate para practicar.

NECESITARÁS
◊ *Una caja de cereales*
◊ *Unas tijeras*
◊ *Una grapadora*

PROCEDIMIENTO

1 Dibuja en una cara de la caja de cereales dos tiras idénticas de 21 × 2,5 centímetros.

2 Recorta las tiras, dando a las esquinas una forma curvada atrayente, como la del palo que te ponen los médicos en la lengua cuando te miran la garganta.

3 Pon una encima de la otra formando una cruz, y grápalas por el punto de intersección.

4 Dobla hacia arriba las puntas de cada brazo a 2 centímetros del extremo. Ya lo tienes.

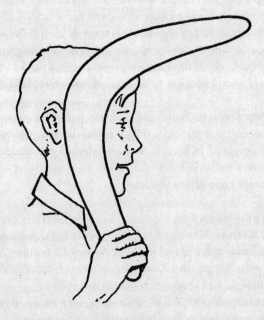

CÓMO HACER VOLVER EL BUMERANG

Hay tres claves para conseguir que un bumerang regrese a su punto de origen: (1) práctica, (2) práctica y (3) práctica. Como cualquier objeto arrojadizo, los bumerangs se ven regidos por las leyes de Newton. En su movimiento intervienen la inercia, el efecto

Bernoulli, la precesión giroscópica y la fuerza centrípeta, por si te interesa saberlo.

Un bumerang siempre debe lanzarse en posición vertical. Al dar vueltas, los extremos de los brazos giran más rápido que el centro, generando una fuerza propulsora distinta, la cual provoca ese temblor que caracteriza su vuelo circular.

1   Busca un lugar al aire libre, alejado de la gente que no lleve ningún tipo de protección en la cabeza.

2   Con tu brazo levantado a la altura de la oreja, agarra el bumerang con fuerza por el extremo de uno de sus brazos de modo que quede apuntando hacia arriba, con la parte curvada mirando hacia ti.

3   Apunta justo por encima de la copa de los árboles situados a unos 200 metros de distancia y arroja el bumerang en posición vertical, con un tirón seco de la muñeca. Al final del lanzamiento la inercia hará que te des con el brazo en la pierna.

Es posible lanzar un bumerang al viento, pero para un principiante ya es bastante complicado arrojarlo adecuadamente sin que sople la más mínima brisa. Si hace viento, se recomienda practicar en un espacio cubierto con un bumerang en miniatura como el de la ilustración que aparece en la página siguiente.

EL MINIBUMERANG

Utiliza el cartón de la caja de cereales para recortar una figura con la forma curvada típica de un bumerang de unos 7,5 centímetros de longitud (*véase* ilustración), haciendo uno de los extremos ligeramente más grueso y, por lo tanto, más pesado que el otro.

Para lanzarlo, sujeta el minibumerang en posición vertical entre el índice y el pulgar de la mano izquierda, inclinado levemente hacia la izquierda, y dale fuerte en la otra punta con el dedo corazón de la mano derecha. También puedes meterlo bajo la uña del índice de la mano izquierda e intentar lanzarlo en posición horizontal. Dale un impulso ascendente de unos 45° antes de propinarle un toque rápido con el índice de la mano derecha.

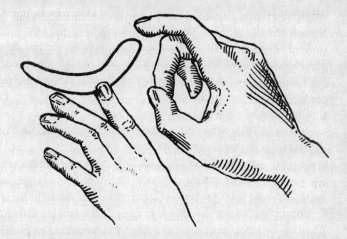

Puede que no consigas que te salga bien, pero jamás lances un bumerang si estás cabreado; podría volver y partirte la cara.

◉ *Los canguros se embadurnan con saliva para combatir el calor.* ◉

CÓMO
HACER UN TRINEO QUE FUNCIONE DE VERDAD

Los trineos de toda la vida, hechos a partir de una chapa de zinc
batida a martillazos, resultan imbatibles en la nieve y el hielo y
dan lo mejor de sí en un terreno fangoso o cubierto de nieve derretida, a diferencia de los trineos de madera fabricados en serie. A continuación se detallan paso a paso las instrucciones para hacer un trineo al estilo tradicional.

PROCEDIMIENTO
Consigue una chapa de zinc de unos 250 × 60 centímetros y utiliza
unos alicates para extraer los clavos torcidos y tornillos que pueda
haber clavados en el metal. Con un cepillo de alambre y mucho brío,

empléate a fondo para eliminar el óxido de la chapa. Puede que esta sea una tarea agotadora, pero entrarás en calor de lo lindo aunque sople el viento del norte. Si a continuación le pasas papel de lija de grano grueso, medio y, por último, fino, la dejarás como nueva, aunque bastará con que la rasques superficialmente para quitarle lo más gordo. Un trapo manchado de aceite te vendrá de maravilla para sacarle brillo. Ya tienes el trineo listo para moldearlo a martillazos.

Los mejores martillos son los pesados de cabeza ancha. Si tienes una dobladora de tubos de metal térmica, eres un tipo con suerte. De lo contrario, tendrás que echar mano de un amigo y de un poste o un árbol cercano. Los postes de telégrafo son idóneos, pero ya no hay muchos y están muy separados entre sí.

Golpea el extremo de la chapa de metal colocándolo alrededor del poste para dar forma redondeada a la proa del trineo. La intención es que describa una curva como la de una babucha, empinada por delante pero al mismo tiempo elegante. Las líneas suaves y agradables propician un desplazamiento más rápido y seguro; así pues, aplica tu sentido artístico. Como de costumbre, la mejor forma de aprender es ir probando sobre la marcha; no te extrañe entonces si te ves haciendo ajustes de última hora entre descenso y descenso por una ladera nevada. Una vez que lo tengas a punto, un equipo de dos o tres personas podrá abrirse paso a toda velocidad por una transitada pista de niños pijos con sus gorros fashion, a bordo de un vehículo imparable y casi incontrolable.

Es indispensable que lleves un par de guantes resistentes, ya que tendrás que agarrarte de la parte delantera del trineo o de los bordes durante la vertiginosa bajada, y el metal no perdona, sobre todo si hace frío. Un fuerte trozo de bramante sujeto a la proa por medio de dos orificios te brindará un asa práctica a la hora de arrastrar de nuevo el pesado vehículo montaña arriba. Pero no intentes cogerte a él mientras bajas la pendiente como un bólido si no quieres arriesgarte a quedarte sin dedos.

Puedes subir hasta una pista de hielo natural como el Cresta Run de Saint Moritz y lanzarte después a toda velocidad en mitad de la noche, mientras la persona que va delante porta una antorcha para iluminar el camino. Nunca intentes detener el trineo poniendo las extremidades por fuera, ya que te las partirás como si fueran palitos de pan. Si te inclinas a la derecha o a la izquierda, cambiarás ligeramente la posición de tu centro de gravedad, lo que producirá un leve efecto en el rumbo del vehículo, aunque, a decir verdad, un trineo en movimiento tiene vida propia. Con un poco de práctica podrás controlarlo hasta cierto punto, pero una vez que te lances pendiente abajo, lo mejor que puedes hacer es rezar.

◉ *El muñeco de nieve más alto que se ha hecho nunca fue obra de los habitantes de Maine; medía casi 35 metros de altura.* ◉

CÓMO
LANZAR PIEDRAS RASANTES

Para que una piedra pase rozando la superficie del agua sin llegar a hundirse en ella, hay que tener en cuenta, además del ángulo de trayectoria, la velocidad y la rotación. Según un experto, la velocidad óptima se sitúa en 40 kilómetros por hora, con un ritmo de rotación de 14 giros por segundo, aunque para mí sigue siendo un misterio saber cómo ingeniárselas para calcularlo. El récord mundial actual está en 40 «roces» antes de que la piedra se hunda en el agua, pero la mayoría de nosotros llegamos a sumar, con suerte, y después de mucho practicar, no más de seis o siete.

LAS MEJORES PIEDRAS

Para tener alguna posibilidad de éxito, hay que contar con un buen proyectil. Las mejores piedras deben ser triangulares, no redondas, además de aplanadas, lisas, del tamaño de la palma de la mano y ligeramente curvadas por abajo. Asimismo, han de tener el peso adecuado, algo que solo se puede determinar con la práctica. El sílex y la pizarra erosionados por el mar son materiales excelentes, y en una ocasión se consiguió un récord mundial con una piedra caliza. Las playas situadas al pie de un acantilado son los mejores lugares para encontrar los proyectiles adecuados, pero a menos que el mar esté en calma, los lagos y los estanques grandes son los espacios idóneos para la práctica de dicho pasatiempo. Las olas son tu peor enemigo.

LA EXPLICACIÓN CIENTÍFICA

Cuando una piedra impacta en el agua se ve «rebotada» de la superficie por la densidad del líquido, como en el caso de un esquiador acuático. La fuerza de dicho «rebote» es proporcional a la velocidad al cuadrado de la piedra o del esquiador (¡que me aspen si lo entiendo!). Sin embargo, a diferencia de lo que ocurre con el esquiador, cada rebote de la piedra es más corto y empinado que el anterior porque el objeto lanzado va perdiendo energía durante su trayectoria, y, como dice la tercera ley del movimiento de Newton, el impulso de la piedra se conserva al trasladarse al agua. El resultado visible de este fenómeno son las ondas.

No obstante, el factor primordial para obtener el efecto deseado es el ángulo en el que la piedra impacta en el agua. Unos científicos franceses han determinado tras varios experimentos de laboratorio que el ángulo idóneo es de 20º. En un ángulo tan agudo como este, una piedra volará rozando la superficie del agua aunque la lance tu mamá, por muy lenta que vaya y muy penosa que sea su rotación.

Las piedras que rozan la superficie del agua en un ángulo inferior a 20º (en una trayectoria más horizontal) también rebotan en ella, pero transfieren gran parte de su energía al líquido. Las que impactan en el agua en un ángulo superior a 45º (en una trayectoria más perpendicular) no rebotan, sino que atraviesan la superficie y se hunden. Por ello el ángulo de trayectoria es un factor de suma importancia, y no solo a la hora de lanzar una piedra al agua. Es una de las cosas que deben tenerse muy en cuenta cuando un transbordador espacial es guiado de vuelta a la Tierra, ya que, si el ángulo de trayectoria es demasiado agudo, no logrará atravesar la atmósfera sino que saldrá rebotado de nuevo al espacio.

EL LANZAMIENTO

Ponte derecho, con los pies separados y formando un ángulo recto con el agua. Sujeta la piedra en posición horizontal entre el pulgar y el dedo corazón, con el codo a unos 10 o 12 centímetros de la cadera. El dedo índice, el dígito motivador, debería estar apoyado sobre la circunferencia de la piedra. Una vez colocado en posición y preparado para el lanzamiento, balancéate un poco hacia atrás y arroja la piedra rápidamente formando el famoso ángulo de 20°, «desenroscando» la mano mediante un tirón de la muñeca en el último momento. Justo en el instante en que sueltas la piedra debes darle el toque decisivo con el índice para que salga volando con el efecto rotatorio deseado.

⊙ *Isaac Newton (1642-1727) fue elegido miembro del Parlamento británico en 1689.* ⊙

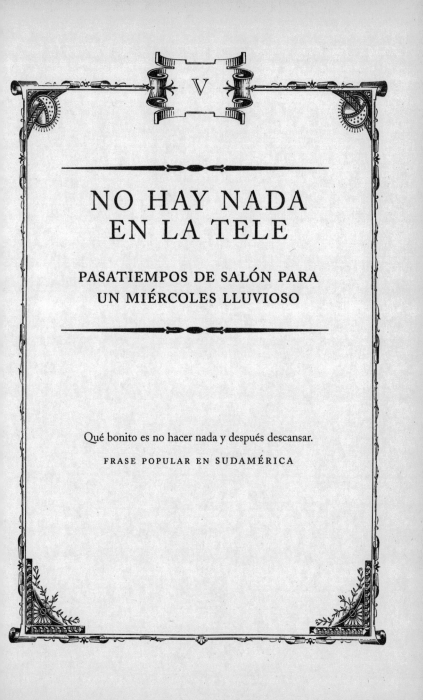

V

NO HAY NADA
EN LA TELE

PASATIEMPOS DE SALÓN PARA
UN MIÉRCOLES LLUVIOSO

Qué bonito es no hacer nada y después descansar.

FRASE POPULAR EN SUDAMÉRICA

LOS TENEDORES ACROBÁTICOS

Este increíble truco tiene cientos de años de antigüedad, pero, sorprendentemente, es muy poco conocido. Antes de que la «caja tonta» nos abdujera con sus rayos catódicos y nos enajenara, de nosotros mismos y de nuestros seres queridos, este precioso pasatiempo de sobremesa era uno de los preferidos de las familias.

El objetivo consiste en introducir una moneda grande entre las púas de dos tenedores y apoyarla sobre el borde de un vaso de modo que se mantenga todo en equilibrio. El efecto es asombroso y su preparación es casi tan divertida como el desenlace.

NECESITARÁS
◇   *Una moneda*
◇   *2 tenedores*
◇   *Un vaso (mejor si es de tubo)*

Los «tenedores acrobáticos» funcionan mejor con una moneda grande, de 50 céntimos, por ejemplo. Si los tenedores son más pequeños, con una de 20 céntimos bastará. El tamaño de la moneda dependerá del peso de los tenedores y del hueco que haya entre las púas; así pues, antes habrá que ensayar un poco. Como ocurre en el caso de cualquier acto espontáneo, es imprescindible una buena preparación.

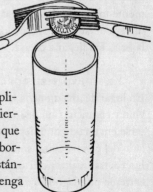

Primero introduce la moneda entre las púas de los dos tenedores, como en la ilustración. Puede que esta parte del número tenga su complicación, pero tendrás al público boquiabierto. Una vez que esté todo en su sitio, haz que la cara plana de la moneda se apoye en el borde del vaso, como en el dibujo. Sigue ajustándolo todo hasta conseguir que se mantenga en equilibrio, que depende de la combinación del peso de los tenedores y de la distancia a la que estén con respecto al centro de gravedad. Si los cubiertos no están por la labor, puedes forzarlos un poco.

El conjunto de las piezas montadas es más estable de lo que parece, y para añadirle un poco de emoción se puede llenar el vaso de cerveza y trasvasar luego el líquido a otro vaso sin que la moneda ni los tenedores se caigan. Esto debe realizarse desde el lado del vaso totalmente opuesto a la moneda. Con un poco de práctica y cuidado, incluso podrás verter el líquido en tu boca.

Para los más ambiciosos existen dos variaciones interesantes:

1 LA CERILLA ENCENDIDA

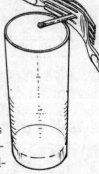

Una vez que domines el truco con una moneda, ¿por qué no pruebas a hacerlo con una cerilla, como en la ilustración? Cuando la estructura se mantenga en equilibrio, enciende el fósforo. La cabeza de la cerilla arderá de punta a punta mientras los espectadores observan el espectáculo conteniendo la respiración, hasta que la llama llegue al borde del vaso, donde desaparecerá, dejando que las piezas montadas se sostengan en equilibrio sobre el extremo quemado. Es una imagen sorprendente y parece totalmente inverosímil. Si soplas con cuidado sobre el mango de uno de los tenedores, el montaje entero se balanceará con la brisa sin llegar a caerse.

2 EL HUEVO Y EL CORCHO

En lugar de una moneda, coge un tapón de corcho de una botella de vino y ensancha uno de los extremos lo justo para que pueda aguantarse encima de un huevo que esté de pie. Clava un tenedor a cada lado del corcho como si fueran brazos. Coloca la estructura sobre el huevo; tras realizar ciertos ajustes, deberías poder soltar el corcho. El extremo puntiagudo del huevo tendría que mantenerse en un equilibrio estable sobre un lado de la boca de una botella de vino con el corcho y los tenedores encima.

◉ *El uso del tenedor se generalizó en España en el siglo XIX, y la primera industria que comenzó a fabricarlo estaba en Barcelona.* ◉

CÓMO
CREAR TUS PROPIOS «RENACUAJOS»

La creación de «renacuajos» es el súmmum de los pasatiempos en una tarde lluviosa de miércoles. Pueden hacerse en un momento, y hay algo atrayente en el modo en que se deslizan y giran. Te pasarás horas y horas entretenido ideando juegos con ellos.

Necesitarás
◇ *Unas cuantas canicas*
◇ *Unos cuantos amigos*
◇ *Un rollo de papel de aluminio (también se puede hacer con otros papeles, como, por ejemplo, el parafinado)*
◇ *Un tablero de mesa liso o el suelo*
◇ *Unas cuantas latas de cerveza (opcional)*

Instrucciones
1 Agénciate un rollo de papel de aluminio de la cocina.
2 Busca un puñado de canicas. Todo el mundo tiene canicas guardadas en alguna parte. A menudo se encuentran en el fondo del cajón junto a un sujetapapeles, unas gafas olvidadas, un teléfono móvil viejo y un manojo de llaves. Con dos canicas para cada uno es suficiente.
3 Pon las canicas en un cuenco y siéntate a la mesa. (Este es un buen momento para abrir las latas de cerveza.)
4 Cada persona debe arrancar un pedazo de papel de aluminio más o menos rectangular, como el dedo corazón de largo y que mida dos tercios de esta longitud de ancho. No te preocupes si queda

un poco deforme y con los bordes irregulares. No vamos a hacer papiroflexia.

5   Para crear un renacuajo, coge una canica y colócala en la mesa frente a ti. Envuélvela sin apretar con el rectángulo de papel de aluminio de modo que quede un tanto descentrada para que la canica forme la «cabeza» del renacuajo, con el resto del papel por detrás, como la cola de un cometa.

6   Aprieta el papel de aluminio alrededor de la canica y aplana la cola para que se asemeje a la de un renacuajo. Es normal que se forme un «faldón» aplanado allá donde la cabeza está en contacto con la mesa. Dicho faldón aumentará la estabilidad del renacuajo.

7   Ahora toca darle un empujoncito. Con un poco de suerte, la canica tendrá espacio suficiente a su alrededor para rodar con soltura dentro de su recubrimiento de papel de aluminio. Pero si este está demasiado apretado, tendrás que juguetear un poco con él para que se suelte. El renacuajo funcionará a la perfección cuando, con solo darle un toque a la cola o al cuerpo, consigas que se desplace con facilidad sobre una superficie.

LA PETANCA OVÁRICA (UN JUEGO CON RENACUAJOS PARA 4-10 JUGADORES)

Si tienes acceso a un reluciente suelo de madera o laminado, puedes pasar el rato con un fantástico juego llamado la «petanca ovárica», nombre que recibe por el parecido de los renacuajos con los espermatozoides. Las reglas son sencillas.

1   Antes de nada, despeja el suelo de niños, alfombras, mesas y periódicos para tener más espacio.

2   Distribuye a los jugadores alrededor de la estancia y coloca en medio un cojín, que representará el óvulo, es decir, el objetivo de los renacuajos-espermatozoides.

3   Cuando le llegue el turno, cada jugador deberá intentar dar al cojín con el renacuajo mediante un solo lanzamiento. El jugador que no lo consiga será declarado «estéril» y quedará eliminado; los demás podrán seguir jugando.

4 El último en quedar eliminado será el ganador, e invitará a otra
ronda de birras.

◉ *Se sabe que algunos pueblos primitivos utilizaban huesos*
de aceitunas, avellanas o castañas para jugar a las canicas. ◉

CÓMO
HACERSE UNOS PANTALONES
CON CAMISETAS DE PROMOCIÓN

Confeccionar unos pantalones a partir de unas cuantas camisetas
de promoción de esas que regalan en el bar te permitirá salir
airoso de más de un apuro, como cuando notas un exceso de gases y
al expulsarlos se te escapa un «regalito» sin querer.

1 Lo primero que hay que hacer es comprar en una mercería o en
un bazar unos de esos costureros de viaje tan apañados que contienen agujas, hilo y tijeras.

2 Luego debes conseguir unas cuantas camisetas de promoción,
así que ya puedes poner tu olfato en funcionamiento para averiguar en qué bar se monta la fiesta. Una vez allí, búscate la vida
para ganar el concurso y llévate tantas camisetas como puedas,
o camélate a la camarera para que te pase unas cuantas para ti
«y tus amigos»; necesitarás dos o tres como mínimo, dependien-
do de tu altura y del grosor de tus piernas.

3 Con las camisetas en tu poder, ábrete paso hasta el baño, donde
podrás realizar tu labor de costura tranquilamente. Después de
deshacerte de los pantalones, y de aprovechar para lavarte un
poco, enciérrate en uno de los retretes y enhebra la aguja con
medio metro de hilo doble.

4 Antes de empezar a coser, corta las mangas y el cuello de las camisetas para obtener cuadrados o rectángulos de tela. Con la parte
delantera y trasera de una sola camiseta, cosidas una a la otra en
posición vertical, quizá tengas suficiente para una pernera ente-

ra, a menos que seas jugador de baloncesto. Si lo eres, puedes colocar las piezas apaisadas y optar por unas bermudas. En cualquier caso, lo importante es que el modelito quede lo bastante holgado para que no parezca que llevas unas mallas de ballet.

5 Comienza a coser la parte inferior de la pernera, juntando los extremos de la pieza de modo que la costura quede por detrás de la pierna. Afianza el hilo con un nudo y ve subiendo con puntadas helicoidales (en espiral). No te fijes mucho en cómo queda la costura: en tales momentos, esa es la menor de tus preocupaciones. Utiliza el mismo estilo de puntada alrededor de la circunferencia de la pierna para unir la pieza inferior de la pernera con la superior, y sigue después con la costura vertical hasta obtener un tubo de tela para cada pierna hasta la entrepierna.

6 Para que los pantalones sean cómodos, es muy importante calcular bien la longitud del tiro, es decir, la distancia desde la entrepierna hasta la cintura. Puedes aprovechar la tela de las mangas para obtener una tira larga que te dé la vuelta a la cintura. Con un poco de suerte, el ancho de la tela te alcanzará para coser la tira al borde superior de las perneras, dejando la tela lo bastante holgada para que puedas moverte con comodidad. Si realizas esta operación sentado, enseguida verás la cantidad de tejido que necesitas.

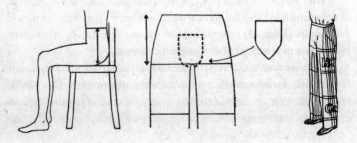

7 Por último, corta un trozo de tela en forma de paleta para la entrepierna (*véase* la ilustración) y adapta su anchura a tus necesidades. Colócalo en su sitio y cóselo bien a las perneras.

8   Finalizada la labor de costura, deberías sentirte cómodo con el resultado final, pese a lo pintoresco de la prenda. Vuelve a ponerte los calcetines y los zapatos, y ya puedes irte. Quién sabe, tal vez con un diseño tan original como el que llevas, incluso crees estilo en el mundo de la moda.

◉ *La cenosilicafobia es el miedo a los vasos vacíos.* ◉

CÓMO
HACER UNA ESCITALA ESPARTANA

En el siglo V, el ejército espartano no tenía posibilidad alguna de manejar un software de codificación de mensajes. En cualquier caso, en la antigua Grecia, necesitaban un sistema fácil y rápido para escribir mensajes secretos durante las campañas militares, y que el receptor pudiera descifrarlos sin un gran despliegue de medios.

Dieron con una solución brillante, a la que llamaron «escitala» (*scytale*), un cilindro de madera alrededor del cual enrollaban una tira de pergamino en el que se escribía el mensaje. Era un método rápido, fácil y fiable, cualidades todas ellas muy valiosas cuando eres el blanco de un sinfín de proyectiles.

Para cifrar el mensaje, el emisor enrollaba el pergamino por fuera del cilindro en espiral y escribía el texto a lo largo de la longitud del cilindro. Luego lo desenrollaba y enviaba, por medio de un mensajero, la tira resultante, con una lista de caracteres mezclados. El receptor descifraba la clave enrollando el pergamino en una escitala del mismo diámetro. Si lo interceptaba el enemigo, el mensaje tardaba años en ser descodificado, a falta de un cilindro del tamaño indicado.

Necesitarás
◇ *2 cilindros del mismo diámetro*
◇ *Papel, tijeras y celo*
◇ *Rotulador*

Palos de escoba, tubos de rollos de papel de cocina, latas de bebidas y botes de legumbres se prestan para hacer una buena escítala espartana. Necesitarás dos iguales, claro está, junto con una tira de papel larga de unos 2,5 centímetros de ancho: corta una hoja de papel DIN A4 en tiras de esta anchura y únelas unas a otras por los extremos con celo.

CÓMO ESCRIBIR EL MENSAJE

1 Pega con celo un extremo de la tira de papel al objeto cilíndrico y enróllala a este en forma de espiral apretada, de modo que los bordes se toquen sin llegar a solaparse. Arranca el papel que sobre en el otro extremo y pega el final de la tira con celo.

2 Escribe el mensaje en línea recta a lo largo de la longitud de la escítala. Las uniones del papel enrollado en espiral, allí donde se tocan los bordes, actúan como separador entre letra y letra. Cuando llegues al final del renglón, haz girar el cilindro hacia fuera y comienza a escribir otra línea debajo. Indica los espacios entre palabras dejando un espacio vacío o, si prefieres ser más astuto, escribiendo una Z.

3 Cuando acabes, quita el papel del cilindro. Verás que el texto que aparece escrito en él no tiene ningún sentido.

4 Para descifrar el mensaje, el receptor debe enrollar la tira alrededor de un palo de escoba —o el objeto que sea— de diámetro similar, hasta que consiga alinear las hileras de letras.

SUTILEZAS

Si alternas cada renglón del mensaje con una línea de caracteres aleatorios, complicarás aún más las cosas a tu enemigo. Una simple sustitución de letras, cambiando A por B, B por C, C por D y así sucesivamente, también da buenos resultados como método para provocar confusión.

◉ *Los espartanos celebraban un festival en el que clavaban viandas en la pared para entretenerse observando cómo las roían los ancianos desdentados.* ◉

CÓMO
CONSTRUIR UN PERISCOPIO

Los griegos tenían un término para todo. «Periscopio» proviene de las palabras griegas *peri* «alrededor» y *scopu*s «mirar». Un periscopio es un tubo con un juego de espejos paralelos que se sitúan en los extremos. Cada uno de los espejos da a un agujero abierto en lados opuestos del tubo, y lo que se ve en ellos es el reflejo de la imagen que capta el espejo situado en el otro extremo.

Los periscopios son conocidos principalmente porque se usan en los submarinos. Antes de la invención del primer periscopio naval en 1902, los submarinos debían emerger a la superficie para que la tripulación pudiera pegar las narices a los ojos de buey a fin de ver lo que sucedía allí arriba. Una maniobra muy poco secreta.

Para construir tu propio periscopio necesitarás lo siguiente:

- ◇ *2 cartones de zumo de base cuadrada (vacíos)*
- ◇ *Un trozo de papel*
- ◇ *2 espejos cuadrados pequeños*
- ◇ *Un cuchillo afilado*
- ◇ *Cinta de pintor*
- ◇ *Una regla*
- ◇ *Blu-Tack (masilla adhesiva)*
- ◇ *Un lápiz*

CONSTRUCCIÓN

1 Corta los extremos de los cartones y deséchalos (los cartones no, evidentemente); únelos luego con la cinta de pintor por los extre-

mos abiertos para obtener un tubo largo. *Nota:* cuanto más largo sea el tubo, más pequeña será la imagen final.

2 Introduce los espejos en el tubo, y colócalos de manera que formen un ángulo de 45°, enfrente de los agujeros que vas a abrir en los lados opuestos del tubo. Para calcular el ángulo exacto de los espejos, apoya de pie el cartón en el papel y dibuja su silueta. Deberías obtener una figura cuadrada; recórtala y dóblala por la mitad en diagonal.

3 Para calcular las dimensiones apropiadas de los agujeros, dibuja una línea horizontal a unos 5 milímetros del extremo del cartón. A lo largo de ella coloca uno de los lados cortos del triángulo de papel, y traza luego una diagonal en el cartón siguiendo el borde largo del triángulo.

4 Ahora coloca el lado largo del triángulo pegado a la línea horizontal, de modo que uno de los bordes cortos coincida con la diagonal que has trazado. Señala en el cartón el vértice del triángulo con un punto y traza una línea horizontal que atraviese el cartón pasando por dicho punto.

5 Raja el cartón a lo largo de esta línea, dejando un margen de unos 5 milímetros por los bordes. Haz un corte similar a lo largo de la línea horizontal original que acabe igualmente a 5 milímetros de los bordes. Practica dos cortes verticales para terminar de abrir el agujero rectangular.

6 Pega uno de los espejos en el interior del cartón, con la parte brillante hacia fuera y el borde inferior alineado con la base del agujero. Para asegurarte de que queda bien colocado, realiza las mediciones necesarias con la regla. Pega con cuidado el borde inferior y pon una bola grande de masilla Blu-Tack en las esquinas opuestas a la cinta adhesiva. Ahora deja caer el espejo hacia el agujero, de modo que quede apoyado sobre el Blu-Tack, y ajusta su posición para que esté en el ángulo correcto. Cuando te convenza el resultado, pega el espejo para fijarlo en su sitio.

7 Repite la operación por el lado opuesto del cartón y por el otro extremo, *et voilà!*

8   Ahora ya puedes espiar a la vecina de arriba sin que su hermano te amenace con partirte la cara.

> ◉ *Al sastre que espió a lady Godiva cuando se paseó desnuda a caballo
> le llamaron Peeping Tom (Tom el Mirón).* ◉

CÓMO
HACER UNA CAJA DE REGALO
CON PAPIROFLEXIA

Hay distintas maneras de hacer una caja con papiroflexia, algunas de una austera belleza, pero más difíciles de plegar que la
descrita en este apartado, cuyos salientes disimulan con astucia cualquier fallo que haya habido durante el plegado. Te resultará sencillo,
ya que es un proceso muy mecánico. Así que, aunque seas un mana-
zas, seguro que eres capaz de hacerlo.

NECESITARÁS
◇   *Un cuadrado de papel liso (o estampado) de unos 40 × 40 centímetros*
◇   *Un puñado de galletas bañadas en chocolate*

PROCEDIMIENTO
1   Dobla el papel dos veces en diagonal de punta a punta, marcando bien los pliegues para que el cuadrado se vea atravesado por
una X (Fig. 1).

2   Aplana el papel y dobla con cuidado las cuatro esquinas hacia el
centro para obtener un cuadrado más pequeño. Da la vuelta al
papel y repite la operación para reducir aún más el tamaño del
cuadrado (Fig. 2).

3   Vuelve a dar la vuelta al papel y dobla cada una de las puntas que
convergen en el centro hacia su esquina correspondiente, marcando bien los pliegues, los cuales delimitarán un cuadrado aún
más pequeño.

4   Verás que el papel no queda plano sobre la mesa, sino que se

levanta un poco. Dale la vuelta y dobla una de las puntas centrales hacia atrás, de modo que el vértice sobresalga un poco por el borde exterior del cuadrado. Repite esta operación con las tres puntas restantes, haciendo todo lo posible por alinear los pliegues (Fig. 3).

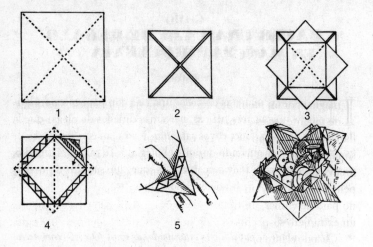

5   Cómete unas cuantas galletas de chocolate.

6   Da la vuelta al papel una vez más, levanta uno de los pequeños triángulos —solo la solapa superior— y haz cuatro pliegues de acordeón, doblando el papel primero hacia el centro, luego hacia la esquina exterior y así sucesivamente, de modo que quede convertido en una tira estrecha plegada a lo largo en zigzag (Fig. 4). Repite la operación con los tres triángulos restantes.

7   Llegó el momento del desenlace: introduce el dedo índice de la mano izquierda en el interior de una de las esquinas y aprieta el papel desde fuera, sacando el dedo en el último instante al tiempo que aplanas ambos lados del papel para obtener un saliente triangular (Fig. 5). Repite la operación con las tres esquinas restantes.

8   Por último, aplana la base de la caja y arregla los pliegues para que luzca más.

Las chicas se quedarán boquiabiertas si haces una caja como esta delante de ellas y luego pones dentro un pequeño regalo, como un puñado de galletas bañadas en chocolate o... un anillo de compromiso. Además te saldrá baratísimo (al menos, el envoltorio).

◉ *En japonés se utiliza la misma palabra para designar «papel» y «Dios»: kami.* ◉

CONVIERTE TUS DEDOS EN MÁSCARAS AL INSTANTE

Imagina por un momento que estás en una de esas películas donde de repente te ves atrapado en un ascensor o en un rascacielos en llamas con un grupo de lo más variopinto, y arquetípico, como personajes principales. En esta clase de repartos corales no suele faltar una viuda vulgarota, deslenguada y conservada en alcohol con una peluca espantosa y un abrigo de pieles, una titi ligera de cascos que no para de chillar, un tipo repulsivo y empalagoso (normalmente, un extranjero sospechoso) y un héroe varonil de mentón cuadrado.

Cuando el intrépido héroe de marras entra en acción está muy bien, pero ¿qué decir de esos pasajes tediosos en los que la gente se sienta alrededor de una vela a debatir sobre el sentido de la vida? Ahí es donde el hombre viril se desinfla. Lo que necesitas es algo para levantar los ánimos del personal, ¿y qué mejor idea que hacer unas máscaras con los dedos? Es una solución inmediata, divertida y no requiere un gran despliegue de medios; de hecho, necesitas muy pocas cosas.

Batman

La mejor máscara de dedos es sin lugar a dudas la de Batman. Para empezar, forma un círculo con el pulgar y el índice de cada mano, dejando los otros dedos estirados. Da la vuelta a los círculos de forma que la uña de los pulgares señale hacia el suelo, y tócate la barbilla con el dedo corazón de ambas manos. A continuación haz girar los círculos hacia arriba para ponértelos sobre los ojos a modo de antifaz; con este movimiento, los dedos anulares y meñiques quedarán pegados automáticamente a la mandíbula. Mírate en un espejo; es la cara de Batman.

El malvado doctor Fu Manchú

Las historias del doctor Fu Manchú se considerarían hoy en día de un racismo muy cómico, pero no es razón para no sacar provecho de la creación de Sax Rohmer. Lo único que tienes que hacer es quitarte el cordón de un zapato y sostenerlo por el centro con el labio superior fruncido para que te cuelgue por ambos lados de la boca como un bigote fino. Luego estírate el rabillo de los ojos para adoptar la típica cara de oriental. *Voilà!*, ya eres el inescrutable doctor Fu Manchú. Una pantalla de lámpara cónica de rafia te servirá como sombrero chino, y una vistosa bata de seda dará verosimilitud a tu disfraz.

Un klingon de *Star Trek*

El ceño permanente que caracteriza a la raza de los klingon es un rasgo difícil de representar en uno mismo, pero puede quedar muy logrado en un niño de siete u ocho años. Basta con ponerle la mano en la cabeza, con la palma abierta boca abajo y los dedos estirados, y bajarlos hasta tocarle la parte superior de la frente para luego presionarla hacia abajo. Con ello le arrugarás el entrecejo en un gesto malévolo, típico de los klingon.

Picasso

Es una opción fácil y rápida, indicada sobre todo para quienes llevan gafas. Pregunta a tus espectadores: «¿Queréis saber qué pienso de Picasso?». Cuando todos te respondan a gritos «¡Sí!», ponte las gafas ligeramente ladeadas hacia la derecha, para que la montura de la lente izquierda te quede encima del caballete de la nariz. La idea es que parezcas un retrato cubista del famoso pintor.

No sé por qué, pero la gente se desternilla de risa cuando pongo esta cara. En todos estos años, he hecho reír más con ella que con cualquiera de las otras máscaras más complicadas.

◉ *Adam West, famoso por personificar a Batman en la serie televisiva de los años sesenta, estuvo casado con Ngatokoruaimatauaia Frisbie Dawson.* ◉

RETRATOS EN SILUETA EN UN ABRIR Y CERRAR DE OJOS

Durante los siglos pasados numerosas señoritas con sombrilla se hacían inmortalizar por un hábil artesano que recortaba su esbelta silueta y la pegaba sobre una marina. Hoy en día la cosa ha perdido prácticamente su encanto: el equivalente moderno es una foto de carnet de una garrula con cara de sueño y llena de granos blandiendo una bolsa de patatas fritas en la mano. Más razón, puedes pensar, para un nuevo despertar del retrato en silueta. Se trata de una técnica nada complicada ni costosa, y el material que requiere es elemental. Así que, ¿a qué esperas?

Necesitarás

◇ *Unas cuantas hojas grandes de cartulina negra (o un papel similar)*
◇ *Unas cuantas hojas grandes de cartulina blanca (o un papel similar)*
◇ *Un lápiz de mina blanda afilado*
◇ *Unas tijeras*
◇ *Pegamento*
◇ *Blu-Tack (masilla adhesiva)*
◇ *Tu abuela*
◇ *Una lámpara*

Procedimiento

1   Espera a que anochezca y pega una lámina de cartulina negra en la pared, como si fuera un retrato.

2   Coloca una silla de lado delante del papel, entre la pared y una mesa.

3   Pon una lámpara encima de la mesa; un flexo servirá.

4   Pide a tu abuela o a tu tío fumador de pipa, o a cualquier otra persona que aguante más de diez segundos sin moverse, que se siente en la silla. Como es lógico, deben colocarse de perfil o acabarás dibujando algo más parecido a una enorme bombilla que a

la silueta de un rostro humano, con su nariz y todo lo demás. Si lo único que ves es una mancha gris, es posible que la luz esté demasiado alejada del sujeto o que este no se halle lo bastante cerca de la pared. Juega con las distancias hasta que te convenza el resultado. La silueta final debería verse con todos los detalles.

5   Una vez que el modelo esté colocado a tu gusto, y le hayas pedido que no dé un respingo cada vez que le suene el móvil, dibuja la silueta de su sombra con el lápiz.

6   Cuando hayas acabado, despega la cartulina de la pared. Aunque sea negra debería verse con claridad el trazo del lápiz. Así pues, recorta la silueta, extremando la precaución cuando te encuentres con la forma de detalles como gafas o mechones de pelo. No caigas en la tentación de omitir dichos detalles, pues son precisamente estos elementos los que darán personalidad al retrato.

7   A continuación pega la silueta negra en una cartulina blanca, y ya habrás terminado el retrato. Si el trazo del lápiz se aprecia a simple vista, puedes dar la vuelta a la cartulina negra antes de pegarla. Resulta interesante ver lo distinta que parece una silueta al revés, aunque sigue siendo reconocible.

Si fabricas tu propio pantógrafo (*véase* el siguiente apartado) y lo utilizas para hacer una copia de tu retrato, podrás reducir su tamaño y realizar miniaturas en un papel más fino.

◉ *La palabra «silueta» tiene su origen en el ministro de Finanzas de la Francia de Luis XV, llamado Étienne de Silhouette.* ◉

CÓMO
HACER Y USAR UN PANTÓGRAFO

El pantógrafo es un sencillo instrumento de delineación que se emplea desde hace siglos para hacer copias, ampliaciones y reducciones de un dibujo. Su mecanismo se basa en los principios geométricos euclidianos, y se cree que Leonardo da Vinci se servía de uno para reproducir sus obras y pasar los bocetos del papel al lienzo.

Consta de un paralelogramo flexible con «brazos» extensibles que se proyectan a partir de los extremos opuestos en diagonal de los lados largos del polígono, estando uno de ellos fijado en un pivote terminal y el otro provisto de un lápiz puesto cerca de la punta. La flexibilidad de las articulaciones facilita el movimiento de los brazos, de tal modo que si cerca de una de las esquinas del utensilio se traza un mero punto sobre una línea o un dibujo, el lápiz duplicará sus movimientos y realizará una copia. Aquí tienes las instrucciones para hacer un pantógrafo casero.

Necesitarás

◇ *Una caja de cartón*
◇ *Un lápiz afilado*
◇ *Unas tijeras o un cuchillo afilados*
◇ *4 alfileres largos para un tablón de corcho*
◇ *Un tornillo corto*
◇ *Una chincheta*
◇ *Un martillo*
◇ *Cinta de pintor*
◇ *Un trozo de contrachapado fino del tamaño de un naipe*

Procedimiento

1 Siguiendo las ondulaciones del cartón, corta cuatro tiras de unos 2 centímetros de ancho por 33 de largo.

2 Dispón las tiras como se muestra en la ilustración y señala la posición de los agujeros, indicados en el dibujo mediante números, que representan las distancias en centímetros entre los orificios.

3 Haz los agujeros con la punta del lápiz. Este es uno de esos momentos en que puedes pasearte un poco por la habitación.

4 Introduce los cuatro alfileres desde abajo.

5 Enrosca el tornillo en su sitio a través del cartón.

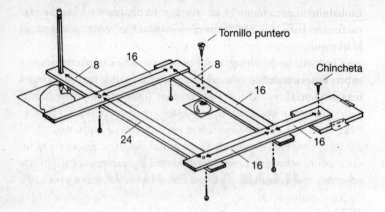

6   Pega el trozo de contrachapado en el lado izquierdo de la mesa, asegurándote antes de que al propietario de la mesa no le importa. Dile que es muy amable, y que luego lo recogerás todo. (A esto se le llama psicología.)

7   Clava la chincheta en el contrachapado a través del cartón. No hace falta que te mates, con un par de golpecitos bastará; tampoco es necesario que la claves en la mesa.

Manejo del pantógrafo

1   Introduce el lápiz en el orificio correspondiente. Puedes poner un poco de pegamento para fijarlo en su sitio.

2   Ajusta el tornillo para que quede rozando la mesa. Te servirá de puntero.

3   Coloca bajo el tornillo un pequeño dibujo lineal que desees ampliar.

4   Pon una hoja de papel en blanco bajo el lápiz y acciona el mecanismo para asegurarte de que el puntero cubre toda el área del dibujo y que el lápiz cubre la hoja entera. Cuando estés satisfecho del resultado, pega el dibujo y el papel en blanco a la mesa.

5   Para ampliar el dibujo, coge el lápiz con mucho cuidado y, sin hacer girar el aparato, sigue la trayectoria del puntero sobre el original, manteniendo el lápiz siempre pegado al papel.

La habilidad para manejar un pantógrafo depende en parte de las particularidades del que tú has creado, pero funcionar, funciona. Si lo que quieres es reducir el dibujo original, basta con que modifiques la posición del lápiz y el tornillo. La práctica te permitirá descubrir la forma de hacer ampliaciones más grandes y reducciones más pequeñas.

◉ *Leonardo da Vinci nos legó tan solo una treintena de cuadros.* ◉

CÓMO
JUGAR AL *ANCHORMAN*

El origen de los juegos ideados para beber se pierde en la noche de los tiempos, y entre ellos se incluyen todos esos trabalenguas con los que nos entreteníamos de críos, con el aliciente añadido de que quien se equivoca bebe.

Uno de estos juegos de palabras que más se presta al consumo de alcohol con fines lúdicos con los amigos es el de «Un limón, medio limón». La mecánica es muy simple. Cada participante debe asignarse un número. El primer jugador dice: «Unlimonmediolimon(X)limonesmediolimon», donde (X) es el número del siguiente participante elegido por el primero. Sucesivamente sería, por ejemplo: «Unlimonmediolimontreslimonesmediolimon», y el tres diría: «Treslimonesmediolimonsietelimonesmediolimon»; y así hasta que uno se trabe. La gracia está en decirlo de forma ágil y sin paradas para pensar. Cada vez que se complete una ronda sin que nadie falle, el grupo entero se verá premiado con una jarra de cerveza. El juego parece fácil al principio, pero en cuanto el alcohol empieza a hacer de las suyas, todo el mundo acaba con la vejiga llena y la lengua de trapo, contando melones en lugar de limones.

En Estados Unidos tienen el *Anchorman*, que refleja el gran espíritu competitivo de esta nación. Se juega entre dos equipos formados por un mínimo de cuatro integrantes, aunque los equipos más grandes cuentan con una clara ventaja, como se verá a continuación. El vocablo inglés *anchorman* designa al atleta que corre el último tramo en una carrera de relevos; enseguida entenderás por qué se llama así a este juego.

ANCHORMAN (REGLAS DEL JUEGO)

1 Los equipos deben sentarse el uno frente al otro en una mesa y, tras arrojar una moneda al aire para decidir cuál empieza, los jugadores del equipo elegido se turnan para intentar introducir una moneda en una jarra de cerveza situada en el centro de la mesa. Para ello deben lanzarla con un golpecito del pulgar, sin despegar los puños de la mesa. Cada jugador tiene derecho a un solo tiro, tanto si acierta como si no.

2 Una vez que todos los participantes del primer equipo hayan probado suerte, es el turno de los contrincantes. Gana la partida el primer equipo que logre meter las cuatro monedas en la jarra, y los perdedores están obligados a beberse el contenido de esta. Pero no de cualquier manera.

3 Los vencedores escogen a un miembro del equipo derrotado para que haga de *anchorman*. Sus compañeros se turnan entonces para beber de la jarra de un solo trago, sin despegar los labios del recipiente. Si cualquiera de ellos falla, debe pasar la jarra al miembro de su equipo que tenga a la izquierda.

4 El *anchorman* bebe en último lugar, y debe apurar la jarra, tanto si lo que queda en su interior es un trago de baba marrón o casi toda la cerveza. Se le concede el privilegio de separar los labios del recipiente cuando lo desee, pero debe beberse su contenido en menos de dos minutos, mientras los miembros del equipo contrario se encargan de incordiarlo.

5 A medida que el juego avanza, el equipo del *anchorman* tiene que tomar decisiones tácticas y estratégicas acerca de la cantidad de cerveza que conviene dejarle, basándose en sus dimensiones y en sus conocidas capacidades como bebedor. Los equipos con un mayor número de integrantes cuentan con una clara ventaja en este sentido.

6 Una vez vaciada, la jarra se llena de nuevo y el juego vuelve a comenzar.

Este juego es recomendable como una buena forma de relajarse antes de ponerse a manejar una troqueladora o presentarse a una entrevista de trabajo para ocupar una vacante de controlador aéreo.

◉ *Hipócrates aconsejaba el consumo de cerveza para fortalecer el corazón y las encías.* ◉

CÓMO
HACER UN GORRO DE PAPEL EN UNOS SEGUNDOS

Cuando te propones hacer un gorro con papel de periódico, lo último que quieres es romperte la cabeza con un complicado ejercicio de papiroflexia. Una vez que hayas aprendido el proceso de plegado, de una simpleza alucinante, tendrás un gorro en 20 segundos.

NECESITARÁS
◊ *Una hoja de papel de periódico (cuanto más grande, mejor)*
◊ *Celo*

PROCEDIMIENTO
1 Coloca la hoja abierta encima de la mesa, con el pliegue central en posición horizontal. Dóblalo por la mitad hacia ti y marca bien el pliegue.
2 Dobla el borde izquierdo hacia la derecha, como si cerraras un libro. Marca el pliegue central vertical y despliega la hoja de nuevo (Fig. 1).
3 Luego dobla la esquina superior izquierda sobre el papel y hacia abajo en diagonal, de modo que el borde superior coincida ahora con el pliegue central. Repite la operación con la esquina opuesta; deberías obtener una figura semejante a un tejado a dos aguas (Fig. 2).
4 Coge el borde inferior horizontal del papel y dobla la hoja de encima hacia arriba, aplanándola sobre la base de las dos partes triangulares.

5   Da la vuelta al papel y repite la operación con la otra hoja (Fig. 3).

6   Agarra la esquina que sobresale en ángulo recto por la izquierda, cogiendo ambas hojas, y dóblala en diagonal hacia atrás. Pégala con celo o aplánala bien para evitar que se despliegue y el gorro se deshaga (Fig. 4).

7   Da la vuelta al papel y repite la operación.

Si el gorro sale pequeño, puedes ponértelo hacia delante al estilo de una gorra de cuartel, o de lado como el sombrero del almirante Nelson si queda más grande.

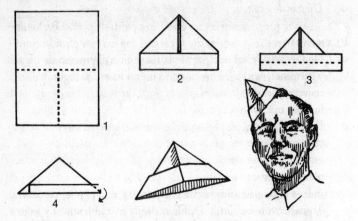

◉ *Joseph Merrick, el hombre elefante, llevaba un gorro que medía 90 cetímetros de circunferencia.* ◉

CÓMO
CULTIVAR UN NARANJO A PARTIR DE UNA SEMILLA

El naranjo es un árbol perenne que prospera con los días calurosos y las noches frías. Sin embargo, si recibe los cuidados apropiados, puede resistir sin problemas en el exterior en cualquier punto del país durante un verano entero. Incluso un mal jardinero puede cultivar un naranjo en casa; con un poco de esmero y atención, y trasplantándolo cuando lo necesite, un naranjo puede llegar a medir 2 metros en pocos años. No obstante, no esperes que dé frutos comestibles, a menos que estés dispuesto a convertirte en un agricultor profesional.

Necesitarás

◇ *Un par de pepitas de naranja*
◇ *Un tarro de mermelada vacío*
◇ *Un par de puñados de abono para semillas*

Plantación

◇ Una semilla de naranja puede plantarse en cualquier época del año y germinar, pero el momento más indicado es a principios de primavera, para que la nueva planta pueda aprovechar las ventajas de los días más largos, con sus horas adicionales de luz y calor.

◇ Para preparar el plantel, cubre el fondo del tarro de mermelada con guijarros o trozos rotos de conchas para drenar el agua, y esparce encima unos 5 centímetros de abono. Aunque la nueva planta no pasará mucho tiempo en el bote, durante los dos primeros años prosperará sin problemas en este tipo de abono. Transcurrido ese tiempo, pide consejo en un vivero.

◇ Introduce en la tierra un par de pepitas de una naranja madura, sin hundirlas demasiado. Riégalas con un poco de agua. En su hábitat natural, la lluvia es tibia, así que no las asustes con agua del grifo helada, y tampoco lo empapes; no les gusta.

◇ Cierra el tarro con una bolsa de plástico sujeta con una goma, colócalo junto a un radiador o cerca de una ventana soleada y espera. La temperatura ideal se sitúa entre los 16 y los 21 ºC. La germinación debería iniciarse en un plazo de dos semanas, pero puede tardar hasta dos meses. Cuando se abran las hojas, saca la mejor planta de semillero con un tenedor normal y corriente y trasplántala a una maceta pequeña. Ponla dentro de una bolsa de plástico que puedas cerrar con un alambre, por ejemplo, y riega la planta con agua tibia cada tres o cuatro días. Vigílala a menudo para no dejar que se seque. Tras una estación de crecimiento la planta debería haber crecido lo suficiente para que puedas sacarla de la bolsa.

◇ El joven naranjo querrá sol todo el día y agua en abundancia. Durante sus primeros meses no le sentarán bien las corrientes de aire. Aliméntalo cada dos semanas en verano y rocía las hojas de vez en cuando con agua tibia.

◉ *La caja de naranjas más cara del mundo ha sido una caja recubierta con sal presentada en la feria de arte ARCO; su precio rondaba los 9.000 euros.* ◉

EL TIRAPEDOS ATRONADOR

Hoy en día se pueden comprar aparatos electrónicos con mando a distancia que reproducen el sonido de un pedo con un realismo increíble. El problema es que son caros. Pero existe un sustituto mucho más barato y de una potencia prodigiosa: el tirapedos de toda la vida con el que jugábamos de críos, consistente en una percha de alambre y una arandela. ¿Qué tal si lo probamos?

Necesitarás
◇ *Una percha de alambre*
◇ *Unos alicates (que servirán también para cortar el alambre)*
◇ *2 gomas elásticas largas y gruesas*
◇ *Una arandela grande (del tamaño de una moneda de 50 céntimos)*

Procedimiento
1 Corta el gancho de la percha y deséchalo; te quedarás con un trozo de alambre de unos 30 cm de longitud.
2 Dobla el alambre para darle una forma de U lo más cuadrada posible.
3 Con ayuda de los alicates, crea una especie de gancho en cada extremo del alambre, curvando este hacia fuera de la U y dejan-

do el espacio justo para poder meter en el agujero una goma elástica doblada en dos (Fig. 1).

4   Pasa una goma elástica por la arandela y dóblala sobre sí misma. Coge los dos lazos colgantes de la goma y suelta la arandela, de modo que, si quisieras, podrías hacerlo oscilar como un péndulo. Junta los dos lazos de goma que tienes sujetos e introdúcelos en uno de los ojales.

5   Pasa la otra goma elástica por la arandela y sujétala de la misma manera al lado contrario de la U (Fig. 2). Deberías obtener algo parecido a lo que se ve en la ilustración.

6   Ahora viene lo emocionante. Haz girar la arandela con ambas manos hasta tensar al máximo el artilugio (Fig. 3).

7   Sujetando la arandela con la mano izquierda, coloca la parte inferior de la U bajo la nalga derecha de tu trasero. Tendrás que hacer presión para que no se mueva.

8   Baja la nalga izquierda para colocarla sobre la arandela, pero no sueltes esta hasta que quede bien sujeta entre el asiento y tus posaderas.

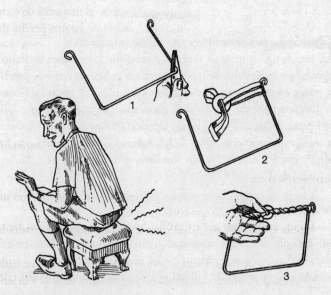

9   La posición final debe ser la siguiente: el artefacto ha de quedar totalmente pegado al asiento. Al disminuir la presión de la nalga izquierda, la arandela se desenrollará con una fuerza tremenda, produciendo un brusco sonido a peeedo de lo más creíble. No te cortes y ladéate cuando despegues el culo del asiento; de ese modo añadirás realismo al efecto, sobre todo si al mismo tiempo haces un gesto de dolor.

10   Los mejores asientos para poner en práctica este pasatiempo son los bancos de vinilo como los que hay en algunos bares y cafeterías. Con un sillón de cuero, una silla de director o un banco duro de iglesia se obtienen asimismo resultados inconfundibles, y siempre se consigue hacer un ruido monstruoso.

◉ *Las gomas elásticas duran mucho más si se guardan en el frigorífico.* ◉

CÓMO
QUITARSE LOS CALZONCILLOS CON LOS PANTALONES PUESTOS

Puede que este divertido gag no resulte tan espectacular como escapar de una camisa de fuerza suspendido de una soga en llamas sobre un pozo de caimanes, pero no es tan peligroso y, con la práctica, puede convertirse en el número imprescindible de todas las fiestas.

La clave del éxito radica en la elasticidad, así que lo mejor es utilizar calzoncillos de lycra. Los de algodón son un desastre, y, a partir de mis propios experimentos de laboratorio, he llegado a la conclusión de que los más indicados son los que tienen la parte delantera en forma de Y.

REGLAS
Puedes retorcerte y estirar o enrollar los gayumbos cuanto quieras, pero está prohibido agujerear cualquiera de las prendas de vestir que lleves encima. Si quieres aumentar las posibilidades de éxito, puedes ponerte unos pantalones holgados, y unos calzoncillos de una talla

más grande que la que usas normalmente, aunque supongo que llega un punto en el que esto se considera hacer trampa.

PROCEDIMIENTO

1 Ponte de pie y erguido, con las piernas ligeramente separadas como un militar en posición de descanso.

2 Con los dedos índice y corazón de la mano derecha colocados en la costura interior de la entrepierna izquierda, ayúdate de la mano izquierda para tirar de la pernera del pantalón hacia arriba todo lo que puedas, dejando al descubierto el muslo.

3 Pasa la mano por dentro de la pernera desde abajo hasta que puedas coger el tejido de los calzoncillos entre el índice y el corazón. Si te cuesta mucho, no desesperes; mete el brazo izquierdo por la cinturilla del pantalón, y todo te resultará más fácil.

4 Sujetando los calzoncillos con el índice y el corazón de la mano derecha, tira con fuerza del tejido hasta que la cinturilla se deslice por la cadera izquierda (bajo los pantalones), y el borde inferior de la pernera izquierda de los calzoncillos asome por debajo del pantalón.

5 Tira de la pernera y la cinturilla de los calzoncillos hacia abajo hasta la rodilla izquierda, flexionada; déjalos ahí sujetos un momento mientras aprovechas para respirar.

6 Con la rodilla izquierda flexionada todavía, tira de los calzoncillos hasta que consigas sacar el pie por el bajo de la pernera izquierda y la cinturilla. Suelta la prenda para que vuelva a meterse de golpe en el pantalón. Procura que la tensión del tejido elástico no provoque que los calzoncillos salgan disparados hacia arriba con tal rapidez que te hieran el orgullo.

7 A partir de aquí todo debería ser coser y cantar. Si te subes la pernera derecha del pantalón y metes la mano por debajo, tendría que resultarte fácil coger el tejido de los calzoncillos y tirar de ellos hacia abajo hasta poder sacártelos por el pie con gesto triunfal.

Puedes volver a ponerte los calzoncillos repitiendo todos estos movimientos en orden inverso. O bien puedes optar por la manera tradicional, como haría cualquier persona normal y corriente.

⊙ *En el año 2000, un hombre intentó entrar en Francia con una boa constrictor de contrabando metida en los calzoncillos.* ⊙

APRENDIZAJE DEL CÓDIGO MORSE

Todo joven se ha preguntado alguna vez, mientras arrastra un tubo de hormigón, cómo se comunicaría con sus posibles rescatadores si se viera atrapado dentro de este. Enviar un mensaje en Morse parece la respuesta lógica, pero más allá del «punto punto punto, raya raya raya, punto punto punto», la mayoría de nosotros estamos perdidos. Aquí tienes las nociones básicas para que la próxima vez que te veas atrapado dentro de un gran tubo puedas probar a decir cosas como «.———.— .. — ......— . .—..— . — .— .—.—.» («Aquí huele fatal»).

El alfabeto
En el código Morse las señales más cortas representan las letras de uso más común, y la manera más fácil de aprender el alfabeto consiste en agrupar los caracteres como ves a continuación.

Sencillas:	Con imagen en espejo:	
E .	A .–	.– N
I ..	B –...	...– V
S ...	D –..	..– U
H	F ..–.	.–.. L
T –	G ––.	.–– W
M ––	Q ––.–	–.–– Y
O –––		

Bocadillos: *Sin imagen en espejo:*

K –.–	R .–.	C –.–.
P .––.	X –..–	J .–––
Ñ ––.––		Z ––..

El código Morse es difícil de aprender, por lo que conviene empezar por las letras sencillas. Una vez las hayas memorizado, intenta enviar y leer palabras que las contengan, como «eso», «istmo», «hito». A continuación pasa a las letras con imagen en espejo y forma palabras con ellas, combinándolas con las que ya has aprendido.

Cuando domines el alfabeto y puedas componer y leer palabras enteras sin problemas, puedes aventurarte con frases sencillas del estilo «El pan es de hoy». No intentes correr antes de andar. Es mejor ser capaz de enviar un mensaje que diga «Llama a mamá» que «Se precisa material de extracción urgentemente».

Reglas importantes

- ◈ Haz una pausa de la longitud de una raya al final de cada letra.
- ◈ Una raya siempre equivale a la duración de tres puntos.
- ◈ No te detengas entre los puntos y las rayas que componen una letra. La palabra «sí» se representa .. .., pero si se transmite de forma inadecuada podría confundirse con otra, como por ejemplo . .... («ese») o . .... («eh»).
- ◈ Antes de que te des cuenta, podrás enviar mensajes del estilo «Esto es un rollo patatero y los demás pasajeros empiezan a quejarse del incesante golpeteo. Envíame tu número de móvil de una vez».
- ◈ Al final de una sesión, envía el bloque de letras «GB», abreviatura correspondiente a *goodbye*, «adiós» en inglés, idioma en el que se decidió basar el código Morse para facilitar su uso en transmisiones internacionales. –.–. .... .––––

⊙ *Antes de inventar el telégrafo, Samuel Morse ya era famoso por ser un gran pintor.* ⊙

CÓMO
HACER UN ÁRBOL DE PAPEL DE CUATRO METROS

Hacer como si tal cosa un árbol con papel de periódico que llegue al techo es algo que tiene todos los números para atraer la atención de la gente y convertirse en la actuación estrella de una fiesta infantil. Es más, si usas esos diarios gratuitos llenos de publicidad que lee la gente en el metro, no te gastarás ni un céntimo en material.

Necesitarás

◇ *Un periódico*
◇ *Un suelo de cocina*
◇ *Pegamento en barra*
◇ *Una goma elástica*
◇ *Unas tijeras afiladas*

Preparación

1 Desde el punto de vista del público, da la sensación de que lo único que haces es enrollar una hoja de papel de periódico y dar forma de repente a un árbol. Pero como casi todo en esta vida, no es tan sencillo como parece, y antes tendrás que hacer ciertos preparativos secretos.

2 Primero, siéntate en el suelo de la cocina con un periódico. Despliégalo y distribuye de 6 a 10 hojas en una larga tira vertical. Dado que el tamaño de las hojas puede variar ligeramente, es posible que tengas que hacer alguna que otra prueba hasta dar con la longitud del árbol deseada.

3 Pega con cuidado el borde inferior de la primera hoja al borde superior de la siguiente, solapándola lo justo para que queden bien unidas; repite la operación con el resto de las hojas hasta que la tira de papel tenga la longitud de la cocina… o sobresalga por la puerta si quieres un árbol más alto.

4   Cuando el pegamento se haya secado, enrolla la tira de papel a lo largo en forma de cilindro apretado, dejando espacio suficiente para poder meter el dedo índice en el centro con comodidad. Luego pega el borde exterior de punta a punta del cilindro.

5   Con unas tijeras bien afiladas, haz dos cortes a lo largo de los lados opuestos del cilindro hasta sobrepasar ligeramente un punto que quede hacia la mitad del cilindro. Puede que el papel se aplane un poco, pero el próximo paso disimulará este defecto.

6   Enrolla otro periódico por fuera del tubo y pégalo bien para que se vea todo en su sitio.

REPRESENTACIÓN

1   Haz tu entrada enrollando el cilindro como si fuera un periódico improvisado.

2   Sujétalo con la goma elástica, que llevarás en la muñeca o bajo el reloj.

3   Rompe la hoja exterior con el dedo índice desgarrándola y deja que las tiras de papel caigan por ambos lados.

4   Sujetando el tronco del árbol con la mano izquierda, introduce el dedo índice de la derecha en el centro del tubo y empuja hacia arriba, mientras vas retorciendo y tensando el papel.

5   Puedes aumentar la altura aparente de un árbol más corto introduciéndolo en un rollo de cocina colocado a modo de soporte encima de la mesa.

◉ MARCA *es el periódico de pago más leído de España.* ◉

EFECTOS ESPECIALES DE MAQUILLAJE CON ELEMENTOS CASEROS

Algunos de los efectos especiales de maquillaje típicos de Hollywood, desde una garganta degollada o un rostro ajado por el paso del tiempo hasta una cabeza demoníaca que da vueltas, cobraron vida en los garajes y dormitorios de los jóvenes entusiastas que los inventaron. El gran maestro del maquillaje para cine es sin duda Dick Smith, cuyos experimentos con impresiones dentales en alginato, cabello artificial y productos de cocina de uso cotidiano le llevaron a desarrollar efectos innovadores en películas como *El padrino* y *El exorcista*. Podrás divertirte durante horas investigando para crear tus propios efectos de maquillaje. Aquí tienes unas cuantas ideas.

CICATRICES CON CELO

Puedes simular una cicatriz de lo más convincente poniéndote un trozo de celo (que pegue bien) en la mano, en la cara o donde quieras. Cuanto más ancha sea la cinta adhesiva, más grande se verá la cicatriz. Tras ponerte el celo, pásate suavemente una esponja con agua por encima. Al cabo de un rato, la capa superior del celo se despegará, quedando únicamente en su lugar la sustancia adhesiva. Pliega con cuidado la piel a lo largo de la zona pegajosa para juntar los bordes, que quedarán unidos con fuerza, dando forma a una horrible herida que resulta efectiva sobre todo en la mejilla. Para que parezca reciente, basta con añadir un poco de «sangre».

PEGAMENTO DE CAUCHO

Este producto maloliente, que se vende normalmente en un bote con un cepillo incorporado, actúa como el látex que los profesionales de Hollywood utilizan para hacer, por ejemplo, una prótesis nasal. Salpícate el dorso de la mano con unas gotas de este pegamento y, con ayuda de un secador, crea un efecto de envejecimiento o enfermedad en la piel. Esparce por encima unos cuantos pelos cortados para que la mano parezca la de un hombre lobo.

Si hundes un dedo o la nariz en un trozo de plastilina blanda y luego cubres el molde con una capa de pegamento de caucho, puedes crear un dedo horrible, atrofiado y lleno de bultos o una napia de bruja. Para simular verrugas basta con meter la punta de un lápiz desafilado en la plastilina y untar la impresión con vaselina antes de aplicar la cola encima. Cuando se seque, espolvorea el molde con polvos de talco (importante) y despégalo. Para ponértelo, pégatelo con un poco más de pegamento. Un toque de base de maquillaje del que usa tu hermana servirá para darle tu tono de piel. Puedes crear forúnculos repugnantes del mismo modo.

El pegamento de caucho se va fácilmente con agua y jabón.

RECETA DE DICK SMITH PARA HACER SANGRE ARTIFICIAL

A principios de los años sesenta, la sangre que se utilizaba en el cine era una mezcla de pigmento rojo y glicerina que parecía pintura, tenía un sabor asqueroso y podía ser peligrosa. Por todo ello, Dick comenzó a experimentar con jarabe de caña de azúcar* y colorante alimentario para crear un producto que supiera mejor y fuera más translúcido. Su receta mejorada se empleó por primera vez en la película *Cowboy de medianoche* y fue adoptada rápidamente por la industria.

La sangre suele ser de un color rojo brillante. Sobre la piel se ve translúcida y caliente, pero en una piscina o en un tubo de ensayo queda más oscura, azulada y opaca. Prueba a mezclar colorante alimentario rojo y amarillo con jarabe de caña de azúcar variando las cantidades hasta conseguir que la sustancia tenga la apariencia que te interesa. Para que quede más opaca, puedes añadir más tinte. No hay nada como mojarse el dedo con la sangre artificial y compararla con la real para mejorar los resultados.

La sangre hecha con colorante alimentario deja unas manchas muy difíciles de limpiar, así que empléala con cuidado y no ingieras grandes cantidades, pues no es muy saludable que digamos.

El jarabe de caña de azúcar tiende a formar gotas de aspecto poco natural cuando corre por la piel o por un tejido, un problema que Smith soluciona añadiendo un agente humectante fotográfico a su receta. Si decides seguir su ejemplo, no te lo metas en la boca.

◉ *El jarabe de caña de azúcar es un derivado no cristalizable obtenido a partir de la refinación del azúcar.* ◉

* En España puede ser difícil encontrar jarabe de caña de azúcar (*golden syrup* en inglés). La alternativa consiste en preparar un almíbar con azúcar y agua, reduciendo la mezcla a fuego lento hasta que adquiera la textura deseada. *(N. del T.)*

QUÉ HACER CON UNA ESCOBA

El título lo dice todo. Lo único que se necesita en este caso es una escoba.

1   FILOSOFÍA AUSTRALIANA

Ignoro a qué debe su nombre este juego, pero es de lo más entretenido. Los participantes se asignan un número cada uno y se colocan alrededor de un Maestro Escobero designado por el grupo, que se sitúa en medio del corro sujetando con el dedo índice una escoba apoyada de pie en el suelo con los pelos hacia arriba (los de la escoba, claro está). Dicha persona dirá un número en voz alta al tiempo que retira el dedo de la escoba. El jugador nombrado tiene que intentar cogerla antes de que las cerdas toquen el suelo. Si lo logra, vuelve a su sitio. Si no, pasa a ser el Maestro Escobero.

2   LA ESCOBA OBSTÁCULO

Este pasatiempo es ideal cuando te juntas con dos o tres amigos y estáis aburridos. Consiste en sujetar la escoba con ambas manos en posición horizontal delante de ti, a la altura de las rodillas. A continuación hay que pasar por encima de ella, primero con un pie y luego con el otro. Acto seguido deben repetirse los movimientos en orden inverso para volver a la posición inicial. Se trata de pasar por encima de la escoba una y otra vez sin parar; al cabo de un rato desearás no haber nacido. Es en este momento cuando tocarás el palo sin querer y quedarás eliminado. Ahora le toca el turno al siguiente. Si entre los participantes hay féminas, puedes decirles que deben quitarse una prenda de vestir cada vez que rocen la escoba con el pie. Tú lleva puestas muchas capas de ropa y practica antes.

3   CÓMO ROMPER UN PALO SOSTENIDO EN EQUILIBRIO CON DOS COPAS DE VINO DÁNDOLE UN GOLPE CON UN PALO DE ESCOBA

Antes de nada, clava un alfiler en cada extremo de un palo de madera maciza de 1,5 metros de longitud. Apoya los alfileres en dos copas de vino colocadas encima de dos sillas resistentes. Alza el palo de escoba por encima de tu cabeza como se ve en la ilustración y asesta un fuerte golpe con él que dé justo en el centro del palo, que se romperá en dos, dejando las copas intactas. Esto sucede porque la fuerza del golpe destroza el palo antes de que la energía que origina tenga tiempo de ser transmitida a las copas.

4 EL BUSCADOR DE FEOS

Coge una escoba por la punta del palo y, moviendo lentamente el cepillo situado en el extremo opuesto frente a los rostros de tus invitados que están sentados, párate delante de una persona a la que no le importe que le tomen un poco el pelo. «Adivina qué es esto», dile. Cuando te conteste encogiéndose de hombros, respóndele: «Es un buscador de feos, y ¿sabes una cosa?, funciona». La risa entre los presentes está asegurada. Esta pequeña broma sirve para calentar motores antes del juego que se explica a continuación.

5 LA ESCOBA BOBA DEL BEDEL ALELADO

Este es uno de esos juegos capaces de sacar de quicio al más templado, pues los jugadores tienen que descubrir un secreto que todos los demás parecen conocer.

Haz que los participantes se sienten en círculo y pide a uno de ellos que te pase la escoba. Golpea con ella el suelo cinco veces al tiempo que dices: «Cuidado con la escoba boba del bedel alelado». Acto seguido pásala a la persona que tengas a tu izquierda, diciéndole que haga y diga exactamente lo mismo que tú. El secreto está en coger la escoba con la mano izquierda y pasarla a la mano derecha para golpear el suelo con ella. Como es lógico, la mayoría de la gente tenderá a cogerla con la mano derecha, y cuando alguien se equivoque, los que sepan en qué consiste la gracia gritarán: «¡Coco coco coco! ¡Coco coco coco!». El juego continúa hasta que todos se percatan de qué va la cosa o se cabrean como monos.

6 CORDERO CAMINO DEL MATADERO

Llena un cuenco de plástico o una lata de galletas con agua y pasa una escoba a un voluntario. Súbete a una silla y explica a los presentes que la presión del aire es menor a la altura del techo que al nivel del suelo. Mientras la gente asiente sabiamente con la cabeza, coloca el cuenco pegado al techo y pide a tu víctima que lo sujete con la escoba. Cuando veas que lo mantiene en su sitio él solo, bájate de la silla y deja que se las arregle sin ti. No tardará mucho en notar que le duelen los brazos y en ponerse a gimotear. No juegues nunca a esto en tu propia casa.

◉ *En* El mago de Oz, *a la Malvada Bruja del Este solo se le ven los pies.* ◉

TINTA INVISIBLE SIN COMPLICACIONES

Alrededor del año 500 a.C., durante la revuelta de los jonios contra Persia, el griego Histieo grabó un mensaje secreto en la cabeza afeitada de un esclavo y, una vez que a este le creció lo suficiente el cabello, lo envió a su destino al otro lado de las líneas enemigas. Supongo que la nota no sería muy urgente. En tiempos más recientes, los prisioneros de guerra, ante el peligro que suponía escribirse algo demasiado elocuente en la cabeza, optaban por la tinta invisible como el mejor instrumento para pasar un mensaje clandestino, valiéndose en ocasiones del sudor y la saliva. Existen numerosas recetas para elaborar tinta invisible, pero he intentado evitar aquellas fórmulas complejas que requieren el empleo de sustancias químicas como el extracto de fenolftaleína procedente de pastillas laxantes machacadas y la ferricianida de potasio, sustituyéndolos por cosas que uno suele tener en casa.

Hay dos procedimientos principales para escribir y hacer visible un mensaje secreto. El primero depende del calor; el segundo, de una reacción ácida/alcalina.

PARA UNA TINTA SENSIBLE AL CALOR NECESITARÁS
◊ *Una hoja de papel blanco*
◊ *Zumo de limón o de cebolla*
◊ *Un palillo o una cerilla*
◊ *Una plancha*

PROCEDIMIENTO
1 Exprime un limón o corta una cebolla por la mitad. Moja el palillo o la cerilla en el zumo y escribe el mensaje con cuidado en el papel. Si quieres, puedes usar el dedo para escribir, pero para ello necesitarás una hoja de papel enorme, lo que supondrá un problema para el destinatario de la nota si después de leerla debe tragársela.

2   Una vez seca la tinta (ten paciencia), el papel quedará en blanco y se podrá volver a escribir en él, aunque se requiere cierta práctica.

3   Cuando calientes el papel en un radiador, sobre una bombilla de 100 vatios o con una plancha, los jugos empezarán a «cocerse», haciendo el texto ligeramente visible en marrón.

PARA UNA TINTA SENSIBLE A UNA REACCIÓN QUÍMICA NECESITARÁS

◇   *Una hoja de papel blanco*
◇   *Vinagre blanco*
◇   *Bicarbonato de sodio*
◇   *Media col lombarda*
◇   *Un palillo o una cerilla*
◇   *Un pincel pequeño*

PROCEDIMIENTO

1   Moja el palillo o la cerilla en un tarro de conserva que contenga vinagre blanco (transparente) y escribe el mensaje tal como se indica en el procedimiento anterior. A continuación deja que el papel se seque del todo.

2   Mientras se seca, prepara un «fluido indicador» poniendo a hervir media col lombarda con 85 centilitros de agua. Dicho indicador cambiará de color según la acidez o la alcalinidad de la tinta empleada.

3   Desecha la col y aplica una capa del jugo resultante sobre el mensaje secreto. Dada la acidez del jugo, el texto se volverá de color rosa.

Para obtener una tinta alcalina, emplea una solución a base de agua y bicarbonato de sodio a partes iguales. El indicador revelará el mensaje haciendo que adopte un tono azulado.

◉ *Antiguamente, las tintas se elaboraban con una mezcla de hollín y aceite de linaza.* ◉

CÓMO
CONFECCIONAR UN TÍTERE
DE GUANTE

La confección de un títere de guante es una de esas cosas que exige paciencia. Sin embargo, resulta un ejercicio gratificante y el esfuerzo merece la pena.

NECESITARÁS

◇ *Un pedazo de plastilina*
◇ *Un periódico viejo*
◇ *Un rollo de papel de cocina o de papel higiénico*
◇ *Un papel de lija fino*
◇ *Cola de empapelar*
◇ *Vaselina*
◇ *Un cuchillo muy afilado*
◇ *Pinturas al agua*
◇ *Un retal de tela fina*
◇ *Cola blanca*

PROCEDIMIENTO

1 Lo primero que hay que hacer es una cabeza de plastilina. Coge un pedazo aproximadamente del tamaño de una naranja grande y comienza a modelarlo. No hace falta que seas un gran escultor; incluso un imbécil puede dar forma redonda a un trozo de plastilina y ponerle unos cuantos pegotes a modo de nariz, boca y mentón. Haz dos huecos para las cuencas de los ojos y modela un par de globos oculares con la plastilina restante. Aloja las dos bolitas en las concavidades correspondientes y añádeles unos párpados. Trata de dotar de personalidad al rostro creado. Unas mejillas redondeadas y una boca sonriente le darán un aspecto alegre, mientras que unos labios curvados hacia abajo en una cara chupada le conferirán una expresión triste o siniestra. Puedes ponerle orejas, si lo deseas. Deja la cabeza calva o modela una

cabellera con plastilina. Y no te olvides del cuello... lo necesitarás para sujetar la cabeza del títere al cuerpo.

2 Deja que las facciones se vean exageradas, y no intentes buscar unas proporciones realistas. De ese modo la marioneta tendrá mayor expresividad. Una vez que tengas más o menos definidos los rasgos, perfílalos con la punta de una cuchara.

3 Cuando hayas terminado de modelar la cabeza, prepara la cola de empapelar y rompe en tiras unas cuantas hojas de papel de cocina. Unta la cabeza de plastilina con vaselina y ves cubriéndola con los trozos de papel previamente encolados. Con ayuda de un pincelito duro, pega bien el papel a los contornos curvados y prominentes del rostro. Cubre la cabeza con cinco capas de papel, asegurándote de que no te falte cola. Acaba con dos capas de papel de periódico, empleando trozos del tamaño de un sello de correos. Con el papel aún húmedo, retoca las facciones con un utensilio afilado para resaltar los detalles, ya que algunos se habrán perdido.

4 Coloca la cabeza encima de un plato, saca a tu gato del lavadero y deja allí fuera la cabeza durante unos días hasta que se seque por completo.

5 Desmolda el papel de la plastilina cortando la cabeza por la mitad de oreja a oreja con un cuchillo muy afilado. Elimina los restos de plastilina y vuelve a montar el molde, sellando la juntura con dos o tres capas de tiras de papel. Deja que la cola se seque del todo.

6 Una vez seca la cabeza, líjala un poco para alisar las arrugas que haya podido formar el papel. Hecho esto, ha llegado el momento de pintar la cara. Verás como ahora te diviertes. Define bien los rasgos empleando una mezcla de pinturas al agua con un poco de cola blanca; esto hará que la pintura quede fijada cuando se seque. También puedes utilizar cola blanca diluida para dar una capa de barniz final a modo de protección.

7 Si la marioneta es calva, ahora puedes ponerle cabello. Para ello, puedes usar pelos hechos de cuerda, lana, piel o crepé, pero necesitarás cola en abundancia para pegarlos a la cabeza. Una alternativa es hacerle un sombrero a medida.

8   Para confeccionar un cuerpo de lo más sencillo, corta dos trozos de tela en forma de T y pégalos por los bordes, dejando un agujero en el centro para el cuello y una abertura para meter tu mano por debajo. Luego pega el tejido a la cabeza y añade unas manos de cartón a los extremos de los brazos. En cuestión de un minuto puedes hacer un fantasma o un senador romano con un retal de una sábana vieja, o bien algo más elaborado. Tú mismo.

◉ *El uso de marionetas o muñecos animados era conocido ya entre los antiguos griegos, que los llamaban* neuropasta, *«objeto movido por cuerdas».* ◉

EL AUTÉNTICO AGENTE SECRETO

Una de las cosas más importantes que debe tener en cuenta un espía es no dejar que lo cojan espiando. En su autobiografía *Mi guerra silenciosa*, Kim Philby, espía británico y doble agente soviético, describe una serie de técnicas de contravigilancia profesional que sus maestros de la KGB le habían enseñado a poner en práctica cuando tenía que asistir a un encuentro secreto con uno de sus oficiales operativos o «manejadores». Dichas técnicas podrían calificarse como «de cajón», y entre ellas se incluyen las siguientes recomendaciones:

- ◇ Asegurarse de ser realmente la última persona que entra en el tren.
- ◇ Uso frecuente de la técnica de «echar un vistazo a tu alrededor para ver si te siguen».
- ◇ Actividades con una «razón convincente que justifique el hecho de que estés donde estás», como, por ejemplo, comprarse un sombrero.
- ◇ Pasearse mucho y subir y bajar de autobuses, todo ello acompañado de un uso suplementario de la técnica de «echar un vistazo a tu alrededor para ver si te siguen».
- ◇ El «recurso del cine», es decir, sentarse en la última fila y desaparecer a media película.

◊   Quedar con tu contacto en un restaurante bullicioso con hilo musical en los reservados.

Por increíble que parezca, las técnicas de Philby siguen siendo la base del «oficio» de espía. Sin embargo, además de los puntos mencionados, todo agente secreto que se precie debería recordar lo siguiente.

Correo

Como es lógico, un agente bajo sospecha debe hacerse a la idea de que van a abrir las cartas que reciba. La contramedida más sencilla consiste en pedir a los corresponsales que peguen con celo los bordes de los sobres en los que envían los mensajes secretos y que pongan su firma sobre la cinta adhesiva con tinta indeleble. Es un método rudimentario, pero muy eficaz.

Si lo que quieres es abrir un sobre cerrado, no intentes hacerlo con vapor. En lugar de ello, introduce un lápiz largo en el hueco que forma la solapa en el borde superior y deslízalo hasta que asome la punta por el otro lado. Acto seguido apoya la carta boca abajo sobre la mesa, con el borde superior de la solapa mirando hacia ti, y haz rodar el lápiz hacia fuera. Verás cómo el papel se despega sin romperse. Ahora ya puedes leer la carta y luego volver a meterla en el sobre y cerrarlo sin que nadie se dé cuenta.

Cuando prepares mensajes encubiertos ponte guantes, y no lamas el sobre ni los sellos, si son de los tradicionales; el ADN te delataría. Asimismo, ten la precaución de enviar la correspondencia secreta desde lugares lejanos.

Uso de mensajes cifrados

El código más seguro y versátil para enviar mensajes en clave es la libreta de un solo uso. (Para más detalles, *véase* la página 210; para obtener información sobre la tinta invisible, *véase* la página 203.)

Ser imprevisible

◊   Varía tu comportamiento e integra tus actividades clandestinas a tu vida para dificultar la vigilancia de tus movimientos cotidianos.

◇ Utiliza el transporte público y compra billetes de «trotamundos» o uno con un destino situado varias estaciones o paradas después de la tuya. Realiza largos trayectos inesperados y visita poblaciones extrañas por capricho. Habla con desconocidos siempre que tengas ocasión.

◇ Hoy en día, las cámaras de seguridad controlan casi todo lo que hacemos, así que evita los encuentros secretos en plena calle, en un parque o en un medio de transporte público. Es mejor quedar en bares, cafeterías y restaurantes concurridos.

Alertar a tu contacto

Si necesitas comunicarte urgentemente con un contacto, ¿por qué no recurrir a lo que hicieron Woodward y Bernstein durante su investigación del caso Watergate? Pon un banderín rojo en una maceta colocada en el alféizar de tu ventana para que Garganta Profunda sepa que tienes que hablar con él.

Dinero

Utiliza siempre dinero en efectivo; no pagues nunca con tarjeta, y no saques dinero de un cajero automático si estás en algún sitio donde se supone que no deberías estar.

Teléfonos

Llama desde una cabina telefónica siempre que te sea posible y viaja con el teléfono apagado, o pide a alguien que lo lleve encima y lo use de vez en cuando para dejar un rastro que te sirva de coartada.

Internet

Utiliza los cibercafés y las bibliotecas públicas y maneja varios nombres y direcciones. Puedes dejar mensajes destinados a tus contactos en tablones de mensajes crípticos.

Detección de intrusos

Existe una serie de medidas que se pueden tomar para descubrir si alguien ha estado en tu habitación. Lo más sencillo es el truco de la cerilla; introduce la punta de un fósforo entre la puerta y la jamba por el lado de los goznes, en la parte inferior, al salir y cerrar la puerta. Una vez que esta se cierra del todo, la cerilla queda bien sujeta. Si partes el palito que sobresale del marco, la punta quedará oculta en su sitio. Cuando vuelvas, verás la cabeza de la cerilla en el suelo en el caso de que hayan abierto la puerta.

◉ La gran aventura de Mortadelo y Filemón *se convirtió en la película más taquillera de 2003 en España.* ◉

CÓMO
CREAR Y UTILIZAR UNA LIBRETA DE UN SOLO USO

——⚬——

La libreta de un solo uso es una herramienta criptográfica sencilla, versátil y teóricamente irrompible, cualidades que la hacen idónea para el envío de mensajes cortos entre dos personas. Era el sistema más utilizado por los espías soviéticos que trabajaban en Gran Bretaña tras la Segunda Guerra Mundial, y, dada su rapidez y flexibilidad, también se usaba para mandar mensajes codificados por la línea directa —popularmente conocida como «teléfono rojo»— que se estableció entre la Casa Blanca y el Kremlin durante la guerra fría. Crear una libreta de un solo uso es divertidísimo, y para que funcione no se necesita nada más que papel y lápiz, y cuatro nociones de aritmética elemental.

CREACIÓN DE UNA LIBRETA DE UN SOLO USO

La manera más rápida de crear una libreta de un solo uso consiste en meter las 26 letras que contiene un juego de *Scrabble* —en su edición en inglés, que no incluye la *ñ* ni los dígrafos *ch* y *ll*— en un tarro grande y removerlas bien. A continuación, extrae una ficha y, tras anotar la letra, vuelve a introducirla en el tarro y repite la operación hasta que tengas una secuencia de letras lo bastante larga para redactar un mensaje corto, de unas cincuenta palabras. Si sacas más de una vez la misma letra, apúntala igualmente. La fiabilidad de este proceso se basa en su arbitrariedad.

Anota las letras en grupos de claves de cinco (por una cuestión práctica) dispuestos en columnas en dos hojas de papel (puedes utilizar papel autocopiante si lo deseas). Marca ambas hojas con el mismo número de serie; una será para el remitente y la otra para el receptor. El número de páginas que crees en la libreta dependerá del número de mensajes que esperes enviar y recibir. En su día, los profesionales del espionaje ideaban en ocasiones cuadernos muy pequeños y gruesos que podían comerse una vez utilizados.

CIFRADO

Para codificar el mensaje debes combinar sistemáticamente los caracteres con las letras generadas al azar de la página superior de la libreta que ha creado. Dicha página no puede utilizarse más de una vez y las hojas con las claves (tanto la del remitente como la del receptor) deben destruirse inmediatamente después de su uso.

EJERCICIO

La generación de un código no tiene complicación alguna. En primer lugar, hay que dar a cada letra un valor numérico. A = 0, B = 1, y así sucesivamente hasta llegar a Z = 25 (no 26, pues la numeración parte de 0, no de 1). Apunta dichas correspondencias.

Supongamos que quieres enviar a tu manejador el mensaje «BOMBA». Lo primero que debes hacer es sumar el número de cada una de las letras de tu mensaje al número de las letras de la clave para obtener un número nuevo para cada letra. Así pues, si la primera clave que tienes apuntada en la libreta es BZWKJ y tu mensaje es «BOMBA», el cifrado debe realizarse de la siguiente manera:

Clave	1 (B)	25 (Z)	22 (W)	10 (K)	9 (J)
Mensaje	1 (B)	14 (O)	12 (M)	1 (B)	0 (A)
Clave + mensaje	2	39	34	11	9

Si el número total obtenido en una columna es superior a 25, debes restarle 26. En este ejemplo, el segundo total, resultante de la suma del número de la letra clave (25) y el número de la letra del mensaje (14), es 39. Resta 26 y obtendrás 13. Si haces lo mismo con el tercer total (34), obtendrás 8. La fila final de cinco números, junto con su letra correspondiente entre paréntesis, será pues 2 (C), 13 (N), 8 (I), 11 (L) y 9 (J). Por lo tanto, el mensaje que debes enviar es el siguiente: CNILJ. No olvides transmitir junto con el texto el número de serie de la página de claves; de lo contrario tu mensaje será imposible de descifrar.

Cuando el destinatario reciba el mensaje, tu contacto deberá utilizar la página de claves con el mismo número de serie de la página de tu libreta y realizar el proceso en orden inverso para descifrar el texto. Es decir, tendrá que restar la clave BZWKJ al mensaje cifrado CNILJ, y añadir 26 a los valores negativos.

Mensaje cifrado recibido	(C) 2	(N) 13	(I) 8	(L) 11	(J) 9
Clave	(B) 1	(Z) 25	(W) 22	(K) 10	(J) 9
Mensaje cifrado – clave	1	−12	−14	1	0

Tras sumar 26 a los negativos	1 (B)	14 (O)	12 (M)	1 (B)	0 (A)

Haz la prueba tú mismo.

◉ *Juan Pujol, alias* Garbo, *fue un destacado espía español que logró engañar a la Alemania nazi sobre el desembarco de Normandía.* ◉

CÓMO
FABRICAR UNA ARMÓNICA DE CRISTAL

Benjamin Franklin debía de aburrirse mucho, porque en 1761, en uno de sus ratos libres, digo yo, «inventó» la armónica de cristal, un artilugio relativamente complicado que generaba música a partir de una serie de copas de cristal. Tú mismo puedes hacer una versión más simple si dispones de ocho copas de cristal de buena calidad. En una ocasión oí una sorprendente versión de «Under Paris Skies» improvisada con una armónica de cristal en un bar estudiantil por un nutricionista desenfrenado y su ayudante tipógrafo.

Necesitarás

◇ *8 copas de cristal de buena calidad*
◇ *Agua*
◇ *Tus dedos*

Procedimiento

Lo primero que debes hacer es aprender a sacar sonido a las copas. Para ello tienes que mojarte la yema del dedo corazón y pasarla suavemente por el borde.

Para practicar, llena una copa hasta la mitad y sujeta el pie con el índice y el pulgar de la mano izquierda. Luego moja en agua el dedo corazón de la mano derecha y pásalo por la circunferencia del borde con un movimiento firme y rápido. Hay que cogerle el tranquillo, pero no debería costarte mucho sacarle sonido. Este es sorprendentemente alto y, dado que no emite ninguna nota fundamental —tan solo armónicos—, posee una calidad etérea. La técnica es en cierto modo como montar en bicicleta: una vez aprendida, es difícil olvidarla.

Cuando lo hagas con cierta soltura, pon en fila ocho copas y llénalas con cuidado variando las cantidades de agua que viertes en cada una de ellas. De ese modo producirán tonos distintos. Cuanta menos agua contenga la copa, más agudo será el sonido. Cada copa tiene sus propiedades, así que hay que ir tanteando con la cantidad de líquido que se vierte en ella, pero en el caso de tener ocho copas iguales, la primera suele quedar casi vacía y la última casi llena. Afínalas con un diapasón, una guitarra o un instrumento que produzca una escala mayor.

Practica con una melodía lenta y sencilla, como la de «Campanita del lugar» (*véase* más adelante). Si eres una de esas personas que se agobia cuando se ve con un montón de objetos entre manos, puede que prefieras golpear las copas con un lápiz. Te resultará más fácil, pero no quedará tan espectacular.

Antes de aventurarte a actuar en público, ensaya un poco en privado. Hay que tener mucho cuajo para escuchar «El vuelo del abejorro» interpretado por alguien que machaca sin cesar un juego de copas de vino.

Tu primera melodía

Etiqueta las copas del 1 al 8, comenzando por la de la izquierda, con la nota más baja. Guíate por los números escritos bajo el texto que aparece a continuación para tocar esta famosa melodía.

Campanita del lugar,
1   1 5 5   6   6 5

Suena alegre, suena.
4   4 3   3   2   1

Campanita del lugar,
1   1 5 5   6   6 5

Suena alegre, suena,
4   4 3   3   2   1

Noche en que Jesús nació,
5   5 4   4 3 3   2

Que a la humanidad salvó.
5   5 4   4   3   3 2

Por muy facilona que te parezca esta canción y por mucha grima que te dé la letra, más vale que la lleves bien ensayada de casa, de lo contrario ni Jesús podrá salvarte de hacer el más espantoso de los ridículos.

◉ *Benjamin Franklin también inventó las gafas bifocales.* ◉

CÓMO
HACER UN BUZO CARTESIANO

René Descartes cobró fama por pretender demostrar su existencia mediante el enunciado: «Pienso, luego existo». Bertrand Russell observó que lo que había hecho Descartes era meterse en un horno con sus ideas y salir de él antes de que estas acabaran de hacerse del todo. Ignoro la razón por la que se relaciona el nombre de este filósofo con el buzo cartesiano.

Este es uno de esos entretenimientos que aparecían en los libros científicos decimonónicos con páginas y páginas de instrucciones en las que se requería el uso de cámaras de aire semipermeables, crisoles, alambiques y permanganato de potasio. A continuación expongo un método rápido de mi propia cosecha para hacer un buzo cartesiano.

NECESITARÁS

◇ *Una botella de plástico de 2 litros*
◇ *Un vaso de agua*
◇ *Una pipeta o cuentagotas*

PROCEDIMIENTO

1 Llena la botella de plástico con agua fría, dejando un espacio de aire de unos 5 centímetros.

2 Vacía la pipeta de todo rastro de aceite residual. (Puedes encontrar una pipeta entre los aceites aromáticos que utiliza tu hermana para ambientar su habitación, o en el botiquín de las medicinas.)

3 Para comprobar la flotabilidad de la pipeta, mete el tubo en el vaso de agua. El objetivo de este experimento consiste en que el buzo flote en posición vertical, pero probablemente se quedará horizontal como un ahogado. En tal caso, debes aumentar su peso introduciendo un poco de agua en el cuentagotas. No debería costarte mucho reajustar las proporciones de líquido en cada recipiente para que el tubo acabe cabeceando en la superficie en posición vertical.

4 Pasa el buzo a la botella y enrosca el tapón. La pipeta flotará en

el agua con la apariencia de un hombre que lleva puesto un bombín, con la copa visible justo por encima de la superficie.

5. Aprieta los extremos de la botella. Cualquier estudiante de física de instituto puede explicarte que, aunque el aire se puede comprimir, el agua no, razón por la cual los cables de freno se llenan de líquido. Así pues, cuando contraigas el volumen de la botella, el aire se verá un poco aplastado pero, dado que el agua no puede comprimirse, una pequeña cantidad de ella ejercerá presión sobre la pipeta, lo que aumentará levemente su peso, haciendo que se hunda.

Verás que puedes controlar el ritmo de descenso (y de ascenso) del buzo variando la fuerza con la que contraes la botella.

Podrías inventarte una historia divertida para cuando representes este número ante tus amigos.

◉ *El zar Pedro el Grande estaba obsesionado con los enanos.* ◉

UNA COL DE BRUSELAS EN LA SÁBANA

————✦————

De los mil y un juegos de grupo que se han ideado a lo largo de los años, el de la col de Bruselas en la sábana es uno de los más amenos y tonificantes. Las reglas son sencillas, los accesorios siempre están a mano y puede jugar cualquier número superior a tres personas. Es un juego tanto para niños como para adultos que son como niños.

◇ Despeja un espacio grande y forma dos equipos de cuatro o cinco personas; haz que se coloquen en fila uno frente al otro. Saca una sábana lavada y da instrucciones a todos para que cojan el borde largo que tengan más cerca. Cuando la tengan cogida y cuelgue entre los jugadores de ambos equipos formando una U floja, lanza una col de Bruselas en medio.

◇ El objetivo del juego consiste en sacudir la sábana de tal modo que la col salga volando por encima de las cabezas del equipo contrario, y así anotarse un punto. Es mucho más difícil de lo que parece, y también más enérgico. Ten la precaución de retirar antes la porcelana Ming que haya por medio, y de descolgar los cuadros de Goya.

❖ En caso de necesidad, o si los jugadores son muy musculosos, puede sustituirse la col de Bruselas por un tapón de cava o una pelota de ping-pong.

❖ Es esencial que haya un árbitro, papel que reservarás para ti.

◉ *Audrey Hepburn, nacida en Bruselas, hablaba perfectamente inglés, holandés, flamenco, francés e italiano.* ◉

UNA ORQUESTA EN CASA

N o hay motivo para que Luis Cobos y gente como él sean los únicos que puedan permitirse el lujo de tener una orquesta a su disposición. Si siempre te ha atraído la idea de dirigir una orquesta (al estilo de Toscanini, no para hacer el tonto), a continuación encontrarás cómo hacerlo para lucirte.

NECESITARÁS
❖ *Un peine y un poco de papel parafinado*
❖ *Varias botellas de vidrio iguales*
❖ *Una lata de galletas y unos cuantos utensilios*
❖ *Una regadera*
❖ *Cucharas*
❖ *Una regla*
❖ *Una aspiradora*
❖ *Una papelera vacía*
❖ *Unos cuantos «músicos»*

PROCEDIMIENTO
❖ Rellena y afina las botellas de vidrio al estilo de una armónica de cristal, descrita en la página 212. A continuación asigna un ins-

trumento a cada intérprete. El peine y el papel, las botellas de vidrio (tocadas con un palo o una cuchara) y la regadera son instrumentos melódicos.

◊ Para tocar el peine y el papel, hay que enrollar el papel sobre el peine sin apretar y hacerlo vibrar soplando, con los labios pegados a las púas, hasta que produzca un sonido agudo similar al de un kazoo.

◊ La regadera tan solo requiere que se sople por el caño, sin la roseta, ejerciendo una vibración bilabial (como de trompetilla) para producir un resonante trino de barítono *mezzoforte*.

◊ La sección de percusión está formada por la caja de galletas y la papelera, que pueden golpearse con los dedos, con unas batidoras de varillas manuales, con unos palillos o con un puñado de espaguetis secos (para lograr el efecto de «escobillas»). Las cucharas se tocan como de costumbre, chocándolas contra el muslo.

◊ Es posible crear efectos especiales con la aspiradora (prueba a soplar por el largo tubo para que suene como un didgeridoo), así como con la regla, la cual produce un agradable *glissando* cuando se apoya en una mesa por un extremo y se hace vibrar por el otro.

◊ Lo más recomendable es tocar con un disco de fondo. De ese modo podrás ofrecer, casi sin ensayar, una actuación que no desacreditaría a la Orquesta Sinfónica de RTVE. Pero asegúrate de encerrar a las mascotas en algún sitio donde no molesten.

◉ *La empresa de aspiradoras Hoover lanzó una infructuosa promoción de vuelos sin motor que costó a la compañía unos 52 millones de euros.* ◉

UN AVIÓN DE PAPEL INSUPERABLE EN UN PERIQUETE

Hay que encontrar el justo equilibrio entre el hecho de hacer un avión de papel que sirva para enviar un mensaje ilegal como «qdms n 1 park pra 1 piti drnte 1 dsknso?» hasta la otra punta de la clase y uno digno de ser premiado por su velocidad, alcance y elegancia.

El que se describe en este apartado bate todos los récords. Vuela rápido, se hace en un momento (pues los pliegues son fáciles de recordar) y es resistente. Aunque se aplaste el morro, su eficacia apenas se verá mermada.

PROCEDIMIENTO

1 Arranca una hoja de DIN A4 de la libreta de ejercicios y dóblala por la mitad a lo largo (Fig. 1).

2 Ábrela y dobla las esquinas superiores hacia el pliegue, de tal modo que el borde de la hoja acabe en punta (Fig. 2).

3 Coloca el papel en posición horizontal, con la punta hacia la izquierda, y dobla hacia arriba el pliegue diagonal inferior, para que el borde coincida con el doblez central. Esta se convertirá en la panza del avión.

4 Repite la operación con el pliegue diagonal superior (Fig. 3).

5 Llegado este punto, el papel debería tener una forma similar a un dardo.

6 Cierra el papel a lo largo del pliegue central para que el borde en diagonal quede en la parte superior.

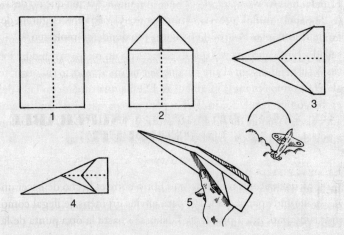

7   Dobla la esquina superior derecha hacia abajo de forma que quede montada justo sobre la esquina inferior, y alisa el pliegue horizontal resultante, paralelo a la panza del avión (Fig. 4).

8   Da la vuelta al papel y repite la operación por el otro lado.

9   Por último, endereza las alas que acabas de hacer de modo que formen un ángulo de 90° con el cuerpo del avión (Fig. 5).

LANZAMIENTO

Una vez lanzado, el avión realizará un vuelo balístico (impulsado únicamente por la gravedad), de modo que hay que apuntar alto. Y aunque sople brisa mantendrá la estabilidad, algo que no se puede decir de todos los aviones de papel.

◉ *La mayoría de los accidentes aéreos tienen lugar durante las maniobras de despegue, ascenso, descenso y aterrizaje.* ◉

COSAS INUSITADAS QUE PUEDEN HACERSE CON UN GLOBO

LOS AURICULARES DEL LOCUTOR

Hincha un globo, sujetando al mismo tiempo dos vasos de plástico (o de papel) unidos a él por el borde superior. El globo irá aumentando de volumen dentro de los vasos hasta quedar herméticamente sellado, tanto que una vez que lo cierres con un nudo, mantendrá los vasos suspendidos en el aire sin que se caigan. Si te ayuda alguien, te ahorrarás unos cuantos juramentos. Dibuja una cara en un lado del globo con un rotulador indeleble para que parezca un hombre con auriculares. Y ahora di: «Habla para ustedes Matías Prats». Verás cómo a más de uno (que pasa de los cuarenta) le hace gracia.

EL «ESCROTO» FANTASMA

Infla un globo y deja que pierda aire tres o cuatro veces hasta que quede flácido y arrugado; luego rellénalo hasta la mitad con agua templada y ciérralo con un nudo. Introduce este siniestro objeto en el bolsillo de la americana de alguien que vaya a pronunciar un discurso en un acto público, como el padrino del novio en una boda. Cuando, durante su perorata, el hombre se meta la mano en el bolsillo sin darse cuenta, su rostro adoptará una sonrisa de asco petrificada difícil de imitar.

EL GLOBO ANTIGRAVITATORIO

Frótate el cabello con un globo inflado para producir electricidad estática. A continuación mantenlo pegado (el globo) al techo un momento; cuando lo sueltes se quedará siglos allí arriba. A los niños les encanta este truco.

LA AGUJA QUE NO PINCHA

La primera vez que supe de este truco fue por una caja de cereales, y si bien suele aparecer en libros de trucos para principiantes, rara vez se lleva a cabo, lo cual es una lástima, pues resulta sumamente misterioso.

1 Muestra al público dos globos inflados idénticos y entrega uno a un espectador.
2 A continuación enséñale dos agujas y pídele que coja una. «Me alegro de que hayas elegido esta —dile—. Es la que pincha. A mí me has dejado la que no pincha. Mira.»
3 Dicho esto hinca la aguja en el globo, dejando que sobresalga de su silueta. Cuando el espectador trate de seguir tu ejemplo, el globo explotará.

El secreto radica en pegar un trozo cuadrado de celo en un lado del globo sin que nadie te vea antes de empezar. Si clavas la aguja en el celo, impedirás que el globo explote. Es un truco sorprendente.

Para terminar tu actuación, muestra el globo con la aguja clavada y explótalo con la aguja de tu ayudante, eliminando así la prueba que te delataría.

INVASIÓN MARCIANA

Infla un globo verde, fino y alargado y mételo en un buzón de correos, gritando: «¡Cuidado! Los marcianos han aterrizado». Gracias a Ken Dodd por este truco.

◉ *Los hermanos Montgolfier lanzaron su primer globo aerostático no tripulado en 1783.* ◉

CÓMO
HACER UN BARÓMETRO

Todos vivimos en el fondo de un mar de aire que ejerce presión sobre nosotros. Este es un hecho que puedes demostrar creando un barómetro.

NECESITARÁS

◇ *Un vaso de lados rectos*
◇ *Cinta adhesiva protectora*
◇ *Rotulador*
◇ *Una pajita de plástico*
◇ *Colorante alimentario (opcional)*
◇ *Un chicle*

PROCEDIMIENTO

1 Comienza por mascar el chicle.

2 Pega la pajita en el lado interior del vaso con el extremo inferior a poco más de 1 centímetros del fondo.

3 Llena el vaso con agua hasta la mitad y añade, si quieres, un poco de colorante alimentario.

4 Absorbe un poco de agua por la pajita, y cuando llegue a situarse entre la superficie del agua y el extremo superior de la pajita detén su ascenso pellizcando el tubito de plástico. Obstrúyelo de forma permanente con el chicle.

5 Marca el nivel del agua dentro de la pajita sobre una tira de cinta colocada en vertical a lo largo del lado exterior del vaso.

6 Ve con el barómetro hasta lo alto de una colina cercana o, mejor

aún, métete en el ascensor de un edificio alto y marca las variaciones del nivel de agua a medida que subes y bajas.

El funcionamiento de este artefacto se basa en que la presión del aire sobre el agua de la pajita disminuye cuanto más subes, y aumenta cuanto más bajas.

Puedes pronosticar los cambios meteorológicos dejando el barómetro en un rincón oscuro sobre un estante. Un descenso de la presión (es decir, menos agua dentro de la pajita) presagiará viento y nubosidad, mientras que una presión más alta (con más agua en la pajita) indica buen tiempo… a veces. Este no es un instrumento de medición infalible. Pero es tan fiable como los hombres del tiempo que salen en la tele.

◉ *«Descenso con suavidad, trae viento y tal vez tempestad», dicho marinero referente a las indicaciones del barómetro.* ◉

LA BESTIA DE CUATRO DEDOS

Aquí va un truquillo para las mañanas de frío glacial. Sin que te vea nadie, saca uno de los dedos del guante y pégalo a la palma de la mano. Extiende el resto de los dedos y arregla el guante para que tenga una apariencia normal. Acto seguido, reta a tu amigo a que adivine qué dedo no contiene un dedo (ya me entiendes). No es tan fácil como parece.

Si uno es lo bastante hábil para mantener el pulgar o el resto de los dedos en una posición inusual, es posible que logre engañar hasta al observador más perspicaz, que optará por el que tenga un aspecto más «raro».

Para despistarlo puedes sacar dos, tres o más dedos, o bien no retirar ninguno.

Este es un truco idóneo para hacérselo a un estudiante de filosofía, al que podrás hacer volver a la Tierra de golpe.

◉ *Los primeros guantes de cirujano (hechos de tripa de oveja) comenzaron a utilizarse en 1758.* ◉

CÓMO
HACER UN PEZ DE PAPEL QUE NADE

Este ameno pasatiempo es idóneo si uno se encuentra de repente rodeado de niños con la cara colorada que acaban de bajar de un castillo hinchable lleno de pelotas de goma y están buscando algo caro que romper. Si les vendes bien la moto, en menos que canta un gallo los tendrás a todos sentados en silencio, dibujando, coloreando y recortando.

Necesitarás

◇ Papel
◇ *Tijeras*
◇ *Una lata de aceite lubricante 3-EN-UNO*
◇ *Una fuente llana*

En un folio en blanco normal y corriente, dibuja un pez como el de la ilustración que aparece más abajo. Debería medir unos 5 centímetros de longitud. Si cuentas con la ayuda de niños pequeños, puedes tenerlos entretenidos un rato haciendo que compitan entre ellos dibujando y coloreando peces. Un elemento fundamental es el círculo negro del centro que se une con la cola por medio de una línea negra.

Recorta el pez, incluidos el círculo y la línea negra. Llena la fuente de agua y deposita encima el pez con cuidado, de modo que la cola no quede muy lejos del borde; no dejes que la parte superior del papel se moje.

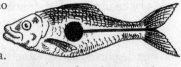

Ahora viene la parte mágica. Coge la lata de aceite y deja caer una gota en el agujero situado en el centro del pez. El lubricante intentará expandirse por la superficie del agua; la forma más rápida de hacerlo es extenderse por el canal y salir por la cola. Mientras el aceite realiza dicho recorrido, el pez de papel saldrá disparado en sentido contrario, desplazándose con rapidez por el agua, lo que arrancará exclamaciones de asombro del público embelesado.

◉ *Los cinco principales productores de petróleo del mundo son Arabia Saudí, Rusia, Estados Unidos, Irán y China.* ◉

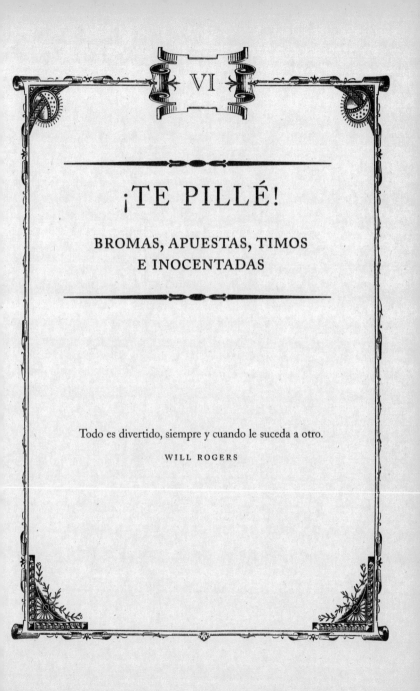

VI

¡TE PILLÉ!

BROMAS, APUESTAS, TIMOS
E INOCENTADAS

Todo es divertido, siempre y cuando le suceda a otro.

WILL ROGERS

«CAMAMOTO» A UN PALMO
DEL SUELO

Imagina por un momento la situación: te has tomado unas cuantas cervezas con los amigos y te has ido a la cama tan contento, donde no has tardado ni un segundo en caer en los brazos de Morfeo. Pero, de repente, un ogro gigante sacude el mundo, el cielo cae sobre tu cabeza y la cama parece estrellarse contra el suelo con el estrépito de un millar de barriles rodando por las gradas del teatro romano de Mérida. Tras incorporarte con el corazón en un puño y gritar «¿Epassaquí?», ves que la habitación está tranquila y la puerta cerrada, y que la cama ha acabado empotrada en la pared de un modo peligroso y el edredón tirado en el suelo. No parece que haya nadie, pero en una esquina del cuarto ves un par de botellas de cerveza dando vueltas de manera inquietante. Llegado este punto, te lamentas de no haber rezado de pequeño, y juras que dejarás la vida disoluta… a partir del día siguiente.

Tú no lo sabes, pero acabas de ser víctima del llamado «"Camamoto" a un palmo del suelo». Esta broma diabólica se presta a gastarse sobre todo en residencias de estudiantes y en hoteles de esos que dan miedo, donde un grupo de amigos decide pasar un fin de semana. A continuación se explica cómo debe llevarse a cabo:

1   Primero hay que elegir a la víctima, aunque suele ser esta quien se elige a sí misma. La persona en cuestión debe ser alguien que haya bebido lo bastante para quedarse dormido a la primera de cambio, aunque no tanto como para no despertarse con la que vas a armar.

2   Cuando el sujeto se retire para acostarse, dale tiempo para que se quede dormido y luego ve a su habitación con tus cómplices (cuatro hombres corpulentos como mínimo), llevando contigo el material necesario, esto es, cuatro botellas de cerveza vacías.

3   Una vez en el dormitorio debéis actuar con rapidez y en silencio, como si fuerais un comando. Sin despertar a vuestra vícti-

ma, poneos de acuerdo los cuatro más fuertes del grupo para levantar la cama mientras el más pequeño y ágil de vosotros coloca con cuidado una botella de cerveza debajo de cada pata en posición vertical. Cuando os avise con un susurro de que ha acabado, bajad la cama hasta que repose sobre las botellas y salid del cuarto, sin hacer ruido al cerrar la puerta.

Ahora es cuestión de esperar. En un momento dado de la noche, cuando el pobre diablo se dé la vuelta o cambie el peso de posición, la cama caerá dando un tremendo trompazo desde un palmo del suelo, haciendo que las botellas salgan disparadas en todas direcciones. Esto siempre produce un placentero efecto musical, algo así como si lanzaran un pupitre sobre la sección de percusión de una orquestra.

Al verse bruscamente despertado en medio de la oscuridad, en un decorado desconocido y con la sensación de que el Juicio Final parece estar cerca, incluso el pensador más abstracto se hará cruces mientras intenta entender lo que le ha ocurrido. No digas nada.

◉ *Cuando los patos duermen en grupo, los situados en los bordes exteriores lo hacen con un ojo abierto. Los demás cierran los dos.* ◉

BROMAS QUE HACEN HISTORIA

Willliam Horace de Vere Cole (1881-1936) era cuñado de Neville Chamberlain, predecesor de Churchill como primer ministro de Reino Unido. Asimismo, se le conocía por su afición a gastar bromas, y reunía los tres rasgos de personalidad principales que definen a un bromista redomado: una anarquía desenfrenada, una audacia sin límites y un don del oportunismo increíble. A este aristócrata adinerado y bien relacionado le encantaba poner en evidencia a sus ilustres amigos desplomándose de repente en una calle de Londres aquejado de un ataque epiléptico fingido o haciendo que arrestaran a uno de ellos —un diputado— por robar un reloj que él mismo le había colocado en un bolsillo para inculparlo. En una ocasión se sirvió de sus dotes de autoridad para que un grupo de obreros excavaran una zanja gigantesca en Piccadilly Circus mientras un amable policía desviaba el tráfico de la plaza.

En este apartado se incluye una de las ideas más buenas y sencillas de Cole, «El ovillo de cuerda», junto con otras bromas antológicas que tal vez quieras adaptar a tu conveniencia.

EL OVILLO DE CUERDA

1   Hazte con una carpeta. Un casco y un chaleco reflectante dan un aire añadido de autoridad, pero no son elementos absolutamente necesarios.

2   Acércate a un caballero afable que pase por la esquina de una calle comercial concurrida y dale el cabo suelto de un ovillo de bramante, pidiéndole que te haga el favor de sostenerlo un instante.

3   Dobla la esquina para desaparecer de su vista, desenrollando la cuerda a tu paso.

4   Cuando estés a una distancia considerable de la esquina, acércate a otra persona de aspecto agradable; las monjas suelen ser idóneas. Corta el bramante y pide a tu víctima que sea tan amable de coger el extremo del ovillo mientras tú vas a la furgoneta a por el «estramulador».

5   Aléjate a toda prisa del lugar, deshazte de la carpeta y del disfraz, y vuelve con disimulo para observar los acontecimientos desde una distancia prudencial.

La gente tiene una paciencia increíble, pero al cabo de un rato uno de los pringados seguirá el bramante en tu búsqueda. Resulta grato contemplar el rostro de confusión que ponen las víctimas cuando se ven cara a cara, cada uno con un extremo de la misma cuerda en la mano.

EL HUEVO FRITO EN EL BOLSILLO

Esta broma es idónea para actos formales en los que la gente va de gala; la oscuridad de una sala de conciertos o de un teatro ayuda a disimular las acciones que uno lleva a cabo.

1   Fríe unos cuantos huevos hasta que queden bien hechos, con la yema endurecida.

2   Corta el borde superior de una bolsa de plástico gruesa de modo que te quepa en un bolsillo lateral del pantalón sin que sobresalga e introduce con cuidado en su interior, y de lado, dos o tres huevos.

3   Cuando llegues a tu destino, acércate sigilosamente por detrás a algún individuo que vaya de punta en blanco y métele un huevo en el bolsillo del esmoquin sin que se dé cuenta.

4   Puedes emplear la misma broma con los bolsos de las damas. La expresión de estupor de las víctimas cuando descubren tu anónimo regalo no tiene precio.

El hilo eterno

Para que esta broma surta efecto tienes que llevar puesta una americana.

1   Introduce un lápiz roto en el orificio central de un carrete de hilo y encájalo en el interior del bolsillo de la americana de modo que permita la rotación de la bobina sin que esta se salga.

2   Una vez metido en el bolsillo, tira del hilo y enhebra con él una aguja. Pasa esta después por dentro del forro de la chaqueta hasta un punto situado en la hombrera.

3   Haz que la hebra sobresalga del tejido unos 10 o 12 centímetros y luego retira la aguja.

En tu americana se verá ahora lo que parece un hilo suelto que incitará a la gente a tirar de él para intentar arrancarlo. Cuando lo hagan, desenrollarán metros y metros de hilo con una expresión de vergüenza cada vez mayor en el rostro.

La bomba de nieve

1   En primer lugar, llena un sobre marrón grande con espuma de afeitar.

2   Pasa el extremo abierto por debajo de la puerta cerrada con lla-

ve del dormitorio de un buen amigo y aplasta la parte abultada. Solo hay una manera de que la espuma salga del sobre, y así lo hará. Quedará todo cubierto de blanco.

La broma debería gastarse poco antes de que tu víctima regrese para evitar que la espuma se derrita, pues de lo contrario se endurecerá. Averiguar cómo demonios ha pasado la espuma por la puerta cerrada con llave será para tu amigo todo un misterio que hará que se devane los sesos un buen rato.

EL ESTORNUDO CON REGALO

Esta es una broma tan sencilla como asquerosa que puedes gastar tanto a un amigo como a alguien que no conoces. Pero si optas por un desconocido, es mejor que tengas un amigo a tu lado.

1 Mete los dedos en un vaso de agua y acércate con sigilo por detrás a tu objetivo.

2 Haz como si estornudaras emitiendo un sonoro gorgoteo al tiempo que tocas el cuello de la persona con los dedos mojados.

3 Pon pies en polvorosa.

4 Para darle más realismo, ponte un poco de guacamole en la mano izquierda. Cuando tu víctima se dé la vuelta para arremeter contra ti, te verá lamiéndote la palma. Tiéndele la mano al tiempo que le preguntas: «¿Quieres probar?».

EL RIFLE IMPROVISADO

Sería difícil hallar un objeto improvisado más impactante. En cuestión de segundos, y utilizando tan solo una hoja de papel DIN A4, puedes crear un artefacto capaz de producir un estrépito que despertaría a los muertos.

1 Dobla una hoja de papel DIN A4 por la mitad a lo largo y vuelve a abrirla (Fig. 1). Dobla después las cuatro esquinas en diagonal de modo que coincidan con el pliegue central (Fig. 2).

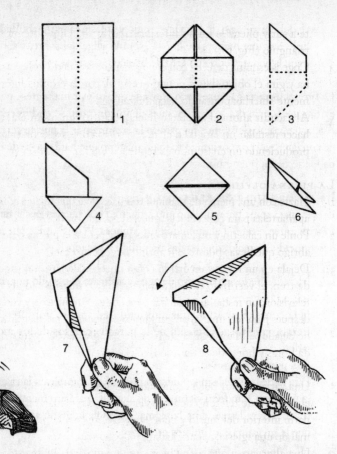

2   Asegúrate de que las puntas de la figura señalen el norte y el sur y luego cierra el papel como un libro. Acto seguido, dobla la punta inferior hacia arriba, superponiéndola sobre la superior, y alisa el pliegue horizontal. Desdobla el papel (Fig. 3).

3   Dobla la mitad inferior en diagonal de modo que el borde coincida con el pliegue horizontal (Fig. 4). Haz lo mismo con la mitad superior. La figura resultante debería tener el aspecto de un cuadrado en diagonal (Fig. 5). Da la vuelta al papel de nor-

te a sur y pliega la mitad inferior hacia arriba para obtener un triángulo (Fig. 6).

4 Coge la esquina derecha con el pulgar abajo y el dedo índice arriba y gira el objeto hasta ponerlo vertical, con la esquina ligeramente abierta apuntando hacia fuera (Fig. 7).

5 Al sacudir ahora el artefacto hacia delante, como si quisieras hacer restallar un látigo en el aire, la solapa interior sobresaldrá produciendo un chasquido estrepitoso (Fig. 8).

La pierna olvidada

1 Hazte con una pierna de maniquí (no hace falta que te diga cómo apañártelas para conseguirlo, que ya eres mayorcito).

2 Ponle un calcetín y un zapato en el pie y oculta la pierna bajo el abrigo que llevas puesto (un abrigo largo, claro está).

3 Déjala en un lugar concurrido como una sala de cine, un vagón de tren, el vestíbulo de una gran empresa o de una cadena de televisión, un restaurante, un bar o un edificio municipal, y vuelve después para reclamarla, preguntando: «¿Tienen la pierna que me he dejado?». Harás que la gente se desternille de risa y que pierda horas y horas de su valioso tiempo.

◇ Una variante muy buena consiste en escribir con tinta indeleble el número de teléfono de una sala de masajes de la zona en la parte interior del muslo y dejar la pierna junto a la pila bautismal de una iglesia; al cura le dará un soponcio.

◇ Una alternativa que suena bien, aunque nunca la he puesto en práctica, es poner unos cuantos palitos de pescado rebozado dentro de la pierna y adjuntar una etiqueta impresa de aspecto oficial, con el nombre y la dirección de un antipático conocido, junto con la siguiente nota en mayúsculas: «¡RECOMPENSA! ¡DEVOLVER AL PROPIETARIO DE INMEDIATO!».

La bomba de pan

1 Coge una barra entera de pan blanco y déjala en remojo toda la noche en un recipiente rectangular de plástico o en el fregadero

lleno de agua, asegurándote de que el desagüe está bien tapado.
A la mañana siguiente el pan se habrá hinchado como una mala
cosa después de absorber hasta la última gota de líquido.

2   Sácalo con cuidado del recipiente o el fregadero y, llevándolo
como un bebé hasta una ventana situada a una altura considerable del suelo, lánzalo a la calle, donde se estrellará con un sonido como el de tu tía Ramona cuando se lanza en plancha en la
piscina del cámping, esparciendo trocitos de una pasta blanca
por todas partes. Con este sistema es posible poner perdido un
coche deportivo.

LA PRUEBA DE LOS PILOTOS MILITARES

Esta es una novatada que los camareros experimentados gastan a los
aprendices desde tiempos inmemoriales.

1   Elige al típico chulo de un grupo de amigos y explícale que se
ha demostrado que la coordinación de vista y manos es un signo de gran inteligencia. Dile que los pilotos del Ejército del Aire
deben superar la siguiente prueba para poder volar.

2   Pídele que estire las manos delante de él, con las palmas hacia
abajo, e indícale que las mantenga lo más quietas posible.

3   Colócale una jarra de cerveza en los dedos extendidos de cada
mano y explícale que la prueba consiste en que se las quite de
encima sin salpicarse lo más mínimo. Dicho esto, apártate de él
a toda prisa.

4   Se puede salir de este aprieto con ayuda de una pajita guardada
en el bolsillo de la pechera de la camisa y el uso de los dientes,
pero no es nada fácil.

METER UNA PATATA EN EL BOLSO DE UNA DAMA

Este truco funciona con cualquier fruta u hortaliza, incluida la beren-
jena.

1   Lleva escondida una patata grande, una chirivía, un aguacate o
un plátano.

2   Cuando estés con gente en un espacio con poca luz, como una sala de conciertos, unos baños públicos, un coche o un bar de copas, elige un blanco. Tu objetivo es introducir la fruta u hortaliza en el bolso, el bolsillo del abrigo o la guantera de la dama.

3   Cuando lo creas oportuno, pasa a la acción. No levantes sospechas intentando ser disimulado; es mejor ir de frente.

Suponiendo que lo hagas al principio de la noche, podrás deleitarte con la cara de estupor que pone tu pobre víctima cuando esta abra el bolso para buscar el mechero, el pintalabios o las llaves, y se encuentre con un nabo o una chirimoya dentro. Que no se entere de que ha sido cosa tuya.

> ◉ *El estadounidense Alan Abel, un bromista profesional, se hizo llamar*
> *en su día Stoidi Puekaw, que escrito al revés es* Wake up idiots
> *(«Despertad, imbéciles»).* ◉

CÓMO
HACER FLOTAR UN HUEVO

~⚓~

Entrega a tu víctima un vaso de agua y rétala a elegir un huevo y hacerlo flotar en la superficie. Hazle una demostración con otro huevo y el vaso de agua que tienes en la mano.

Cuando el pobre pardillo intente seguir tu ejemplo fallará. El quid de la cuestión no está en los huevos, sino en el agua de tu vaso, a la que tú has añadido previamente una buena dosis de sal, aumentando así su densidad.

> ◉ *La tortilla más grande del mundo se hizo en Madrid; para ello*
> *se emplearon 5.000 huevos.* ◉

CÓMO
COMERSE UN PECECITO DE UNA PECERA

En la actualidad la gente hace cualquier cosa por salir en la tele, pero en la época dorada de la prehistoria televisiva no había tanto desparpajo. Por aquel entonces había un famoso programa, lleno de inocentes travesuras, donde filmaban a escondidas a miembros del público desprevenidos mientras les tiraban de las piernas con disimulo.

Una de las bromas más entrañables de aquellos primeros tiempos de la televisión era una en la que un hombre metía la mano en una pecera llena de pececitos de colores que había encima del mostrador de una tienda y, sacando uno, se zampaba el animal vivito y coleando; los transeúntes se morían de asco e indignación. A continuación explico cómo se hace.

Necesitarás
◇ *Una zanahoria grande*

Preparación
Si te consta que en la consulta de un médico o en casa de alguien hay una pecera o un acuario, este truco te viene como anillo al dedo.

◇ Consigue una zanahoria grande y, con la ayuda de un cuchillo afilado, obtén un trozo fino y alargado del centro.
◇ Apoya el pedazo de zanahoria encima de la mesa y recorta con cuidado la silueta de un pececito. Es recomendable consultar un libro para darle una forma lo más precisa posible.
◇ El siguiente paso nunca se ha revelado hasta ahora, por lo que a mí me consta. Debes ablandar el pedazo de zanahoria cociéndolo durante un breve espacio de tiempo. No hay que dejarlo hervir hasta que quede hecho una papilla, sino solo lo justo para que se vuelva más flexible. Experimenta con unos cuantos prototi-

pos. Cuando el «pez» cobre la ductilidad deseada, podrás insuflarle vida cogiéndolo por la cola y sacudiéndolo un poco. Su cuerpo desprenderá gotas de agua y se moverá de una forma tan verosímil que se te pondrá la piel de gallina.

Representación

- Oculta el pez-zanahoria en la palma de la mano y acércate a la pecera o al acuario lleno de pececitos de colores. Quédate mirando fijamente el agua para suscitar el interés de los presentes.

- Cuando tengas la atención de todo el mundo, mete rápidamente la mano cerrada en el agua y sácala con el «pez» dando coletazos entre tus dedos.

- Sujétalo por la cola para que todos lo vean agitarse por un instante antes de metértelo en la boca. La gente se quedará boquiabierta; para que se acaben de tragar el truco, mastica el «pez» con ostentación.

Para añadir colorido a tu actuación, puedes sacarte un salero del bolsillo y salar un poco tu presa antes de comértela.

◉ *La perca trepadora, originaria de la India, puede caminar por la tierra.* ◉

EL RETO DE LOS PALÍNDROMOS

Un palíndromo es una palabra o frase que resulta lo mismo leída al derecho que al revés. El ejercicio mental de intentar dar con uno bueno puede ser adictivo, así que es la distracción ideal para esos desiertos de tiempo interminables que se prolongan en los aeropuertos por culpa de la cancelación de un vuelo o en la sala de espera de un traumatólogo.

«Ojo» o «anilina» son palabras palindrómicas, y «Dábale arroz a la zorra el abad», una de las frases palindrómicas más populares en español. El reto estriba en que las expresiones creadas suenen lingüísticamente aceptables, sobre todo si son largas. Un excelente ejemplo es esta creación de Ricardo Ochoa, con 67 palabras:

◊   Adivina ya te opina, ya ni miles origina, ya ni cetro me domina, ya ni monarcas, a repaso ni mulato carreta, acaso nicotina, ya ni cita vecino, anima cocina, pedazo gallina, cedazo terso nos retoza de canilla goza, de pánico camina, ónice vaticina, ya ni tocino saca, a terracota luminosa pera, sacra nómina y ánimo de mortecina, ya ni giros elimina, ya ni poeta, ya ni vida.

Hasta hace poco, la novela de Lawrence Levine *Dr. Awkward and Olson in Oslo*, escrita en inglés, ostentaba el privilegio de ser el megapalíndromo más largo del mundo, con 104.000 letras aproximadamente. Sin embargo, dicho honor recae ahora en una composición del español Víctor Carbajo, que ha empleado 127.645 letras y 20.088 palabras para elaborarla. El texto, basado en una yuxtaposición de vocablos, comienza: «AMOR: bobo, lesas, atarzó, berlina, ídem, laca…» y, 71 abarrotadas páginas más adelante, acaba: «… acal, medianil, rebozará, tasase, lobo, broma».

El más enigmático de todos los palíndromos es una frase en latín que se encontró en los muros de Pompeya, SATOR AREPO TENET OPERA ROTAS, la cual tiene la particularidad de que puede escribirse como un cuadrado que se puede leer tanto horizontal como verticalmente:

S A T O R
A R E P O
T E N E T
O P E R A
R O T A S

Durante mucho tiempo se ha discutido su significado exacto, que parece oscilar entre un simple anuncio (El sembrador tiene ruedas para trabajar) y un mensaje místico (El creador tiene las inestables claves de su obra). Prendedores con la misma frase grabada han sido hallados en otras partes de Europa, desde Cirencester hasta Budapest.

Los mejores palíndromos suelen ser cortos, como «Allí ves Sevilla» o «Aman a Panamá». A continuación se incluyen unas cuantas frases concebidas por maestros de la pluma para que te sirvan como fuente de inspiración.

◊ Ola moro moro malo / No tardes y sed ratón / No desseo esse don. (Juan de Timoneda en *Cancionero llamado Sarao de Amor*, siglo XVI)
◊ No lata, no: la totalidad arada dilato talón a talón. (Juan Filloy)
◊ Átale, demoníaco Caín, o me delata. (Julio Cortázar)
◊ Nada, yo soy Adán. (Guillermo Cabrera Infante)
◊ Acá solo Tito lo saca. (Tito Monterroso)

Ahora no tienes más que coger lápiz y papel y comenzar a pensar al revés sin temor a que te ocurra lo mismo que al poeta griego Sotades (siglo III a.C.), a quien se atribuye la invención del palíndromo y de quien se dice que acabó arrojado al mar por mofarse en uno de sus versos de Ptolomeo, rey de Alejandría.

◉ *El finlandés es un idioma privilegiado para la creación de palíndromos.* ◉

CÓMO
DEFORMARTE LA NARIZ

Entre los artilugios más ingeniosos para simular una nariz rota o una desfiguración nasal está la tetina decapitada de un biberón.

◊ Para preparar el deformador nasal coge la tetina y, con ayuda de un cortaúñas afilado, hazle un pequeño agujero en la punta que permita respirar a través de él.
◊ A continuación corta el extremo abultado en forma de pezón y métetelo en uno de los orificios nasales.

◊ Ahora viene la parte artística: debes recortar el material que sobre. Esta operación no te llevará mucho tiempo si la realizas frente a un espejo con unas tijeras afiladas, pero procura no cortar lo que tiene un tono rosado…, es tu nariz.

◊ Cuando hayas acabado, verás que la ventana de la nariz está totalmente hinchada. Pon un toque de base de maquillaje de tu hermana y un poco de sangre artificial (*véase* la receta de la página 199) para disimular la tetina y dar mayor realismo al efecto de conjunto.

Lo único que tienes que hacer ahora es entrar en clase o en el coche donde vas a examinarte del carnet de conducir y fijarte en la cara de espanto que pone la gente. Nadie se atreverá a preguntarte qué te ha ocurrido para que tengas la nariz así; sería una grosería.

⊙ *El humorista estadounidense Jimmy Durante, apodado* Schnozzola *por su gran nariz, abandonó la escuela para hacerse pianista de ragtime.* ⊙

CÓMO
ROMPER UNA HOJA DE PAPEL A SANGRE FRÍA

Este es un truco ideal para que tu víctima envejezca veinte años en un segundo. A mi amigo Jed se le da especialmente bien. Consiste en que cojas, o te entreguen, lo que parece el testamento del abuelo, un grabado de Goya, el título de licenciatura de tu primo o cualquier otro documento de valor, y lo rompas en dos. Aunque el truco no dura ni un instante, ver la cara que pone tu víctima no tendrá precio.

1 Para practicar, coge una hoja de papel DIN A4 y sostenla frente a tu cara, cogiéndola horizontalmente por el centro con el pulgar y el índice de cada mano.

2 Imagina que vas a romperla por la mitad tirando del papel hacia abajo con la mano derecha, sin dejar de sujetarlo con la

izquierda. De hecho, si lo haces, provocarás el efecto que quieres simular.

3   Sin embargo, en lugar de romper el papel, agárralo con la mano izquierda, manteniéndolo sujeto con el pulgar y el índice de la derecha sin apretar.

4   Pasa con rapidez la uña del dedo índice por el papel colocado delante de tus narices, imitando al mismo tiempo con la boca (la cual queda oculta a la vista de la otra persona) el sonido que produce un trozo de papel al rasgarse.

Esta sencilla maniobra tiene, por un momento, un efecto de lo más realista. Luego tu víctima se dará cuenta de lo que ha ocurrido y se echará a reír o bien te romperá la cara con un cenicero de cristal. Todo depende del carácter que tenga.

⊚ *Las voces de la ballena protagonista de «Orca: la ballena asesina», de 1977, pertenecen a Percy Edwards, un artista especializado en reproducir sonidos.* ⊚

EL ESQUIMAL MICCIONADOR

Este es un truco tan divertido como vulgar que quedará ideal tanto en una champañería como en una merienda con las beatas de la iglesia del barrio.

1   Aprovecha un momento en que no mire nadie para coger un puñado de cubitos de hielo y cerrar el puño para ocultarlos al máximo, teniendo en cuenta que no tardarás mucho en acabar con la mano helada y los pantalones perdidos.

2   En el momento indicado, coge un vaso vacío con la mano donde no escondes los cubitos y di: «La vida de un esquimal debe de ser muy dura. Imaginaos que tenéis que vaciar la vejiga, y que dentro del iglú no hay ningún váter y fuera sopla una ventisca de cuidado; no os queda otra que hacer de tripas corazón, y a por ello».

3   Dicho esto, ponte de pie (si estabas sentado) y baja el vaso para
    ponértelo a la altura de la parte inferior de la entrepierna, al tiem-
    po que colocas la otra mano encima del recipiente, alineada con
    lo que serían tus partes pudendas.

4   Haz una mueca como si estuvieras en medio de una tormenta
    de nieve a −35 °C, y reproduce el silbido del viento a través de
    los dientes. Colocando la mano fría como si sostuvieras una man-
    guera, expulsa los cubitos de hielo en una rápida sucesión, dejan-
    do que caigan en el vaso con un tintineo, y di después: «He oído
    que se avecina un frente frío, pero no me lo creo».

◉ *En verano, los esquimales viven en tiendas, no en iglúes.* ◉

APUESTAS PARA GANAR

La gente está encantada de perder una apuesta si se lo pasa bien
al mismo tiempo. A continuación se explican unas cuantas apuestas que no puedes perder y que harán las delicias de tus víctimas, aunque tengan que soltar todo el dinero que llevan encima.

LA RATONERA DE CRISTAL

Este clásico de los timos es uno de los más fáciles y descarados. Sin
embargo, rara vez se lleva a cabo, por la sencilla razón de que cuesta
recordarlo… sobre todo si estabas «cansado» cuando lo viste hacer.

1   Necesitarás tres vasos, que debes colocar en fila encima de la
    mesa frente a ti; el del centro boca abajo y los otros boca arriba.
    Pon delante de cada vaso una nuez, una bola de papel, una acei-
    tuna, una moneda u otro objeto parecido.

2   Cuando estés listo, dirígete a tu víctima para decirle lo siguien-
    te: «Mira, apuesto que no puedes atrapar a estos tres ratones bajo
    estas tres ratoneras de cristal con solo dos movimientos, volcan-
    do dos vasos a la vez. Para ponértelo más fácil, te mostraré cómo
    se hace. Observa».

3   Debes levantar los vasos 1 y 2, uno con cada mano, y volcarlos, de tal modo que el vaso 1 quede sobre el ratón y el vaso 2 (ahora boca arriba) vuelva a su posición inicial, detrás de su ratón. A cada ratonera de cristal le corresponde el ratón que tiene delante y no puede saltar de posición. Una vez realizado el primer movimiento di «Uno».

4   Vuelca a continuación los vasos 2 y 3, colocando cada uno sobre el ratón correspondiente, y di «Dos». Tras un par de movimientos, has acabado con los tres ratones atrapados dentro de los vasos colocados boca abajo.

5   Una vez que tu víctima entienda las reglas, prepárale los vasos. Es en este punto cuando debes hacer el truco.

6   Lo que parece que haces es volver a colocar las ratoneras de cristal en su posición inicial detrás de los ratones, pero lo que haces en realidad es poner todos los vasos en su sitio dando la vuelta al del medio para que quede boca arriba, es decir, en la posición contraria a la inicial, pues estaba boca abajo. Por mucho que se esfuerce tu víctima, no logrará tapar los ratones sin hacer algo que no esté permitido, aunque se pase toda la noche intentándolo.

Quédate con la cara que pone el sujeto mientras se devana los sesos, preguntándose dónde estará el fallo. Luego, coge el dinero y corre.

EL BEBEDOR DE CERVEZA MÁS RÁPIDO

Tu víctima acaba de pagar una ronda para los dos, y cuando os sirven las bebidas le apuestas un euro a que eres capaz de beberte su cerveza y la tuya antes de que le dé tiempo a dar la vuelta a cinco posavasos. Deja que los coloque donde quiera. Cuando te diga que está preparado, empieza a beber, cambiando de un vaso a otro, mientras él da la vuelta a los posavasos.

Tu amigo te ganará sin el menor esfuerzo, pero cuando te acabes las bebidas y le des un euro, diciéndole «Vaya, ya he vuelto a perder», caerá en la cuenta de que te has bebido su cerveza y le has birlado una buena suma de dinero. Dile que la siguiente ronda la paga él.

EL PAPEL IMPOSIBLE DE ROMPER EN TRES

Coge una hoja de papel y haz dos rasgones verticales, cada uno a un tercio de distancia más o menos de los extremos, sin llegar del todo al final. Hecho esto, reta a algún pardillo a acabar de romper el papel en tres de un solo tirón, sosteniéndolo por las esquinas superiores.

Me encanta este truco. Parece fácil pero es imposible. Es uno de los muchos ejemplos maravillosos de la física del universo que no puedo explicar.

◉ *Si hay 23 personas en una sala, existe un 50 por ciento de posibilidades de que dos de ellas cumplan años el mismo día.* ◉

CÓMO
VERTER CERVEZA DENTRO
DE LOS PANTALONES DE UN TIPO

Nunca conseguirás verter una o varias cervezas dentro de los pantalones de un tipo pidiéndoselo con educación. Como todos los trucos buenos basados en la confianza, debes ocultar tus verdaderas intenciones al tiempo que lo convences de que haga alguna cosa rara. Para conseguirlo, basta con hacerle creer que al final tendrá algún tipo de recompensa. La cosa va así.

PROCEDIMIENTO

1   En primer lugar, esconde un embudo de plástico detrás de una cortina situada cerca de una mesa; puede ser la del bar del instituto o la de una concurrida sala de banquetes donde se celebra una boda. Evita las mesas de billar y de comedor pesadas.

2   En segundo lugar recluta a tres o cuatro cómplices e infórmales del papel que deben desempeñar. Diles que han de seguir tus instrucciones hasta que grites: «¡La gran cascada!». Esta será la señal para que viertan el contenido de sus jarras de cerveza en el embudo que sobresaldrá de los pantalones de tu víctima. Es posible que tus compinches objeten que nadie va a ser tan lerdo para quedarse de brazos cruzados mientras unos tipos

le meten un embudo en los pantalones y vierten en su interior varias jarras de cerveza. Diles que ya verán cómo se equivocan.

3   A continuación elige el blanco indicado para la broma que piensas gastar. Lo ideal es dar con un tipo chulito y competitivo de esos tan insoportables que no suelen faltar en las fiestas o en las reuniones de estudiantes. Una vez que lo tengas localizado, pide a uno de tus ayudantes que vaya a por él y lo embauque para que se acerque a la mesa, donde estaréis reunidos los demás, charlando como si tal cosa.

4   Cuando lo veas llegar, dirígete al grupo para decir lo siguiente: «Os propongo un trato: invito a una copa a aquel que se tumbe en la mesa y se aferre a ella tan solo con los talones mientras los demás la levantamos del suelo por un extremo».

5   Uno de tus secuaces mostrará con entusiasmo su disposición a aceptar el reto y se colocará en posición. Ordena al resto del grupo que levanten la mesa por el extremo de una de las patas hasta que quede casi vertical. Tu valeroso ayudante está enganchado al borde de la mesa con los zapatos y cuelga cabeza abajo sin problemas, pero le resultará imposible bajar de la mesa sin hacerse daño. Tras dedicarle un aplauso, el grupo baja la mesa al suelo y lo felicitan dándole palmaditas en la espalda mientras tú le invitas a una cerveza con gesto ostentoso. Acto seguido, otro de tus cómplices más lanzados anuncia que él también probará suerte, y se repite la maniobra.

6   A estas alturas habréis llamado la atención de una multitud, y es entonces cuando debes animar a tu víctima a que lo intente, ofreciéndote a guardarle la americana y la bebida. Al ver que se sube a la mesa, no dejes que tu semblante trasluzca el sentimiento de satisfacción que puedas albergar; en lugar de ello, dale un amable consejo. Una vez que el tipo esté en posición, los demás levantaréis la mesa y, cuando esta alcance su máxima verticalidad, grita: «¡La gran cascada!» antes de hacer pasar rápidamente el embudo de plástico por el interior del dobladillo de una de las perneras de los pantalones de la víctima.

7   Acto seguido, tus ayudantes deben verter, uno a uno, el contenido de sus copas en el embudo. No hay ninguna prisa, ya que
el pobre diablo no puede hacer absolutamente nada para impedirlo. Ver las caras que va poniendo a medida que los pantalones se le llenan de líquido es para desternillarse de risa. El tipo
acabará empapado y es posible que empiece a echar sapos y culebras por la boca y a amenazarte con darte una paliza o algo peor.
En tal caso, lo más sensato es salir por patas, dejando que tus
amigos le den todas las explicaciones pertinentes.

◉ *Promedios de tiempo de secado: papel de cocina, 12 segundos; secador,*
43 segundos. ◉

LOS TRABALENGUAS MÁS ENREVESADOS DEL MUNDO

Los trabalenguas que conoce la mayoría de la gente no son especialmente difíciles. Con un poco de práctica, casi todo el mundo puede llegar a decir «El cielo está enladrillado, ¿quién lo desenladrillará? El desenladrillador que lo desenladrille, buen desenladrillador
será».

Los trabalenguas no solo son meros juegos verbales concebidos
como pasatiempo, sino que constituyen una herramienta sumamente
útil destinada a mejorar la dicción de los hablantes de un idioma. De
hecho, muchos profesionales como locutores, políticos y cantantes
se ejercitan con ellos para no equivocarse al hablar en público, aunque eso no les libre de cometer alguna que otra pifia de vez en cuando. Y es que como dice un acertado trabalenguas: «Luengas lenguas
hacen falta para no trabalenguarse. El que no tenga una luenga lengua bien podrá trabalenguarse».

El objetivo de los trabalenguas está en poder decirlos con claridad y rapidez, aumentando la velocidad sin dejar de pronunciar ninguna de las palabras ni cometer errores. Si eres capaz de llegar a dominar los trabalenguas más difíciles, estarás en plenas condiciones de dejar boquiabiertos con tu fluidez a los pasajeros de un tren o a un grupo de niños aburridos, por no hablar de todas las apuestas que puedes ganar en una fiesta o en el bar.

Algunos de los trabalenguas más enrevesados en español tienen que ver precisamente con el acto del habla en sí.

- Donde digo digo no digo digo, sino que digo Diego.
- Lado, ledo, lido, lodo, ludo, decirlo al revés lo dudo, ludo, lodo, lido, ledo, lado. ¡Qué trabajo me ha costado!
- Cuando cuentes cuentos cuenta cuántos cuentos cuentas porque cuando cuentas cuentos nunca cuentas cuántos cuentos cuentas.

Otra temática habitual que sirve de inspiración para crear trabalenguas es la del amor.

- El amor es una locura que solo el cura lo cura, pero el cura que lo cura comete una gran locura.
- ¿Cómo quieres que te quiera si quien quiero que me quiera no me quiere como quiero que me quiera?

Los hay que tienen un protagonista con nombre propio.

- Pablito clavó un clavito. ¿Qué clavito clavó Pablito?
- Rosa Rizo reza ruso, ruso reza Rosa Rizo.
- Si Pancha plancha con cuatro planchas, ¿con cuántas planchas plancha Pancha?
- Si Sansón no sazona su salsa con sal, le sale sosa; le sale sosa su salsa a Sansón si la sazona sin sal.

Otros, en cambio, hablan de animales.

- Tres tristes tigres tragaban trigo en un trigal en tres tristes trastos. En tres tristes trastos, tragaban trigo en un trigal, tres tristes tigres.

◆ En una zarzamorera estaba una mariposa zarzarrosa y alicantosa. Cuando la mariposa zarzarrosaba y alicantaba las zarzamoras mariposeaban.

◆ El gorrión dijo a la picaza: «¡Qué mujer tan rarabingalonaza!». La picaza dijo al gorrión: «¡Qué señor tan rarabingalozón!».

◉ *La lengua es el único músculo humano que está sujeto por un solo extremo.* ◉

EL ENGORROSO CONDÓN
DE VEINTE LITROS

INSTRUCCIONES

1 Despliega una caja de cartón grande y saca todas las grapas metálicas.

2 Unta con vaselina uno de los lados del cartón y tiéndelo sobre el fondo de la bañera, con el lado lubricado boca arriba.

3 A continuación, con cuidado, llena un preservativo de agua, dejando que repose sobre el cartón a medida que se hincha mientras se mueve como un flan. Comprobarás que caben de 15 a 20 litros o más en un condón corriente y moliente.

4 Tras un poco de práctica (fuera de la bañera), y contando con ayuda, deberías ser capaz de levantar el tembloroso y resbaladizo profiláctico dentro del receptáculo de cartón y trasladarlo hasta la cama de la persona a quien quieres gastar la broma. Una vez allí, hazlo resbalar con cuidado por el cartón lubricado hasta que quede encima del edredón.

A tu víctima le resultará imposible quitar el preservativo de la cama sin evitar que «rompa aguas».

◉ *Los condones de intestino fueron sustituidos por los de látex en 1834, cuando Charles Goodyear inventó la vulcanización.* ◉

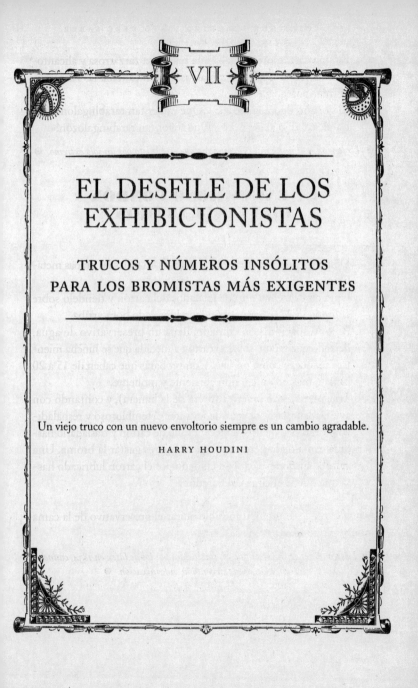

VII

EL DESFILE DE LOS EXHIBICIONISTAS

TRUCOS Y NÚMEROS INSÓLITOS PARA LOS BROMISTAS MÁS EXIGENTES

Un viejo truco con un nuevo envoltorio siempre es un cambio agradable.

HARRY HOUDINI

EL MÚSICO CALLEJERO
DE UN SOLO BRAZO

Este número improvisado es una especialidad del mago londinense Terry Guyatt, quien lo representa haciendo alarde de una gran comicidad. Aunque como bromista no seas nada del otro mundo, seguro que con esta tontería causas un gran revuelo.

«El músico callejero de un solo brazo» es ideal para amenizar la sobremesa después de cenar. Cuando las damas se hayan retirado y los caballeros se hayan acomodado con su copa y su puro, solicita la atención de los presentes y pregúntales: «¿Qué le ha ocurrido a ese músico de un solo brazo que tocaba la flauta dulce a la salida del Teatro Real?». (Cualquier otro teatro pijo también sirve.)

La gente aguzará el oído ante tu extraña pregunta, así que prosigue: «Sí, era buenísimo, pero tenía un problema horrible». Ante la petición de la concurrencia para que cuentes más, espera a que se apague el clamor para añadir: «Permitidme que os muestre a qué me refiero».

Abandona la sala un instante para prepararte. Si ves un perchero cerca, hazte con él para utilizarlo como accesorio. Lo que necesitas es una americana o abrigo corto (en caso de que no lleves ya uno puesto) y un sombrero cuanto más ridículo mejor. Ponte la americana, introduciendo solo el brazo derecho en la manga y dejando que la manga izquierda cuelgue vacía, como si solo tuvieras un brazo. Abróchatela y mete el brazo izquierdo por la cinturilla de los pantalones, para que la mano quede justo encima de tus partes nobles. Todo ello quedará oculto bajo la chaqueta. Busca ahora un sombrero; si no encuentras ninguno, puedes valerte de cualquier otro objeto ridículo a modo de tocado (*véase* la página 187 para hacer un gorro de papel en unos segundos).

Vuelve a entrar en la sala, donde te recibirán con murmullos de expectación, y pide un lápiz, una cuchara de madera, un batidor manual o algo parecido que te sirva de flauta. Coge el objeto con la mano derecha y haz como si lo tocaras; si quieres, puedes contar con la participación del público para que bailen y te hagan peticiones. Cuando cesen los aplausos, di: «Ya lo creo que era bueno ese músico. Pero, claro, al tener un solo brazo, se las veía y se las deseaba para pasar la gorra mientras tocaba, y nunca llegaba a juntar más de un par de monedas. Pero creo que he dado con la solución».

Dicho esto, desabróchate la bragueta con la mano derecha haciendo una floritura y saca el dedo índice de la mano izquierda para enganchar con él la «flauta». La gente se quedará sin habla. Es el momento de que te quites el sombrero con la mano derecha y lo pases entre los presentes. Será un final de lo más divertido e inesperado.

◉ *Las flautas dulces tienen una tesitura de dos octavas y media, y en general son instrumentos basados en tonalidades de* do *o* fa. ◉

CÓMO
PRONUNCIAR UN DISCURSO

Te han pedido que digas unas palabras en calidad de galardonado en una entrega de premios, como padrino en la boda de un amigo o en el funeral de tu tía Antonia. Tú nunca has hablado en público, no sabes cómo empezar y te entran sudores fríos solo de pensarlo. Aquí tienes una guía de supervivencia para que salgas airoso del atolladero.

Referentes
Pocas personas se sienten seguras de sí mismas hablando en público —y eso incluye a los profesionales de la oratoria—, pero los expertos en pronunciar discursos saben que el secreto del éxito radica en emanar un halo de seguridad. A menos que transmitas la sensación de tener controlada la situación, quienes te escuchan acabarán impacientándose. Así pues, utiliza la energía propia del nerviosismo para fingir seguridad; así de simple. Si hay alguna persona en particular que a tu modo de ver destila autoridad, como por ejemplo el papa o el

director de tu antiguo colegio, imita los rasgos positivos de su lenguaje corporal. Mantén la cabeza alta y el cuerpo quieto, mira al público a los ojos y habla con decisión. Es lo que han aprendido a hacer todos los expertos.

Consejos

1. No seas tú mismo cuando estés pronunciando el discurso. En lugar de ello, ofrece una versión un tanto exagerada de ti mismo.

2. No te aprendas el discurso palabra por palabra, ni lo leas del papel. Imagínatelo como un camino que debes recorrer (*véase* «Cómo desarrollar una memoria de elefante», en la página 72). Elabora un discurso bien estructurado, con principio, desarrollo y fin, que te permita improvisar sobre la marcha, siempre y cuando retomes el hilo para terminarlo como es debido. Si buscas un poco, darás con algunas fórmulas elegantes para iniciar y finalizar un discurso. No dudes en apropiártelas si te vienen bien. Desplegar un árbol de papel de cuatro metros de camino al atril también puede tener un efecto muy impactante (*véase* la página 196).

3. Al llegar el turno de preguntas y respuestas, comienza por alguien que esté sentado en el tercio posterior de la zona de asientos situada a tu derecha, cerca del pasillo. Los estudios demuestran que ese es el lugar que suelen ocupar los «amigos». Evita la primera fila situada a tu izquierda; desde ahí te acecharán tus «enemigos».

4. Nunca te disculpes por nada, ni te muestres altanero o malhablado. Si el público no se ríe con tus comentarios graciosos, sigue adelante como si tal cosa. Si no salen de su hermetismo, prueba con esto: «Miren, sé que están ahí porque les oigo respirar». Una vez que logres arrancarles una risilla, los tendrás de nuevo donde toca. Pase lo que pase, no dejes de dar una impresión de seguridad.

5. No llores en un funeral mientras hablas ante los asistentes al sepelio.

6. Si de repente el público se echa a reír a carcajadas sin venir a

cuento, comprueba si tienes la bragueta abierta. Para hacerlo con disimulo, llévate la palma de la mano derecha a la hebilla del cinturón y desliza la punta del dedo meñique por detrás. Si se confirma que la tienes abierta, tendrás que improvisar.

7   Si se te seca la boca, muérdete la punta de la lengua y verás cómo segregas saliva.

8   Aunque esto no es un ensayo sobre técnicas de manejo del micrófono, aquí van tres consejos:

    i.   Llévate el micrófono al pecho con una mano y déjalo ahí.

    ii. Si está en un pie de micro, muévelo hacia ti para que quede a la altura de tu boca.

    iii. Si está en un atril, habla por encima de él.

9   La gente prefiere las historias personales a una sarta de chistes, y casi siempre se puede encontrar algo agradable que decir sobre un individuo, como su sonrisa, su ingenio o su bondad para con los animales. Si no se te ocurre nada de nada, prueba con esto: «Todo el mundo decía que era el hombre más maleducado que había sobre la faz de la Tierra, pero, seamos justos, su hermano era peor».

    ◉ *Winston Churchill empezó a fumar puros en 1895, mientras estaba en Cuba.* ◉

CÓMO
HACER UN RATÓN CON UN PAÑUELO

El ratón es sin lugar a dudas la forma más ingeniosa ideada con un pañuelo. En la película *The Bulldog Breed*, Norman Wisdom lo representó maravillosamente bien, junto a algunos trucos con cerillas. Es un número muy socorrido cuando tienes delante a niños pequeños, y gracias a él te ganarás fama de animador.

Necesitarás
◇ *Un pañuelo de caballero*

Procedimiento

1　Extiende el pañuelo sobre la mesa delante de ti, con las esquinas apuntando a norte, sur, este y oeste (Fig. 1).

2　Dobla la punta del sur hacia el norte de modo que quede un triángulo (Fig. 2).

3 Pliega las esquinas del este y el oeste hacia dentro para obtener una forma similar a un sobre abierto (Fig. 3).

4 Enrolla el pañuelo, comenzando por abajo para ir subiendo hasta que queden a la vista tres dedos de la esquina norte-sur. Si, a medida que enrollas la tela, vas tirando un poco de sus extremos, evitarás que pierda la forma (Fig. 4).

5 Da la vuelta al pañuelo de derecha a izquierda, para que la parte enrollada quede abajo.

6 Dobla los extremos del rollo hacia dentro como lo has hecho en el paso 3 (Fig. 5).

7 Enrolla los extremos doblados hacia la esquina superior con una sola vuelta. Pliega la esquina hacia ti y métela en el pliegue de arriba. Este es un momento muy delicado, y es en el siguiente paso cuando suele descuajaringarse la cosa. Pero con un poco de práctica le cogerás el tranquillo.

8 Mete los pulgares en el bolsillo que mira hacia ti y vuelve el rollo del revés hacia fuera (Fig. 6). Sigue enrollando la tela hasta que no puedas más. Verás que el pañuelo comienza a envolverse rápidamente sobre sí mismo, y que al cabo de unos instantes aparecen los extremos (Fig. 7).

9 Sujeta el cuerpo del ratón con una mano y saca los extremos con cuidado para obtener algo parecido a un bombón alargado.

10 Haz un nudo en uno de los extremos para simular la cabeza del roedor (Fig. 8) y pon tiesos dos pliegues a modo de orejas. Ahora ya tienes todo lo que necesitas para el número acrobático.

EL SALTO

1 Ponte el ratón en la palma abierta de la mano derecha, con la cola colgando por encima del dedo corazón y la cabeza en la base del pulgar. Sujétalo sin apretar con el dedo anular y el pulgar para que no se mueva (Fig. 9).

2 Acaricia el lomo del ratón con la palma ahuecada de la mano izquierda y, en cuanto las puntas de los dedos de la mano derecha queden tapadas, cierra el dedo corazón con un movimiento rápido y seco. El ratón saldrá disparado hacia arriba y aterriza-

rá sobre tu brazo derecho; a veces, con el impulso, puede llegar hasta el hombro.

Los niños gritarán emocionados ante la pirueta del roedor. Diles que está tomando anabolizantes.

◉ *Se dice que el rey Ricardo II de Inglaterra fue el inventor del pañuelo.* ◉

CÓMO
HACER UN NÚMERO DE MENTALISTA CON TU PERRO

Que yo sepa, el único artista que se ha atrevido a leer la mente de un can en un escenario es el mago inglés Fergus Anckorn, quien se dedicó a desarrollar tan insólito número a lo largo de muchos años. Si te atrae la idea de probar a hacer de mentalista con tu propio perro, aquí tienes una breve explicación con las claves básicas, gentileza del señor Anckorn.

NECESITARÁS
◇ *Un perro obediente que se preste a ser entrenado*
◇ *Una pizarra y tiza, o algo similar para escribir*

LO QUE VE EL PÚBLICO
El artista entra en la sala con su perro, que se sienta obedientemente. Acto seguido pide la colaboración de un voluntario para que le ayude a poner en práctica un experimento de mentalismo entre animales de distinto género, y destapa una pizarra o un rotafolio en el que aparecen escritas una serie de órdenes como:

◇ *Siéntate*
◇ *Túmbate*
◇ *Ladra*
◇ *Ve a por la pelota roja/pelota blanca/aro/periódico, etc.*

Explica que el voluntario va a marcar una orden elegida al azar y que el animal detectará las ondas transmitidas a través del pensamiento y obedecerá. El artista señala que se colocará detrás del perro para evitar que este le vea hacer alguna señal. Asimismo, recalca el hecho de que el animal está de espaldas a la pizarra para excluir toda posibilidad de que pueda hacer trampas leyendo lo que pone en ella. Esta aclaración suele hacer bastante gracia.

Tras un breve silencio, el voluntario elige una orden y la marca sin hacer ruido. Antes de que acabe de señalarla, el perro ya ha realizado la acción y está de vuelta en su sitio. El ayudante sigue marcando las opciones de la lista mientras el mentalista permanece de pie o sentado sin moverse, lejos de la vista del perro. Una vez marcadas todas las órdenes, el can y su dueño reciben el aplauso de los espectadores.

Procedimiento

Como cabe imaginar, el perro no posee realmente facultades paranormales. Lo que ocurre es que ha sido entrenado para responder a un código secreto que tú le transmites por medio de resoplidos nasales. Por ejemplo, un resoplido corto puede ser la orden para sentarse; uno largo seguido de dos cortos, la de ir a buscar el periódico. Descubrir un sistema que funcione, y practicar con él, es cosa tuya.

Tras entrenar un poco con resoplidos sonoros, verás que puedes emitirlos a un volumen mucho más bajo. La increíble agudeza auditiva del perro le permite captar el más leve de los sonidos, imperceptible para el oído humado. Empieza por una sola orden y trabájala hasta perfeccionarla; repite el proceso hasta que el animal entienda tres o cuatro acciones. El resto depende de tu *savoir faire* en el escenario. Este número es un fascinante enigma más que un truco de magia, y lo mejor es representarlo con humor, ingenio y desparpajo.

◉ *El publicista Henry Sleeper Harper fue uno de los supervivientes del* Titanic *junto con su pequinés Sun Yat Sen.* ◉

CÓMO
HACER MALABARISMOS
CON NARANJAS

Lo bueno de los juegos malabares es que el público ve que haces algo que requiere habilidad y te recompensa colmándote de aplausos. A la hora de practicar, ponte de pie frente a la pared de tu cuarto o delante de la cama. De ese modo evitarás echarte a andar hacia delante, un problema que suelen tener los principiantes. La cama servirá además para amortiguar la caída de las naranjas y dejártelas más a mano.

CAÍDA Y RECUPERACIÓN
El primero y más importante de los movimientos que hay que aprender es la caída, pues es una acción que se repite hasta la saciedad. Coge una naranja y déjala caer al suelo. Luego pide a un amigo que la recoja y te la tire. Dile: «Gracias. No voy a hacer yo todo el trabajo, ¿no?».

UNA NARANJA
Comienza a practicar con una naranja, lanzándola de la mano derecha a la izquierda. Imagina que tienes delante la esfera de un reloj gigante. La mano derecha parte de las tres y suelta la naranja a las dos, lanzándola hacia las doce con la fuerza necesaria para que describa una curva suave. La gravedad y la inercia harán el trabajo por ti; las manos permanecen más o menos donde están, con las palmas boca arriba en todo momento. Todas las acciones se realizan manteniendo los brazos por debajo de los hombros. Si lo haces todo bien, la naranja debería comenzar a caer desde lo alto del arco que describe —es decir, desde las doce o a la altura de los ojos— para llegar al final de la curva en el momento en que la coges con la mano izquierda, a las diez o a las nueve.

Dos naranjas

Empieza con una naranja en cada mano. Suelta la que tienes en la derecha y, cuando llegue al punto más alto de la curva, lanza la de la izquierda hacia la mano derecha. Coge la primera naranja con la izquierda y luego la segunda con la derecha. Repite la acción, alternando la mano con la que comienzas cada vez, hasta que lo hagas sin pensar. Es izquierda, derecha, izquierda, derecha, como caminar. No lances las dos naranjas a la vez.

Tres naranjas

Comienza con dos naranjas en la mano derecha (las llamaremos Juan y Luis) y una tercera (Dani) en la izquierda. Empieza lanzando la naranja que sostienes con la punta de los dedos de la mano derecha (Juan) hacia la mano izquierda, como ya has practicado.

Cuando Juan llegue al punto más alto de la curva, lanza a Dani con la mano izquierda como de costumbre, y coge a Juan tal como se explica en el ejercicio anterior de las dos naranjas. Cuando Dani llegue a las doce lanza a Luis desde la mano derecha hacia la izquierda y coge a Dani con la derecha. Aquí es donde uno suele empezar a echar sapos y culebras por la boca, así que intenta que Luis ruede hasta la punta de los dedos de tu mano derecha antes de lanzarlo. Cuando llegue a las doce lanza a Juan con la mano izquierda y coge a Luis. Ahora concéntrate en lanzar a Luis, que Dani puede arreglárselas solito. Lanza todas las naranjas de manera constante y a la altura de los ojos; de lo contrario se armará un follón, las naranjas chocarán en el aire y perderás el ritmo.

⊚ *W. C. Fields empezó su carrera siendo un gran malabarista.* ⊚

CÓMO
HACER UN NÚMERO DE DIEZ MINUTOS CON SOLO UNA CAJA DE CERILLAS

Si te las quieres dar de mago pero no puedes permitirte un caro atrezo con palomas, armarios y demás, a continuación verás cómo puedes montar un número en el bar o durante una cena solo con una caja de cerillas. Ninguno de estos trucos requiere el uso de un sombrero de copa o la participación de una señorita con un maillot de fantasía, y todos ellos pueden improvisarse en el momento. Es más, los elementos que necesitas puedes llevarlos en el bolsillo o comprarlos por unos céntimos casi en cualquier parte.

Consejo fundamental para el número en cuestión

Un truco sencillo, como un huevo frito, es mucho más fácil que salga mal que bien. A nadie le gusta un huevo deforme en un plato mugriento. De la misma manera, el público no disfrutará si ve que se te caen las cosas al suelo, o que se te olvida lo que se supone que viene después. Así pues, prepárate a conciencia, ensayando primero en privado para luego actuar en público.

En primer lugar, elige un truco de los que se explican a continuación y practícalo tú solo una y otra vez. Luego prueba a representarlo teniendo delante a un amigo crítico para eliminar los posibles fallos. Una vez que domines dos o tres efectos, júntalos en un número corto que tenga un comienzo ágil y un final apoteósico. Es aconsejable escribir un pequeño guión y aprenderlo. Aquí se incluyen sugerencias sobre lo que puedes decir, pero lo mejor es que elabores tu propio discurso. Utiliza la imaginación; no hay nada más insufrible que ver a un tipo diciendo cosas como: «Y ahora saco una cerilla de la caja, cierro la caja, enciendo la cerilla y vuelvo a dejar la caja en la mesa». Describir lo que vas haciendo solo tiene sentido si actúas para un público ciego.

LAS CERILLAS NATCHEZ

Este truco funciona mejor en ambientes íntimos iluminados por una luz tenue.

1   Para empezar, saca cuatro cerillas y mete dos de ellas entre el cajón y los lados de la caja. «Los indios natchez del Mississippi eran un pueblo muy sofisticado —comenta— que tenía la costumbre de lanzar flechas en llamas para prender fuego a los poblados de sus enemigos.»

2   Mientras dices esto, encaja la tercera cerilla entre la cabeza de las dos primeras y añade: «Las lanzaban desde hermosos arcos de nogal que eran algo parecido a esto».

3   En realidad, tu artilugio no se parece en nada a un hermoso arco de nogal, pero como no estás bajo juramento, prosigue con tu relato: «Dichos arcos podían lanzar flechas en llamas a una enorme distancia. Os mostraré a qué me refiero».

4   Enciende la cuarta cerilla y prende fuego con cuidado a la del medio, justo por el centro. Arderá un instante hasta que la tensión de las otras cerillas la hará salir disparada, aún en llamas, y recorrer una corta distancia antes de aterrizar en algún punto de la sala. La trayectoria puede variar muchísimo, así que no pongas en práctica este número donde haya alfombras caras o trapos empapados de gasolina en el suelo.

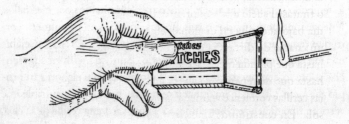

EL BOLSO ROBADO

Este es un truquillo encantador que resulta especialmente apropiado cuando hay damas entre el público, y que merece una presentación pulida y refinada.

1   Saca tres cerillas de la caja. Clava una en la parte superior de la caja, en la posición que se muestra en la ilustración, y pide a una dama que te preste su alianza de boda; el anillo debe ser fino (de grosor, pero si lo es también de formas, mucho mejor). Si no consigues ninguno, puedes utilizar una goma pequeña, un clip o incluso una moneda.

2   Ahora empieza tu relato: «Esas parejas que están todo el rato besuqueándose deberían tener más cuidado en lugares concurridos como este. El otro día, a una chica le mangó el bolso un tipo que estaba de pie a su espalda, y eso que ella tenía la pierna metida por el asa, de este modo». Coloca la segunda cerilla con el «pie» dentro del anillo (*véase* la ilustración de la derecha).

3   Añade: «La chica estaba recostada en su don Juan, los dos muy acaramelados, y en un momento dado él le dio un beso ardiente, como este». Enciende entonces la última cerilla; para ello utiliza una segunda caja, o tirarás al suelo a la «señorita». Aplica la llama bajo la cerilla en diagonal, colocándola a un cuarto de distancia del extremo superior, hasta que prenda fuego. La llama irá subiendo hasta que de repente la cabeza de cada una de las cerillas comience a arder, fundiéndose en una sola. En cuestión de unos instantes la cerilla hembra se doblará por el centro y levantará la «pierna» de manera espectacular como una joven actriz a la que besa con pasión el galán en cuestión.

4   «Fue entonces cuando perdió el bolso», di a modo de colofón,
y coge el anillo con delicadeza para devolverlo a su dueña.
Apaga las cerillas con un artístico soplido mientras las damas
asombradas exclaman: «¡Ooooh!».

Polos opuestos

Este magnífico truco comienza como un enigma y termina como una
transportación mágica.

En primer lugar, debes aprender a sujetar una cerilla con la mano
derecha sin que se vea. Para ello, colócala en la base de los dedos índice, corazón y anular sobre la que quedará cómodamente alojada. Si
es necesario, puedes ayudarte del dedo meñique para evitar que se
mueva o cerrar un poco la mano para que quede aprisionada en el
pliegue entre la palma y los dedos. Aunque la movilidad de estos se
verá limitada, con el pulgar y el índice podrás coger cerillas de forma
natural, o señalar y tocar cosas. Practica esto un par de días mientras
bebes con un vaso, te pones dentífrico en el cepillo de dientes, ves la
televisión y te ocupas de tus cosas. En poco tiempo te saldrá de rechu-
pete, lo cual es importante.

A la hora de actuar, conviene transmitir la sensación de que las
manos no ocultan nada; para ello, imita con la izquierda las acciones
de la derecha, como un espejo, y, siempre que te sea posible, coge una
cerilla con el pulgar y el índice de la mano culpable. Apoyar en la mesa
la mano medio cerrada con los nudillos boca abajo cuando no se utiliza también sirve para despistar. Practica dichos movimientos antes
de pasar a ensayar el truco.

1   Para representar el número, toma asiento frente al espectador
elegido, ya con una cerilla oculta en la mano derecha, que tendrás apoyada en la mesa en la posición descrita anteriormente,
mientras en la mano izquierda sostienes dos cerillas que quedan
a la vista en la base de los dedos.

2   Presiona la cabeza de ambas con el pulgar de la mano izquierda
para levantarlas haciendo palanca y cógelas entre el pulgar y el
índice de la mano derecha. Enséñalas como se muestra en la ilus-

tración, que reproduce lo que ve el
artista, con la cerilla oculta entre la
palma y los dedos.

3   Comenta la importancia que tiene
para un explorador llevar encima una
brújula y explica que las cerillas también
pueden servir para orientarse en un caso de
emergencia.

4   Pide al espectador que cierre las manos con fuerza y,
cogiendo una de las cerillas entre el pulgar y el índice de la mano
izquierda, métela con la cabeza hacia arriba hasta el fondo de su
puño izquierdo. Haz hincapié en este detalle, diciendo: «Esta
cerilla está boca arriba, apuntando hacia el norte».

5   Enseña la segunda cerilla con la mano derecha y, con gesto tea-
tral, gírala con el índice de la mano izquierda para que quede
con la cabeza hacia abajo. Utiliza ahora el dedo índice de la mano
derecha para introducirla en el puño derecho del espectador, y
añade: «Esta está boca abajo, apuntando hacia el sur».

6   Deja en reposo las manos con los nudillos apoyados en la mesa,
al tiempo que pones de relieve que las cerillas señalan direcciones opuestas, una al norte y la otra al sur. Aún tienes una cerilla
oculta en la mano derecha.

7   Luego pide al espectador que ponga los puños hacia arriba sin
abrirlos (puedes enseñarle cómo hacerlo sin que se vea la cerilla
oculta), y al volver a poner las palmas boca abajo haz un pase
mágico estirando los dedos de ambas manos.

8   Apoya de nuevo las manos con los nudillos en la mesa y ordena
al espectador que abra los puños. Ambas cerillas quedarán a la
vista, apuntando en la misma dirección.

9   Pregúntale: «¿Va al norte o al sur? Porque las dos brújulas están
apuntando hacia el este, ¿o es hacia el oeste?». Puede que se quede sorprendido o desconcertado, pero probablemente verá que el
efecto es automático, e intentará hacértelo saber. Así que, sin
más preámbulos, cierra los puños y, poniéndolos encima de la
mesa, cerca del borde, dile: «¿Por qué no lo pruebas conmigo?».

10 A partir de este momento es fundamental que muevas las manos exactamente como se explica a continuación. Sin mover para nada el puño derecho, acerca el izquierdo al espectador para que introduzca en él la cerilla con la cabeza hacia arriba. «Esta es la cerilla que queda boca arriba, apuntando hacia el norte —comenta—, no lo olvides.»

11 El siguiente paso se basa en la sutileza psicológica y te servirá para disimular un movimiento secreto. Lo que vas a hacer es desplazar hacia delante el puño derecho al tiempo que echas hacia atrás el izquierdo para dejarlo en su posición inicial en el borde de la mesa. En su retroceso, relaja un poco la mano para que la cerilla que hay en su interior caiga al fondo del puño. Esto quedará disimulado por el movimiento más amplio del brazo. «Vamos ahora a por la que se coloca boca abajo —añade—, apuntando hacia el sur.»

12 Cuando tu ayudante proceda a meter la cerilla en tu puño derecho, toda la atención se centrará en dicha acción. Míralo a los ojos y dile: «No vayas a hacerme daño…». Puede que el comentario le arranque una risita, y es precisamente este momento el que debes aprovechar para relajar los dedos de la mano izquierda lo justo para que la cerilla te caiga en el regazo sin hacer ruido. Es fundamental que mantengas toda tu atención puesta en la otra mano mientras realizas este movimiento secreto. No te mires la mano izquierda ni el regazo por nada del mundo. Y, recuerda, no muevas el puño izquierdo de su sitio. Llegado este punto, deberías tener dos cerillas en la mano derecha y ninguna en la izquierda. El público cree que hay una en cada mano y que vas a ingeniártelas de algún modo para cambiar la dirección en la que están orientadas, cuando en realidad la trampa ya está hecha y lo que queda es coser y cantar.

13 Mira fijamente al espectador, aunque él no te mire a ti, y mueve hacia atrás el puño derecho mientras adelantas el izquierdo. La idea es que te quedes con las manos a un palmo de distancia la una de la otra y a medio brazo del borde de la mesa. Comenta: «He olvidado cuál apuntaba hacia el norte y cuál hacia el sur».

14 Vuelve el puño izquierdo poniéndolo con la palma hacia arriba y míralo mientras lo deslizas un poco hacia delante. «¿Qué ha

pasado?» pregunta, y sin esperar respuesta abre la mano poco a poco para dejar ver la palma vacía. «No sé cómo, pero parece que la cerilla se ha ido al sur», di.

15   Acto seguido vuelve el puño derecho con la palma hacia arriba y ábrelo para dejar al descubierto dos cerillas. «Bueno, dicen que los opuestos se atraen», comenta. Y, dejando caer las cerillas en la mesa, añade: «Ahora dejadme que os enseñe otra cosa rara».

SOSTENER EN EQUILIBRIO UNA CERILLA SOBRE OTRA

Este es un buen truco para realizarlo a continuación del anterior. Aprovecha el momento en que el público está distraído en plena ovación para chuparte el pulgar de la mano derecha, de manera que quede bien humedecido. Con la misma mano, coge una de las cerillas que hay encima de la mesa y pega el pulgar mojado a la cabeza de la cerilla.

A continuación coge la otra cerilla con la mano izquierda y di que has desarrollado una habilidad sobrenatural para el equilibrio. Pega la cabeza de la segunda cerilla a la de la primera, que al estar mojada se adherirá a la otra con firmeza. Haz valer ahora tus dotes interpretativas para retirar la mano izquierda de la segunda cerilla y mostrar que se sostiene en equilibrio sobre la otra como por arte de magia.

CÓMO APAGAR UNA CERILLA SOPLANDO LA MANGA (EQUIVOCADA)

Este numerito tan divertido perdurará en la memoria de aquellos que lo presencien mucho después de que tus trucos más espectaculares caigan en el olvido. Cuanto más sumida en la penumbra esté la sala, más lucirá tu actuación.

Sin que nadie se dé cuenta, rompe parcialmente una cerilla de madera a un cuarto de distancia del extremo inferior. Después enciéndela y, cogiéndola por la rotura y a medida que la llama avanza, presiona la parte que no está rota con un movimiento rápido del pulgar para conseguir que el extremo superior de la cerilla se doble hacia ti con disimulo.

Enséñala al público, sosteniéndola por la punta con el pulgar y el índice de la mano derecha. Sóplate ahora con gesto ostentoso el puño de la manga izquierda y al mismo tiempo haz girar la cerilla entre tus dedos. La llama se apagará de golpe. En este caso, no hace falta que te andes con sutilezas, pues todo el mundo estará pendiente de tu manga izquierda y de repente percibirán con el rabillo del ojo que la cerilla se apaga. Cuando desvíen la mirada hacia ella, solo alcanzarán a ver sinuosas volutas de humo disipándose en el aire.

Otra opción consiste en emplear una cerilla intacta y darle un toque con la uña del dedo corazón mientras soplas el puño de la manga. Utiliza el método que más te convenga.

LA COPA DE CÓCTEL

Dispón cuatro cerillas en forma de copa de cóctel, tal y como se muestra en la ilustración, donde el extremo roto de una cerilla representa una aceituna. Reta al público a conseguir que la oliva acabe fuera de la copa moviendo (únicamente) dos cerillas. No vale tocar la aceituna ni colocar las cerillas de un modo que la copa resultante parezca estar rota. La solución se ilustra en el dibujo, pero para los no iniciados será todo un rompecabezas.

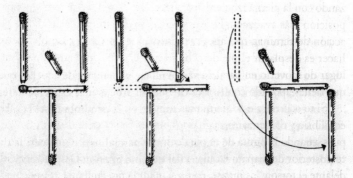

◉ *«Los grandes mentirosos son también grandes magos», Adolf Hitler.* ◉

CÓMO
TROPEZARSE A PROPÓSITO

Los tropiezos, elemento básico de todo vodevil que se precie, constituyen una habilidad que merece la pena cultivar. No hay nada más divertido para un público de etiqueta en un ambiente formal que ver a alguien dando un traspié, sobre todo si lleva en la mano una bandeja llena de copas de vino. Esta treta también sirve para eclipsar al pesado de turno de una fiesta cuando se dispone a acabar de contar su decimonoveno chiste. Si eliges el momento perfecto, las risas serán para ti y los abucheos para él. Estas instrucciones para saber cómo tropezarse a propósito son como las que se dan para aprender los pasos de un vals, pero más rápidas.

PROCEDIMIENTO

Si bien el tropezón es el primo menor del batacazo, y por tanto más fácil de realizar, requiere un poco de práctica para pulir la técnica antes de hacerlo en público.

Para ensayarlo hay que colocarse de pie frente a un espejo de cuerpo entero con los zapatos puestos y dar dos pasos adelante, comenzando con la pierna izquierda para terminar con el pie derecho en una posición más avanzada. Este es el ciclo de movimientos propio de la acción de caminar, que ahora te dispones a reproducir. Lo que vas a hacer es desplazar el pie derecho hacia delante como antes, pero en lugar de moverlo en paralelo vas a golpear el talón del pie izquierdo, que tienes apoyado con firmeza en el suelo.

Si te ocurriera esto sin querer, lo más probable es que perdieras el equilibrio y comenzaras a agitar los brazos como aspas de molino. Así pues, cuando la punta de tu pie derecho entre en contacto con la parte posterior del zapato izquierdo, imita dicha reacción tirando hacia delante el torso y los brazos, como si te hubieran empujado por detrás. Esto es lo que los dobles cinematográficos llaman «vender la moto», y requiere un movimiento un tanto exagerado.

Repite una y otra vez las acciones hasta que te salgan sin pensar.

Llegado este punto, estarás preparado para actuar en público. A fin de comprobar la verosimilitud de tus movimientos, primero practica cuando vayas caminando por la calle con los amigos. Si consigues engañarlos, podrás aventurarte a simular un tropezón detrás de una persona importante o creída en el momento en que el sujeto se acerque a un grupo. Tras dar el traspié, lanza una sonrisa forzada al corro de gente y sigue tu camino. Los presentes intentarán aguantar la risa pero les costará contenerse.

Una vez que llegues a fingir un tropezón con toda naturalidad, ¿por qué no lo intentas llevando una bandeja llena de copas de vino con una sola mano en alto como si fueras un camarero? Puedes improvisar o hacer que el líquido salga despedido por todas partes sujetando antes las copas a la bandeja con un producto adhesivo como el Blu-Tack. Si todas ellas están medio llenas de vino, tu número tendrá un efecto de infarto cuando la gente te vea tambalearte de un lado a otro de puntillas.

◉ *«Me metí en el negocio por dinero, y de ahí surgió el arte», Charlie Chaplin.* ◉

CÓMO
DETENER UN TREN CON LAS MANOS

Buster Keaton, un cómico de la vieja escuela, era un maestro de este número tan disparatado como intrascendente. Imagina la escena: llevas un rato esperando que llegue el tren y de repente lo ves entrar en la estación. Mientras se aproxima al andén, tú alargas la mano para agarrarte de un asidero y con una fuerza sobrehumana frenas su avance hasta detenerlo. Coger un tren de esta manera siempre hace reír a quien presencia semejante proeza, pero puede ser una maniobra sumamente peligrosa, así que no pruebes a hacerlo bajo ningún concepto…; mejor déjaselo a los profesionales. No se te ocurra tocar nunca un tren en marcha, y mantente siempre detrás de la línea amarilla (y ten cuidado con el hueco entre el andén y el tren).

Procedimiento

Cualquiera que intentara detener con las manos un tren al entrar en la estación se vería arrastrado en volandas; lo primero que hay que hacer es colocarse en el borde mismo del andén.

Una vez que la locomotora haya aminorado la velocidad a paso de peatón, y ya esté casi parada, localiza un asidero cómodo. Acto seguido agárrate de él, con el cuerpo mirando en dirección al sentido de la marcha, y tira de él hacia ti mientras los vagones se detienen del todo.

En un tren de vapor de los de antes siempre hay elementos de sobra que pueden servir de agarradero. Sin embargo, los más modernos suelen presentar una estructura externa lisa, con pocos apéndices prominentes. Entonces, hay que adaptar la técnica. Colocado medio en cuclillas y con los pies clavados al andén, pega la palma de las manos bien abiertas en uno de los vagones y empuja con fuerza en dirección contraria al sentido de la marcha. Cuando el tren se detenga, tu cuerpo se verá impulsado poco a poco hacia atrás hasta retroceder un palmo más o menos a lo largo del andén, lo que no dejará de contribuir al efecto de conjunto.

La ilusión de que tus acciones son las responsables de que una máquina enorme se detenga es realmente verosímil, aunque parezca mentira, y se ve reforzada por elementos añadidos como el chirrido de los frenos, el silbido de los compresores y los chorros de vapor. Una vez que el tren se haya parado, da una palmada y di: «Bueno, ya podemos subir». Tu comentario provocará sonrisas divertidas entre tus amigos y el resto de los pasajeros, así como alguna que otra voz de alarma por parte de unos hombres vestidos con uniforme.

Un efecto secundario desagradable de esta broma es que las manos te quedarán hechas un asco. Pero asumamos la realidad, un artista siempre sufre en sus carnes las consecuencias de su arte. Eso sí, no des la mano a nadie hasta habértela lavado.

◉ *La primera locomotora de vapor fue inventada por el ingeniero británico Richard Trevithick en 1804.* ◉

10 COSAS QUE PUEDEN HACERSE EN LA MESA DE UN RESTAURANTE

———

Aquí tienes unos cuantos números para representar en un restaurante en cualquier momento. Lo mejor de todo es que solo necesitas lo que hay encima de la mesa.

1   TELEPATÍA DE MESA

Coloca los ocho objetos de la siguiente lista delante de uno de los comensales, nombrándolos en voz alta.

1   *Pan*
2   *Copa*
3   *Plato*
4   *Salero*
5   *Tenedor*
6   *Cenicero*
7   *Servilleta*
8   *Vaso de agua*

Pide a la persona elegida que piense en uno de ellos y lo deletree mentalmente a medida que tú vas tocándolos uno por uno, en un orden en apariencia aleatorio. Cuando llegue a la última letra debe decir «ya». En ese momento estarás tocando el objeto en el que está pensando. El secreto del truco radica en que cada elemento citado en la lista tiene una letra más que el anterior. Las primeras dos veces puedes tocar un artículo cualquiera, pero a partir del tercero debes ceñirte al orden de la lista. Algunos de estos objetos y otros que encontrarás encima de la mesa te darán pie a hacer un nuevo truco, como los que se explican a continuación.

2   TENEDOR

Colócate un tenedor en la palma de la mano izquierda, con el mango apuntando hacia la derecha. Cierra los dedos y da la vuelta al tenedor para que quede con las púas hacia arriba. Rodéate la muñeca izquierda con los dedos corazón, anular y meñique de la mano derecha, extendiendo sin que se vea el índice bajo los dedos cerrados de la mano izquierda. Si haces girar este dedo, el tenedor comenzará a dar vueltas misteriosamente, en respuesta a las preguntas de sí o no formuladas por los comensales. Para finalizar, abre los dedos de la mano izquierda en forma de estrella y deja al descubierto el tenedor, que parecerá estar pegado a tu palma. Dale un par de sacudidas para que caiga en la mesa; al mismo tiempo, y con disimulo, debes retirar el dedo índice de la mano derecha con el que lo tienes agarrado. Separa las manos con brío.

3 CUCHARA

Pasa una cuchara a uno de los comensales y dile: «Voy a darte la espalda y quiero que hagas una cucharagrafía de una de las personas que están sentadas en esta mesa. Basta con que les señales con la cuchara y digas "clic"». Una vez tomada la fotografía, vuelve a darte la vuelta e inspecciona la cuchara con detenimiento antes de pronunciar el nombre a su debido tiempo. El truco puede repetirse a lo largo de toda la velada en los momentos en los que decaiga la animación, con distintos cucharógrafos y objetivos. Lo que necesitas es un compinche que te sople la identidad de la persona transmitiéndote en clave su ubicación en la mesa.

4 BOTELLA

Frota un botellín de cerveza con rápidos movimientos ascendentes y descendentes contra la pared de un rincón del restaurante. Con un poco de suerte, se quedará «pegado» en la unión de las paredes cuando retires la mano. No sé muy bien qué es lo que hace que esto funcione, aunque sospecho que tiene que ver con el calor generado por la fricción. Parece ser que los papeles pintados hechos de material plástico se prestan a este truco. A Eddie O'Shaughnessy, un mago irlandés que conozco, le sale de maravilla.

5 CENICERO

Mientras esperas a que os traigan la comida, coge con disimulo una moneda entre los dedos índice y corazón como se muestra en la ilustración y métete dos o tres trozos de hielo en la boca sin que nadie te vea.

Levanta el cenicero, que debería ser de cristal, y di «¡Mmm, qué rico!», al tiempo que finges pegarle un mordisco. De repente se oirá un ruido seco, producido por la moneda que harás chocar contra el cenicero con el dedo corazón. Sácate el cenicero de la boca y masca el hielo haciendo ruido y escupiendo algún que otro pedazo. Seguro que la gente te recordará después de ver este número. Puede que no les caigas bien, pero no dudes que se acordarán de ti.

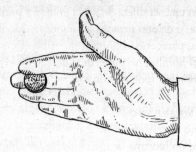

6   Caja de cerillas

Haz sonar una caja de cerillas con brío y di: «Apuesto a que nadie adivina cuántas hay aquí dentro». Vuelve a agitar la caja si te lo piden. Luego ábrela y muestra a los comensales que está vacía, lo que será toda una sorpresa para ellos. El secreto está en que previamente te habrás metido una caja llena de cerillas en la manga. Eso sí, una vez que hagas el truco, tendrás que sacarte la caja de debajo de la manga si no quieres hacer ruido cada vez que muevas la mano. Lo mejor es que vayas al lavabo. Aunque se trata de un truco sencillísimo, es de lo más efectivo.

7   Terrón de azúcar

Mete un dedo en un cenicero lleno sin que nadie te vea y coge después un terrón de azúcar de tal modo que parte de la ceniza quede pegada en él. Eso te permitirá prenderle fuego y quemar el azucarillo entero. Nadie podrá repetir semejante hazaña.

8 SALERO

Echa un poco de sal en la mesa y coloca encima un vaso de cerveza; luego coge el salero y di: «Voy a mostraros algo muy curioso. Vais a ver cómo la sal sube desde el fondo». Da un toque seco con el salero en el borde del vaso. Con ello provocarás que las burbujas asciendan desde el fondo como si la sal flotara por la cerveza hasta la superficie.

9 SERVILLETA DE PAPEL

Tápate la cara con una servilleta de papel grande y sujétala con unas gafas, ya sean tuyas o de otra persona. Si hundes la servilleta un poco dentro de la boca, parecerás el hombre invisible. Remata la gracia diciendo: «Si es el hombre invisible, decidle que no lo veo». Es una tontería, pero hará reír a todo el mundo.

10 ZAPATO EMBARRADO

Está claro que uno no suele encontrar un objeto como este encima de una mesa, pero no hay una imagen más sorprendente en un restaurante pijo que un zapato embarrado entre una cristalería y una vajilla de lujo, además de ser un broche de oro ideal para tu actuación. Como preparación para este número tendrás que quitarte uno de los zapatos que llevas puestos y ocultarlo en tu regazo. En el momento oportuno, atrae la atención de todo el mundo y alza el antebrazo izquierdo a la altura de tus ojos, como si quisieras ver la hora en tu reloj. Cúbrete el antebrazo con una servilleta. Al bajar la mano derecha, coge el zapato y desplaza luego el brazo izquierdo hacia delante para colocar al mismo tiempo el zapato encima de la mesa, donde quedará oculto bajo la servilleta. Retira esta con una elegante floritura para dejar al descubierto tu mugriento calzado puesto encima de un refinado mantel.

◉ *En Pekín hay un restaurante nuevo especializado en penes de yac,*
burro y foca. ◉

LA NARANJA MAREADA

Los orígenes de esta divertida broma de sobremesa se pierden en las profundidades del neblinoso cenagal del tiempo, pero lo que es seguro es que tiene más de cien años, y probablemente muchos más. Hay algo en ella que hace que la gente se desternille de risa; es posible que se deba a la mezcla del sugerente arte de las marionetas y ese clímax tan horriblemente realista con el que todo el mundo se identifica. La próxima vez que te veas sentado a la mesa del capitán en uno de esos cruceros interminables por el Mediterráneo o el Caribe, este es el número que debes hacer.

NECESITARÁS
Un vaso de lados rectos
Una naranja de zumo con la piel fina
Una servilleta
Un cuchillo afilado

Coge una naranja y hazle dos incisiones estrechas a modo de ojos y una grande imitando una boca «borracha» curvada hacia abajo. No tienes que ir de Miguel Ángel; de hecho, un rostro con las facciones poco definidas y mal hechas surtirá más efecto. No hace falta que te molestes en hacerle una nariz si no quieres. Al practicar el corte correspondiente a la boca, escarba alrededor con disimulo para que se desprendan unos cuantos trocitos de piel, que te servirán para más adelante.

Luego tapa un vaso con una servilleta de tela y pon la naranja encima. Si sujetas el vaso con una mano y tiras de la servilleta desde varios puntos, puedes hacer que la cara se balancee como si todo le diera vueltas. En este momento deberías explicar una historia como la siguiente: «Yo nunca me mareo, pero parece que el mareo es algo muy normal entre el resto de los mortales. Por lo visto, se produce en tres fases. En la primera rechazas la copa y la tapa que te ofrecen haciendo aspavientos mientras en tu cara se dibuja una sonrisa forzada, luego te vuelves blanco como la cera y te sientes tan mal que crees estar muerto y, por último, desearías estarlo». Durante tu narración debes mover la cabeza continuamente con un mareante balanceo provocando así las risitas de los espectadores.

Finalmente levanta la naranja y ponle encima la servilleta como si fuera una capucha. Muéstrala al público un instante antes de exprimirla con fuerza con ambas manos. La naranja emitirá unos sonidos de lo más verosímiles y vomitará con gran realismo en el interior del vaso; incluso le saldrán unas lágrimas. Si lo deseas, puedes adornar los efectos sonoros simulando tú mismo las arcadas. Sostén en alto el vaso con los jugos «vomitados», para luego bebértelos con un gesto elegante.

⊙ *El mejor remedio contra el mareo: mantener la vista fija en el horizonte que se extiende ante el barco.* ⊙

CÓMO
ATRAVESAR UNA PUERTA

N̲o parece que sea nada del otro mundo, pero este número puede dejar a la gente pasmada. Lo que sucede es que alguien se acerca a una puerta grande —preferiblemente de vidrio— y, cogiendo el picaporte, la abre tirando hacia sí con tanta fuerza que se pega un castañazo contra ella mientras se oye un sonoro crujido. La gente que viene detrás dará un grito ahogado de espanto al ver al supuesto accidentado retirarse de la puerta aún vibrante con la mano pegada a la nariz.

PROCEDIMIENTO

Para practicar esta genial broma, acércate con paso brioso hasta la puerta de la cocina y agarra el picaporte con la mano derecha. Las instrucciones que vienen a continuación están pensadas suponiendo que las bisagras queden a la derecha, aunque el truco funciona igual de bien con los goznes a la izquierda: basta con invertir los brazos y las piernas.

Al detenerte por un instante frente a la puerta, la posición del pie derecho es fundamental. Debería quedar más o menos a una distancia de la puerta correspondiente a su propia longitud (la del pie) y golpear el suelo justo en el momento en que coges el picaporte. La sincronización de ambos movimientos es una cuestión de práctica.

Tira de la puerta hacia ti con fuerza y al mismo tiempo balancea levemente el torso hacia ella, aprovechando la inercia de tu enérgico movimiento hacia delante. Si todo está en su sitio, la puerta debería detenerse de golpe al topar con tu pie y, si es de vidrio, vibrará con gran sonoridad. Tu nariz debería quedar a una distancia de entre 5 y 10 centímetros de la puerta, según lo valiente que seas. Colocar la cabeza en la posición indicada tiene su truco y, aunque debería salir con toda naturalidad, al principio se requiere confianza en uno mismo.

El resto es puro teatro. Cuando la puerta golpee la punta de tu pie derecho, se producirá un estrépito tremendo y el vidrio vibrará. Es en este momento cuando debes «vender» el número. Para ello tienes que echar la cabeza hacia atrás con una fuerte sacudida. La mezcla inesperada de acciones superará la capacidad mental de la gente para procesar tanta información en tan poco tiempo, por lo que pensarán que te has dado un golpe espantoso en los morros. Que optes por sonreír con descaro o alimentar la ilusión tambaleándote de un lado a otro víctima de un dolor fingido dependerá de las circunstancias, pero yo no suelo contar la verdad.

Cuando hayas representado este número unas cuantas veces detectarás rápidamente las puertas candidatas. En teatros, restaurantes y boutiques de lujo suele haber grandes puertas cristaleras ornamentadas idóneas para gastar esta broma, aunque se puede provocar el mismo efecto con una puerta sencilla de un colegio o de un edificio municipal. Si la haces al entrar en un bar, verás cómo la gente querrá compensarte invitándote a una copa.

⊚ *«Un día sin reír es un día perdido», Charlie Chaplin.* ⊚

CUATRO PASATIEMPOS
CON UN PLÁTANO

Con un plátano se pueden hacer mil y una cosas inesperadas. Aquí tienes cuatro ideas fuera de lo común.

1   Coge un plátano maduro e introduce una aguja por algún punto marrón situado hacia la mitad del fruto. Si haces girar la aguja dentro de la piel, puedes llegar a cortar el plátano en dos sin pelarlo. Repite la acción desde el lado contrario. De este modo te asegurarás de que la parte superior del plátano se despegue de la inferior al pelarlo. Dado que el plátano desprenderá un jugo pegajoso al ser manipulado de este modo, es mejor tenerlo preparado un día antes. Puedes dejarlo en el frutero para alguna víctima confiada, o simular que lo cortas con un cuchillo invisible antes de proceder a pelarlo. A los niños este truco les parece sumamente misterioso.

2   Un juego original para una fiesta, que a buen seguro hará que los más introvertidos se vayan directos a la cocina, consiste en vendar los ojos a dos personas que luego deben darse de comer un plátano la una a la otra. Este pasatiempo puede llegar a ser muy divertido, como cabe suponer, y se presta a numerosas variaciones de lo más interesantes… que dejaré a la imaginación del lector.

3   Durante años se ha afirmado que es posible pelar un plátano introduciéndolo (ya parcialmente pelado) por el cuello de una botella de cristal de leche o de zumo, dentro de la cual se acabe de tirar un papel en llamas. Se dice que la reducción de la presión del aire en el interior de la botella explica dicho fenómeno. Asimismo, se supone que es posible meter un huevo pasado por agua en una botella de este modo, en lugar de un plátano. Sin embargo, a pesar de los años que llevo intentando hacer este interesante truco, nunca he logrado que funcione. Por lo visto, la cantidad de energía necesaria es demasiado elevada. No obstan-

te, si te sientes movido por el espíritu de la investigación científica, puedes probarlo tú mismo.

4   Si un día un conocido de alcurnia te invita a pasar un domingo en su mansión solariega, llévate un plátano en el bolsillo. Mientras paseas por los jardines en aburrida compañía, oculta el plátano en la mano, sujetando el extremo fibroso entre el pulgar y los otros dedos. No será difícil esconderlo, ya que nadie estará prestando atención. Acércate a un árbol pequeño y coge una rama nueva por la punta, tapando tu acción con el cuerpo para que los demás no vean lo que haces. Haz girar el plátano en tu mano y pégalo por la punta a una ramita. Sin soltar el plátano ni la rama, gírate de lado para dejar el fruto a la vista. Adopta un tono de gravedad para llamar la atención de la gente, diciendo: «Hay que ver lo que crece por aquí últimamente. Seguro que es por el calentamiento del planeta». Acto seguido haz como si arrancaras el plátano y, después de pelarlo, cómetelo. La risa está asegurada.

  ◉ *En 1982, en Zimbabue se promulgó una ley que prohibía hacer bromas sobre el nombre del entonces presidente, Canaan Banana.* ◉

BROMAS Y TRUCOS DE CAFETERÍA

LOS EXPLORADORES DEL *TITANIC*

Narra la historia del hundimiento del imponente *Titanic* y describe los esfuerzos que se realizan últimamente para rescatar objetos de valor de las profundidades marinas. Tira unas cuantas pasas dentro de un vaso de limonada o de agua mineral con gas y explica que son un equipo de técnicos de salvamento que descenderán hasta el castillo de popa y se pasarán la noche buscando los collares de perlas y la vajilla de plata. Adaptando su comportamiento a tu historia, las pasas no pararán de moverse entre el fondo y la superficie en un sube y baja hipnotizador. Cuidado con beberte el líquido del vaso en un momento de despiste; quedaría extrañísimo. Hay un tamaño de pasa idóneo para este pasatiempo; según cómo sean, puede que convenga cortarlas por la mitad.

LA BEBIDA REGURGITANTE

Tira dos o tres Smints (o Mentos, que también dan unos resultados excelentes) en una lata o botella de una bebida con gas recién abierta. Verás cómo en cuestión de unos segundos los caramelos acelerarán la liberación del dióxido de carbono, lo que producirá una cantidad enorme de espuma, que no parará de salir por la boca del recipiente como si fuera la lava de un volcán en erupción.

EL JEFE QUE TODOS ODIAN

Este es otro de esos pasatiempos para cuando se juntan unos cuantos compañeros de la oficina durante la pausa del café. Hace décadas vi una versión a cargo de Jay Marshall, un gracioso e ingenioso mago estadounidense. Puedes variar la historia para adaptarla.

Vierte un poco de agua en un platillo y espolvorea pimienta negra por encima. Da igual si la pimienta es recién molida o de bote; lo que importa es que sea negra, de lo contrario no se verá.

Cuenta una historia sobre la gente que trabaja contigo y comenta lo diferentes que son unos de otros, señalando no obstante que tienen una cosa en común: el odio hacia el jefe, o hacia cualquier otro cargo superior digno de desprecio.

Explica que hace poco estabais todos los compañeros disfrutando de un agradable día en la piscina municipal cuando de repente apareció el jefe con su bañador fosforito superceñido. Prosigue el relato diciendo que, al meterse el hombre en el agua, todo el mundo retrocedió para evitarlo. Mientras narras lo sucedido, introduce el dedo índice en el agua: verás cómo la pimienta se aparta del dedo al instante, como si se viera atraída por un potente campo magnético.

Es evidente que aquí hay gato encerrado, y que este truco se presta al oportunismo. En una de tus visitas al baño de caballeros aprovecha para rascar la pastilla de jabón con el dedo de modo que te quede un buen pegote bajo la uña. El secreto está en el jabón.

CÓMO VOLVER A ENCENDER UNA VELA DE LEJOS

Este es otro de esos trucos que quedan bien en un lugar sumido en la oscuridad.

El tiempo en el teatro se hace más largo que en la vida real, y ver a alguien tratando de sacar a tientas una cerilla de una caja puede ser insoportable para el público de un espectáculo. Así pues, para estar preparado, abre la caja y, sacando a medias una cerilla, vuelve a cerrarla de modo que sobresalga la cabeza. Es un truco que conocen todos los actores que han tenido que encender una cerilla encima del escenario mientras tratan de decir su texto.

Señala la vela para que el público se fije en ella y apágala con un soplido entrecortado. Deja que el humo ascienda por el aire y enciende la cerilla rápidamente. Acerca la llama a la columna de humo, manteniéndola en alto a unos centímetros de la mecha. Cada vela tiene sus propiedades, pero, con una buena voluta de humo, una vela en condiciones volverá a encenderse de golpe.

Lo que ocurre es que la llama desciende debido al humo, que contiene sustancias combustibles. Este es un truco que dejará boquiabiertos y encantados a quienes no lo conozcan. En espacios a oscuras, donde el humo apenas se ve, el efecto resulta realmente mágico.

EL AFILADOR DE CUCHILLOS

Este truco crea una ilusión óptica increíble, ya que da la impresión de que un plato se convierte en una piedra de afilar.

Mientras esperas a que te sirvan la comida en una cafetería, coge tu cuchillo y di a todo el mundo: «Esto está desafilado; no sirve para nada». Entonces coge tu plato (que debería ser liso) y apoya el filo en tu muslo de modo que pueda verse parte de la circunferencia por encima del borde de la mesa. La parte inferior debería quedar orientada hacia tu cuerpo.

Sujetándolo levemente con la mano izquierda, coge el borde del plato por la posición de las doce con los dedos de la mano derecha, como si se tratara de un volante. A continuación haz como si lo giraras dos o tres veces en el sentido de las agujas del reloj en torno a un eje invisible que lo atraviesa por el centro.

Comienza a mover la pierna, o las piernas, arriba y abajo para que el plato rebote un poco. Aunque parezca mentira, este es un movimiento muy engañoso; los que lo vean creerán que el plato está dando vueltas.

Una vez que «ruede» a la velocidad deseada (me temo que en este punto tendrás que echar mano de tus dotes interpretativas), levanta el cuchillo con la mano derecha y pasa la hoja hacia atrás por la circunferencia del plato que está rebotando en tu pierna. La ilusión de que se trata de una piedra de afilar que está girando sobre un eje se ve potenciada por el hecho de que la hoja del cuchillo es serrada, y produce unos efectos sonoros de gran verosimilitud.

No dejes de hacer rebotar el plato en tu pierna. Naturalmente, tendrás que fingir que lo haces girar de vez en cuando para que su «movimiento rotatorio» no cese.

CÓMO SACAR UN «ACORDEÓN» DE LA NARIZ

Retira el envoltorio de papel de una pajita de plástico para doblarlo a escondidas en forma de zigzag apretado e introducírtelo después con el pulgar en la fosa nasal que prefieras. En el momento que consideres oportuno, presiónate levemente la nariz con la mano izquierda y saca sin esfuerzo el acordeón con el dedo índice y el pulgar de la mano derecha, diciendo: «Siempre acaban metiéndose aquí, ¿eh?».

LA BROMA DEL TÍO PESADO

Esta broma me la enseñó un tío mío muy pesado. Rompe un tercio de la longitud del envoltorio de papel de una pajita de plástico. Vuelve a poner el papel como estaba, dejando un centímetro más o menos de espacio de aire en el extremo intacto. Ponte la pajita en la boca y apunta a algún indeseable que tengas sentado enfrente. Inclina la pajita hacia arriba unos grados y sopla con fuerza. La funda de papel saldrá disparada e irá a impactar directamente en la frente del individuo. Una vez puede tener su gracia, pero si se hace más veces, la broma resulta de lo más irritante. Así que, ya sabes, repítela hasta la saciedad.

Si mojas el extremo del envoltorio de papel en salsa de tomate, puedes lanzarlo al techo y conseguir que se quede pegado allí arriba.

Entre dos o tres personas podéis llegar a crear un vistoso efecto como de estalactitas. También resulta muy divertido lanzar unos cuantos por encima de la barandilla de la platea alta durante los pasajes soporíferos de una de esas obras de teatro rusas; es un acto inofensivo pero gratamente incordiante.

LA SINUOSA CULEBRA DE AGUA

Rompe del todo uno de los extremos del envoltorio de papel de una pajita de plástico. Sujeta el papel y la pajita por el extremo intacto con los dedos de la mano izquierda y haz bajar el envoltorio por la pajita con la mano derecha. Comprime el papel en una bola apretada que quede plegada en zigzag, como el acordeón de un marinero.

Deja la pelota de papel encima de la mesa y, con ayuda de un palillo, el dedo o algo similar, deja caer sobre ella una gota de agua. Tendrás que experimentar antes para descubrir qué cantidad de agua necesitarás exactamente. El papel se desplegará y la serpiente comenzará a moverse por la mesa con su viperino deslizar. Este es un truco que despierta la curiosidad de quienes lo presencian por lo que tiene de misterioso.

LA LEVITACIÓN DEL GUISANTE

Corta un extremo de una pajita de plástico para obtener un tubito de unos 5 centímetros; echa la cabeza hacia atrás y ponte el tubito en la boca. Coge un guisante de tu plato y colócalo con cuidado en la punta de la pajita. También puedes utilizar una bola de pan bien apretada. Si soplas sobre el guisante con suavidad, se elevará en el aire; y si inclinas un poco la cabeza, puedes llegar a dejarlo suspendido de lado. Parece que lo lógico sería que se cayera, pero la presión del aire circundante, más alta que la de la fina columna que sale por la pajita, hace que el guisante se mantenga en su sitio. Un poco de práctica siempre viene bien. Este truco se basa en el consabido efecto Bernoulli. Es el mismo fenómeno que permite que un avión despegue. (*Véanse* las páginas 39-40 para saber más acerca del efecto Bernoulli.)

LA EXCUSA PARA DEJARSE DE TRUCOS

Aplana con los dientes un centímetro más o menos de uno de los extremos de una pajita de plástico. Raja los pliegues para obtener una especie de lengüeta doble como la de un oboe. Presiona este «pajitoboe» con los labios y sopla con fuerza. Producirá una enérgica «música». Si te ves con ánimo, puedes hacer unos cuantos agujeros a lo largo de la pajita e intentar tocar el «Himno a la alegría» de Beethoven.

No tardarás mucho en verte rodeado de camareros sonrientes y comensales contentos que, desde todos los rincones de la cafetería, te rogarán que sigas tocando.

R2-D2 AL INSTANTE

Para lucirte al máximo con este truco, utiliza pajitas de un diámetro ancho.

Sujeta la pajita en posición vertical y aprieta el plástico cerca del extremo inferior con el dedo índice y el pulgar de la mano izquierda para que el tubo quede obstruido. Si ahora juntas el índice y el pulgar de la mano derecha sobre la pajita y los deslizas arriba y abajo mientras soplas por el agujero, producirás un simpático sonido al más puro estilo de R2-D2.

◉ *La pajita fue patentada en 1888 por el estadounidense Marvin Stone,*
un fabricante de cigarros. ◉

DOS PASATIEMPOS
CON UN JERSEY

Aquí encontrarás dos bromas que puedes gastar cuando lleves puesto un jersey. Si sueles ir con chaqueta de punto, tendrás que ponértela con la parte delantera en la espalda.

EL BÚHO

Quítate los zapatos y saca los brazos de las mangas. Después ponte en cuclillas con las rodillas pegadas a las clavículas y tira del suéter hacia abajo para taparte las piernas. Pide a un amigo que ate las mangas a tu espalda para que no te molesten mientras tú sujetas el dobladillo con la punta de los pies. Saca las manos por debajo de la parte delantera del jersey con los dedos estirados y ligeramente curvados, imitando las garras de un ave rapaz agarrada a una rama. Ahora lo único que tienes que hacer es girar la cabeza 90º a la derecha y a la izquierda, o 360º si te ves con valor, mientras pestañeas y ululas como un búho.

EL TRASPLANTE DE BRAZOS

Aprovechando que tienes los brazos fuera de las mangas del jersey, puedes dar la impresión de ser la víctima de una extraña operación. Sencillamente, cruza los brazos por delante debajo del suéter y mete cada uno por la manga equivocada. El efecto resultante es de lo más extraño, sobre todo si agitas las manos en el aire arriba y abajo y gritas que vas a demandar al cirujano que te trasplantó los brazos por estar borracho cuando te operó.

◎ *Las líneas aéreas estadounidenses no permiten viajar con agujas de tejer que midan más de 75 centímetros.* ◎

EL PAÑUELO ELÁSTICO

Este asombroso truco sirve como preludio para representar unos cuantos números con una servilleta o un pañuelo. Si por casualidad tienes que hacer de maestro de ceremonias en un banquete de bodas, te vendrá de perlas.

Hazte con un pañuelo o una servilleta grande para cogerlo por dos esquinas opuestas y tensarlo al máximo, escondiendo dentro de cada mano de 5 a 8 centímetros de tela.

Cuando estés listo, llama la atención de los presentes para que se fijen en el pañuelo, que tienes estirado en posición horizontal frente a ti, con dos de las esquinas colgando en el centro y las otras dos hechas un rebujo en tus manos. De este modo crearás la ilusión óptica de que la prenda es un poco más pequeña de lo que es en realidad.

Si la haces girar como una comba y vas soltando poco a poco la tela que tienes en cada mano, dará la sensación de que el pañuelo se «estira» enormemente. La mecánica de los movimientos es la siguiente: girar-parar, girar-parar, girar-parar, girar-parar, aprovechando cada giro para soltar un poco de tela.

Aunque no lo parezca, el efecto es espectacular. Prueba a hacerlo frente a un espejo y verás cómo tú mismo te sorprendes de lo que ves.

Acompaña tu actuación con un poco de verborrea, diciendo algo así como: «Este es uno de esos nuevos pañuelos elásticos fabricado por Sokom. Ya saben, esa empresa que está junto al río, con un letrero bien grande en el que pone SOKOM. Aunque parece que han decidido cambiarlo, porque alguien se fijó en que en el reflejo del agua se leía MOKOS.

⦿ *El elastano o spandex, inventado en 1959 por DuPont, puede estirarse un 500 por ciento sin romperse.* ⦿

LOS DEDOS MAGNÉTICOS

~◄═══✦═══►~

Este pasatiempo de toda la vida encierra algo extraño y misterioso que atrae muchísimo, y siempre hace reír.

1 Pide a tu víctima que entrelace los dedos y los cierre con fuerza.

2 Acto seguido debe estirar los índices y separarlos para que formen una V, manteniendo mientras tanto los demás dedos pegados al dorso de las manos.

3 A continuación describe con tu propio índice un movimiento circular alrededor de la punta de sus dedos extendidos, y verás cómo va cerrándolos poco a poco.

Dicho efecto es resultado de la relajación involuntaria de los músculos, unida al poder de sugestión que ejerces sobre la otra persona.

◉ *A las vacas les dan de comer unos «imanes» para que atraigan cualquier
objeto metálico dañino que puedan haber ingerido.* ◉

CÓMO
«HERVIR» AGUA EN UN VASO PUESTO BOCA ABAJO

S e recomienda realizar este truco cerca de un fregadero. Si lo pusie-
ras en práctica en un restaurante y te saliera mal, sería de lo más
bochornoso. Un poco de práctica te vendrá bien para cogerle el tranquillo.

Llena tres cuartos de un vaso con agua fría. Tápalo con un pañuelo húmedo y ténsalo, sujetándolo con firmeza por los lados.

Introduce la tela en el vaso con el dedo índice de la mano izquierda hasta que toque el agua. Ahora vuelca el vaso con la mano derecha, sujetando bien el pañuelo por los lados (Fig. 1). No traspasará
ni una gota de agua y cualquiera que lo desee podrá tocar la concavi-

1

2

dad formada por el tejido hundido en el vaso, siempre que lo haga con cuidado. Lo notará un tanto extraño al tacto.

Mantén el vaso sujeto boca abajo para retorcer la tela por el extremo cerrado hasta que quede tirante como el pergamino de un tambor. Debido al vacío que se crea en el interior del vaso, el aire atravesará la tela, emitiendo sonidos de burbujitas como si el agua estuviera hirviendo (Fig. 2).

Este es uno de esos trucos fascinantes que puedes hacer durante años y años sin cansarte nunca de él.

◉ *«Al final, todo es una broma», Charlie Chaplin.* ◉

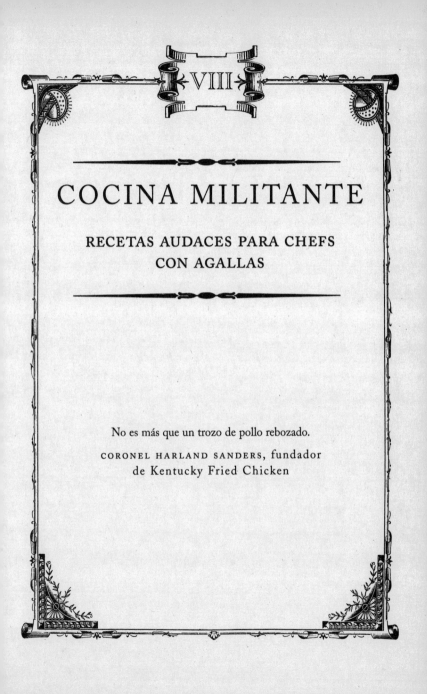

VIII

COCINA MILITANTE

RECETAS AUDACES PARA CHEFS
CON AGALLAS

No es más que un trozo de pollo rebozado.

CORONEL HARLAND SANDERS, fundador
de Kentucky Fried Chicken

CÓMO
CONSERVAR HUEVOS EN VINAGRE

~~~~⦅⦆~~~~

Los huevos en vinagre, definidos en ocasiones como el caviar de los pobres, son baratos y muy resultones; si los has probado alguna vez, sabrás a qué me refiero. Constituyen un sabroso tentempié sin grasa y, una vez abiertos, durarán siglos sin necesidad de guardarlos en la nevera. Existen muchas recetas de huevos en vinagre, desde *oeufs ordinaire* hasta huevos picantes de los que hacen saltar las lágrimas; los hay que quedan de un color amarillo chillón (conservados en vinagre al eneldo), que se ponen rojos (con remolacha) o incluso que adquieren un tono azul azteca (con colorante alimentario). Esta es una receta tradicional de la abuela y una de las más sencillas.

NECESITARÁS
- *12-16 huevos grandes*
- *Un tarro de conserva grande de boca ancha*
- *1 l de vinagre de vino tinto*
- *Una pizca generosa de sal*
- *2 cucharadas de azúcar*

PREPARACIÓN

Sumerge por completo los huevos en agua fría dentro de una olla; añade un chorrito de vinagre para que no se les rompa la cáscara y sean más fáciles de pelar una vez cocidos. Tapa la olla y lleva el agua a ebullición. En cuanto empiece a hervir, apaga el fuego y deja reposar los huevos dentro del agua caliente durante 15 minutos. El tiempo es crucial. Si dejas cocer los huevos demasiado, o a una temperatura muy elevada, la clara se secará y la yema se endurecerá, adquiriendo un tono verdoso.

Después de los 15 minutos, destapa la olla, ponla en el fregadero y abre el grifo del agua fría para que caiga encima del agua caliente, dejando que rebose durante unos minutos mientras tú haces otras cosas.

Para pelar los huevos, dales un golpecito en la mesa y resquebraja las cáscaras entre tus manos. Pélalos con cuidado bajo el agua, comenzando por el extremo más abultado. Intenta quitarles toda la cáscara sin dañarlos. Los huevos estropeados no son vistosos. Esta parte del proceso es para morirse de aburrimiento; pide a alguien que te ayude.

Vierte el vinagre en una cacerola junto con la sal y el azúcar y llévalo a ebullición. Si deseas dar un toque elaborado a la receta, este es el momento indicado para agregar cebolla picada, semillas de cardamomo, guindillas, ajo o lo que quieras, y dejarlo hervir todo a fuego lento hasta que la gente empiece a quejarse del hedor. Pon los huevos en un tarro limpio colocado dentro del fregadero y vierte encima la mezcla de vinagre hirviendo. Deja pasar 5 minutos para tapar el tarro, asegurándote de que queda herméticamente cerrado.

Guarda los huevos en un lugar oscuro y fresco. Estarán listos en cuestión de un mes aproximadamente. Cuanto más tiempo los tengas en conserva, más correosos se volverán, que es como más gustan a los entendidos. El acompañamiento ideal es una buena cerveza.

◉ *Roslyn, en Dakota del Sur, acoge cada año el Festival Internacional del Vinagre.* ◉

CÓMO
PREPARAR UN DELICIOSO PLATO DE CRIADILLAS

Si la idea de meterte entre pecho y espalda un plato de criadillas te hace cruzar y descruzar las piernas, imagina cómo se sentirá el pobre animal que dona sus partes nobles. A menos que vivas en una granja, hay que reconocer que el ingrediente básico para dicha especialidad culinaria puede ser difícil de conseguir, y seguro que el carnicero te lanza una mirada burlona si se te ocurre preguntarle si tiene lo que hay que tener para su preparación. Sin embargo, esta sabrosa receta es ideal si tienes como invitado a cenar a un antiguo pretendiente de tu novia. Ver cómo se le hiela el gesto, con un trozo de pan mojado en salsa casi dentro de la boca, cuando le digas qué está comiendo no tiene precio. De todas las recetas de criadillas que conozco, la de «Ostras de las Montañas Rocosas» se lleva la palma, y es un claro ejemplo de que preparar un plato con testículos no consiste simplemente en echarlos a una sartén caliente hasta que revienten.

Ostras de las montañas Rocosas
- *1 kg de criadillas de toro*
- *100 g de harina de trigo*
- *25 g de harina de maíz*
- *Un vaso de vino tinto*
- *Un vaso de leche*
- *4 dientes de ajo machacados*
- *Sal y pimienta*
- *Salsa de guindilla*
- *Aceite y vinagre*

Preparación
1 Calienta la freidora.
2 Con un cuchillo afilado, separa la dura membrana que rodea cada criadilla. Esta tarea puede resultar complicada, pero requiere menos esfuerzo si las criadillas se escaldan o se congelan previamente.
3 Pon las criadillas en una olla y añade agua con sal hasta cubrirlas. Déjalas reposar una hora para que suelten parte de la sangre que contienen.
4 Mientras tanto, prepara la mezcla para rebozar.

Rebozado tradicional de Bill el Vaquero para criadillas
Mezcla los dos tipos de harina y el ajo en un cuenco con un poco de sal y pimienta. Vierte la leche y la salsa de guindilla en otro cuenco y el vino en un tercero. Ya está.

5 Al cabo de una hora, escurre las criadillas y vuelve a llenar la olla con el agua justa para que queden flotando en la superficie. Añade varios chorros generosos de vinagre.
6 Hierve las criadillas 3 o 4 minutos para que queden medio coci-

das; escúrrelas y aclárelas bajo el grifo del agua fría. Cuando estén frías, córtalas en filetes del grosor de una hamburguesa con un cuchillo afilado. Salpimiéntalas.

7   Pasa los filetes por la mezcla de harinas y ajo, y después por la de leche y salsa de guindilla. Vuelve a enharinarlos y mójalos rápidamente en el vino.

8   Fríelos en la freidora hasta que empiecen a dorarse. Las criadillas se endurecen con facilidad, así que no las frías demasiado.

9   Sírvelas con patatas fritas y salsa de criadillas al gusto.

◉ *En el Festival de Criadillas de Montana se consumen 2,5 toneladas de carne entre sus 15.000 visitantes.* ◉

CÓMO
ASAR UN COCHINILLO CON ESPETÓN

A la hora de montar un asado, puede que preparar un cochinillo con espetón no sea la opción más económica, pero sin duda es la más espectacular. Esta receta es aproximadamente para seis tiarrones con hambre o para ochenta faquires esmirriados.

INGREDIENTES
◇   *Un cochinillo de 4 kg*
◇   *4-5 manzanas*
◇   *3-4 cebollas*
◇   *Unos cuantos dientes de ajo*
◇   *Una cucharada colmada de semillas de cilantro*
◇   *4 puñados generosos de pan rallado*
◇   *4 cucharadas de mantequilla fundida o aceite*
◇   *Un puñado generoso de perejil picado*
◇   *3 hojas tiernas de salvia*
◇   *Un poco de jengibre molido*
◇   *Sal y pimienta*
◇   *Una aceituna negra*

Necesitarás
◇ *Un espetón y el soporte*
◇ *Una mazorca de maíz*
◇ *Un cordel fino*
◇ *Ascuas de carbón*

Preparación

1 Baña el cochinillo en una solución suave a base de bicarbonato de sodio, sin olvidar frotarle bien detrás de las orejas. No hace falta que le laves los dientes.

2 Quita el tapón del desagüe de la bañera, aclara el cochinillo y vuelve a llenarla con agua limpia. Añade un par de puñados de sal y déjalo en remojo media hora mientras montas la estructura del espetón y enciendes el carbón.

3 Vacía la bañera y lleva el cochinillo a la cocina envuelto en una toalla grande. Déjalo en la mesa y sécalo con un paño limpio o un secador de mano.

4 Sácale los ojos pero no te deshagas de ellos: son ideales para metérselos a alguien que te cae mal en un bolsillo o en el bolso. Ya verás la cara que pone cuando busque las llaves del coche.

5 Machaca la salvia, las semillas de cilantro, el jengibre y el ajo, y mézclalo todo. Incorpora sal y pimienta en abundancia y restriega el interior del cochinillo con la preparación resultante.

6 Mezcla el pan rallado, las cebollas y las manzanas picadas, el perejil y la mantequilla en un cuenco, y sazona todo con sal y pimienta.

7 Rellena el cochinillo con la preparación anterior y cierra la cavidad, cosiéndola con un cordel.

8 Extiende las patas del animal y átalas con cuidado. Enrosca el rabo y sujétalo con un pincho de metal. Cubre el rabo y las orejas con papel de aluminio para impedir que se socarren. Introduce una mazorca de maíz en la boca para que se mantenga abierta durante el asado.

9 Ensarta el cochinillo en el espetón y rocíalo con un poco de mantequilla fundida o aceite. Por último, frota la piel del animal con sal.

10   Llegado este punto, pide a alguien que te ayude a colocar el cochinillo frente a las brasas, no encima de ellas. Comienza a asarlo a dos palmos como mínimo de las ascuas; de lo contrario la piel se quemará antes de que se haga por dentro. Una vez que esté cocido el interior, puedes dorar la piel acercando poco a poco el espetón a las brasas hasta que adquiera un tono bronceado (la piel, no el espetón). Ve dándole la vuelta con frecuencia y rociándolo con los jugos de la cocción, que se pueden recoger en un cazo colocado debajo.

11   Cuando se realiza un asado al aire libre, todo depende del viento, las condiciones meteorológicas, la temperatura de las brasas y otros factores fastidiosos. En un horno, la cocción requeriría entre 20 y 50 minutos por kilo, pero en el caso de un asado al espetón se podría comprobar cómo van las cosas haciendo un corte en la parte más profunda de la carne y metiendo el dedo. En vista de lo dolorosa que resultaría dicha comprobación, es preferible fijarse en si sale mucho vapor. La carne de cerdo debe estar bien caliente si uno quiere hincarle el diente a gusto (80-85 °C). Una vez hecho el cochinillo, retira el espetón, el papel de aluminio y la mazorca de maíz. Corta la aceituna en dos a lo largo y coloca cada una de las mitades en las

cuencas de los ojos con la parte convexa hacia fuera. Ponle una manzana en la boca; en lugar de la manzana puedes meterle una pipa de madera, que también da mucha clase. Coloca el cochinillo en una bandeja enorme, rodeado de patatas asadas, salchichas y manzanas al horno.

12 Trincha la carne y sírvela con rebanadas de pan crujiente. No olvides la salsa de manzana.

◉ *El actor Stephen Fry fue Fumador de Pipa del Año en 2003.* ◉

CÓMO
DAR LA VUELTA A UNA CREPE LANZÁNDOLA AL AIRE

La técnica para dar la vuelta a una crepe lanzándola al aire como es debido se fundamenta en tres factores decisivos: una sartén antiadherente, un suave juego de muñeca y unos nervios de acero. El juego de muñeca es esencial para romper el vacío que hay bajo la crepe, y permite que se deslice con un movimiento ascendente. La curvatura de la sartén propicia el inicio del giro de la crepe, haciendo que gire al salir disparada hacia arriba.

La única manera de dominar dicha técnica es a fuerza de práctica. Prepara una crepe que te servirá para ensayar, dándole la vuelta con un plato para que quede cocida por ambos lados. Comienza con lanzamientos pequeños y modestos. Hasta que cojas un poco de soltura, no deberías pasar a los lanzamientos de un metro, la altura media para este tipo de malabarismos culinarios. La velocidad óptima para lanzar una crepe a un metro de altura es de unos 16 kilómetros por hora; la tortita debería alcanzar el punto más elevado de su trayectoria en menos de medio segundo.

Cuando tengas un poco de práctica podrás probar suerte con el impresionante «lanzamiento de la araña de luces», en el que la crepe llega hasta el techo.

LA CIENCIA DE LA CREPE

Uno de los expertos más destacados en la ciencia del lanzamiento de crepe es el doctor Garry Tungate, de la Universidad de Birmingham. Sus estudios han revelado algunos datos sorprendentes.

◇ Se requiere ½ julio (unidad de energía) para lanzar una crepe normal a un metro de altura.

◇ Las crepes escurridizas (esas que no consigues coger al vuelo con la sartén) acaban en el suelo (por lo general con el lado crudo boca abajo) en 1,1 segundos aproximadamente, estampándose a una velocidad de unos 23 kilómetros por hora.

Si te propones dar la vuelta a las crepes que cocines lanzándolas al aire, antes de nada deberías saber cómo prepararlas. Con la siguiente receta te saldrán 1.000 crepes. Tendrás entretenimiento para rato.

CREPES COMO PARA UNA BODA

◇ *9 kg de harina*
◇ *19 l de leche*
◇ *7 l de agua*
◇ *3 kg de mantequilla*
◇ *170 huevos*
◇ *90 pellizcos de sal*
◇ *Un barreño de azúcar extrafino*
◇ *Zumo de limón (de unos 150 limones)*

PREPARACIÓN

1 Tamiza la harina y la sal en una tina de aluminio.

2 Echa los huevos en el centro y bátelos junto con la harina.

3 Incorpora poco a poco la leche y el agua, sin dejar de batir para que no se formen grumos. La masa resultante (después de unas dos horas) debería tener la textura de la nata líquida.

4 Derrite la mantequilla en la sartén. No toda, solo un poco, que no vas a hacer una sola crepe gigante.

5 Pon la sartén a fuego medio; no dejes que la mantequilla se queme.

6   Vierte en la sartén la masa suficiente para hacer una crepe fina e inclina el recipiente para que la crema quede bien repartida en el fondo. Se requiere un poco de práctica para calcular la cantidad exacta, pero después de doscientos intentos seguro que te sale sin pensar.

7   Cuando la crepe comience a rizarse por los bordes y se despegue de la sartén al sacudirla por el mango, intenta lanzarla al aire para darle la vuelta, siguiendo las instrucciones detalladas anteriormente.

8   Deja que se cuaje por el otro lado; será cuestión de unos segundos.

9   Apila las crepes en un plato y métela en un horno caliente (se necesitan entre 30 y 50 hornos para 1.000 crepes) para que no se enfríen.

10   Sírvelas enrolladas, con un poco de azúcar y unas gotas de zumo de limón por encima.

Si tienes que preparar más de 1.000 crepes, simplemente multiplica las cantidades para adaptarlas a tus necesidades.

◉ *A los limones les gusta la tierra arenosa.* ◉

CÓMO
ELABORAR CERVEZA DE JENGIBRE TRADICIONAL EN EL BAÑO

Antiguamente, la cerveza de jengibre casera tardaba siglos en elaborarse, y las botellas siempre acababan teniendo una elevada potencia explosiva. Con mi método la tendrás en 24 horas, de forma sencilla y sin envases de vidrio, pudiendo hacerla siempre que te quedes encerrado en el baño.

Necesitarás
◇ *Botellas de agua mineral de plástico de 2 litros, y 1 tapón*
◇ *Un nódulo grande de raíz de jengibre. No vale utilizar jengibre en polvo, eso es trampa.*

◇ *Un vaso para cepillos de dientes lleno de todos los restos de azúcar que encuentres por casa*
◇ *¼ de cucharadita de levadura seca*
◇ *Un rallador de queso o un utensilio similar*
◇ *1 limón*
◇ *Unas tijeras para cortar las uñas*

Preparación

1 Abre el grifo del agua caliente de la ducha y límpialo todo bien, salvo la levadura y el azúcar.

2 Con ayuda de las tijeras, corta la mitad superior de una de las botellas y reserva la mitad inferior, a la que a partir de ahora nos referiremos con la inicial B para abreviar.

3 Echa el azúcar y la levadura en la botella entera, empleando la mitad superior de la otra colocada boca abajo como embudo.

4 Ralla el jengibre, sin pelar, encima de un espejo hasta que obtengas más o menos 2 cucharadas. Puedes utilizar una navaja o un raspador de durezas como rallador, pero ten cuidado con los nudillos: la piel humana no añade sabor alguno.

5 Corta el limón por la mitad con las tijeras y exprime el zumo en la mitad de la botella B. Agrega luego el jengibre y remueve la mezcla con una lima de uñas u otro utensilio que tengas a mano. Con 2 cucharadas de jengibre rallado, la bebida quedará ligeramente picante, así que si la prefieres fuerte al olfato, añade más cantidad.

6 Llena el recipiente de agua y vierte el brebaje en la botella entera a través del embudo improvisado, desobstruyendo el paso del líquido con un cepillo de dientes cuando sea necesario.

7 Echa los restos sólidos en el interior de la botella y llénala de agua, dejando un espacio de aire de unos 5 centímetros para permitir la fermentación. Es inevitable que se derrame un poco de líquido; pon una toalla debajo de la botella y no la muevas mucho.

8 Enrosca el tapón con fuerza y agita la botella hasta que el azú-

car se disuelva por completo. Esta acción es de lo más divertida, y puede realizarse al son de una música si tienes cerca una radio.

9   Llegado este punto, la botella debería oponer cierta resistencia al ser apretada, como la pierna de una quinceañera. Déjala en un lugar caldeado, por ejemplo encima del radiador.

10 Transcurridas unas 24 horas (o más si hace frío), vuelve a palpar la botella. El proceso de fermentación habrá llegado a su fin cuando el plástico se note duro al tacto, como los bíceps de un marinero. No la dejes reposar más de 48 horas si no quieres ponerte perdido al abrirla, o incluso que te explote en las manos.

11 Sirve la cerveza bien fría. Si no te gusta ver trocitos de jengibre flotando en la superficie, pásala por una manopla limpia o un pañuelo antes de consumirla.

◉ *El jengibre es un remedio medicinal indicado para combatir la indigestión.* ◉

CÓMO
ELEGIR, ABRIR Y COMERSE UNA OSTRA

Alguien dijo en una ocasión que comerse una ostra era como tragarse los mocos de una tortuga. Eso es una calumnia, pues no hay marisco más delicioso. Existen principalmente dos tipos de ostras: las planas y las de forma irregular con una cavidad más profunda, a las que llaman «huecas». Las ostras planas son las más apreciadas por ser las más finas; su producción es mucho menor y por lo tanto están más cotizadas. Se consideran de excelente calidad las gallegas o las del Cantábrico, aunque también tienen fama reconocida las variedades de Belón y Marennes, procedentes de Francia. Las ostras se pueden consumir en cualquier época del año, pero durante los meses fríos —los meses con R— están más sabrosas.

CÓMO ELEGIR UNA OSTRA

Selecciona las ostras que veas bien cerradas y pesadas. Cuando hayas elegido unas cuantas que te convenzan, dales un golpecito. Deberían sonar llenas y compactas. Al igual que ocurre con otros mariscos, las ostras muertas pueden ser tóxicas, por lo que hay que comprarlas en un lugar de confianza y consumirlas preferiblemente el mismo día. Pueden guardarse en el frigorífico en un cuenco, con la valva convexa hacia abajo para que retengan el líquido.

CÓMO ABRIR UNA OSTRA

Abrir una ostra y extraerla de la concha es una labor de lo más desmoralizadora, pero requiere menos esfuerzo si previamente se mete en el congelador durante 20 minutos. Cuando estés listo, lávalas restregándolas bien para eliminar cualquier rastro la suciedad.

Suponiendo que no tengas un guante de metal especial para abrir ostras, envuelve el molusco con un paño de cocina y sujétalo con firmeza. Coloca el pulgar junto al lado más estrecho de la concha (que podríamos llamar «bisagra») y corta el lado opuesto con un cuchillo largo afilado.

Abre la concha como un libro y corta la carne de la ostra de la valva superior para que caiga en la mitad inferior. Desecha la parte superior de la concha y desprende el cuerpo de la valva inferior, procurando no derramar el líquido del interior. Deberías manipular las ostras sobre una superficie plana, no encima de la tele, por ejemplo.

CÓMO COMERSE UNA OSTRA

Sujeta la ostra con la mano izquierda y exprime un poco de zumo de limón sobre la carne. No necesita nada más. Cambia la concha de manos, cogiéndola por el borde opuesto desde abajo. Llévate la ostra a la boca y métetela entera de golpe. Que la mastiques o no ya es cosa tuya.

◉ *Las ostras pueden cambiar de sexo y, de hecho, lo hacen.* ◉

CÓMO
PREPARAR UN SÁNDWICH CLUB

──••❦❧••──

El sándwich club es la quintaesencia de la comida americana, y no hay bar o cafetería de Estados Unidos donde no lo sirvan. Los ingredientes de esta creación culinaria, cuyos orígenes se remontan como mínimo al siglo XIX, son: pechuga de pollo o pavo cocido, beicon muy frito, tomate y lechuga crujiente, todo ello dispuesto entre capas de pan blanco tostado y aderezado con mayonesa. Existe una acérrima polémica sobre las ventajas del pollo con respecto al pavo, y aunque este sándwich se prepara casi siempre con tres rebanadas de pan, sujetas con un palillo, algunos esnobs de los emparedados consideran esta versión de dos pisos un plato muy poco fino.

Nadie sabe a ciencia cierta cuál es la procedencia de su nombre.

INGREDIENTES

◊   *50 g de pechuga de pavo o pollo cocido*
◊   *3 rebanadas finas de pan blanco*
◊   *Mayonesa*
◊   *1 hoja de lechuga crujiente*
◊   *1 tomate maduro pequeño*
◊   *2 lonchas de beicon muy frito*
◊   *4 palillos*
◊   *Un cuchillo afilado*

PREPARACIÓN

1   Corta el pavo/pollo en lonchas finas y el tomate en rodajas finas.
2   Tuesta el pan y úntalo con mayonesa, solo por un lado.
3   Cubre una de las rebanadas de pan tostado con la mitad de la hoja de lechuga y añade el pavo/pollo.
4   Pon encima la segunda rebanada de pan, con la mayonesa boca arriba.
5   Luego cubre el pan con la otra mitad de la hoja de lechuga, un

par de rodajas de tomate y todo el beicon. (¡Uf, ya se me está haciendo la boca agua!)

6   Cúbrelo todo con una última rebanada de pan, con la mayonesa boca abajo (evidentemente).

7   Corta el sándwich en cuatro triángulos y sujeta cada uno de ellos con un palillo para evitar que se desmonten.

8   Híncale el diente. (El palillo no se come.)

⊙ *Se dice que cuando el duque de Richelieu conquistó el puerto de Mahón en 1756 su cocinero creó la «mahonesa».* ⊙

CÓMO
PREPARAR PONCHE DE VINO CALIENTE

Hay recetas de ponche de vino que se remontan a la Edad Media. Por su capacidad para hacer entrar en calor el cuerpo, esta bebida es idónea para cuando arrecia el frío, como en Navidad.

Si quieres impresionar a tus invitados en tan entrañables fiestas, aquí tienes una receta que se presta a mil y una variantes, para que puedas ofrecerles algo de beber aunque estés más pobre que una rata. Es difícil que quede mal.

NECESITARÁS

◇   *2 botellas de vino tinto*
◇   *1 vaso de agua*
◇   *Un poco de azúcar*
◇   *¼ de botella de brandy*
◇   *4 trozos de canela en rama*
◇   *5 clavos*
◇   *5 vainas de cardamomo machacadas*
◇   *½ docena de naranjas*
◇   *1 limón*
◇   *1 ramita de menta*

Preparación

1 Ralla la fruta y echa las ralladuras en el agua junto con el azúcar, la canela, el cardamomo y los clavos (me refiero a clavos de olor, no a clavos de ferretería, que quede claro). Déjalo hervir todo a fuego lento durante 5 minutos y retíralo del fuego.

2 A continuación añade el vino, aprovechando para darle un par de sorbos como quien no quiere la cosa, seguido del zumo recién exprimido de las naranjas junto con la cantidad de azúcar justa para contrarrestar los taninos del vino. No pongas más de la cuenta, ya que cuanto más ponche bebas, más dulce te sabrá. Puedes echar más especias si quieres que sepa fuerte, pero ve con cuidado porque si te pasas, aunque solo sea un poco, será imposible rectificarlo de sabor.

3 Calienta el brebaje a fuego lento durante 20 minutos y añade un poco de agua si crees que empieza a espesarse demasiado. No dejes que hierva; de lo contrario, se echará a perder.

4 Cinco minutos antes del momento en que desees servirlo agrega el ingrediente mágico: ¼ de botella de brandy. Sirve el ponche bien caliente, pues tibio pierde toda la gracia. Para que este sea tu momento de lucimiento personal, utiliza un bonito cucharón —que no sea de plástico—; verás qué impresionante queda entre el vapor y los efluvios que desprende. Puedes servirlo en copas de vino, pero es mejor hacerlo en tazas gruesas para evitar que se enfríe demasiado rápido. Decóralo con una ramita de menta. Solo la gente que adolece de falta de refinamiento le echa trozos de fruta para que queden flotando en la superficie.

◉ *La palabra «villancico» deriva de «villano», denominación dada a los habitantes de las villas, para diferenciarlos de los nobles o hidalgos.* ◉

CÓMO
PREPARAR UN PASTEL DE CARNE DE CERDO

A los chicos les gustan los pasteles de carne de cerdo y a las chicas el chocolate, no falla. Un auténtico pastel de ese tipo es compacto, crujiente, suculento, gelatinoso y está hecho con carne cruda, no con jamón, por lo que el relleno queda gris y no rosado. La masa se elabora a partir de una mezcla de agua caliente con un alto contenido en grasas. Su forma panzuda característica se debe al hecho de que se hornea sin molde. Aquí tienes los ingredientes y la preparación necesarios para cada elemento, todo un reto para los cocineros más aplicados.

GELATINA
◇ *1 kg de huesos de cerdo y una manita de cerdo (o algo de gelatina si te da pereza)*
◇ *1 cebolla*
◇ *6 clavos, una pizca de hierbas variadas y 1 cucharada de granos de pimienta*

Pon todo en una olla con agua en abundancia y llévalo a ebullición. Déjalo hervir a fuego lento durante 3 horas, con la olla tapada, cuélalo y refrigéralo toda la noche en la nevera. Al día siguiente quita la grasa de la superficie.

RELLENO
◇ *1 ½ kg de paletilla de cerdo (deshuesada)*
◇ *200 g de lomo de cerdo fresco*
◇ *Una pizca generosa de salvia picada, tomillo y pimienta de Jamaica*
◇ *6 golpes de esencia de anchoas (no te olvides de este ingrediente)*
◇ *Sal y pimienta blanca*

Corta la carne en trozos grandes y mézclala con el resto de los ingredientes, sazonándola bien.

MASA

- ◇ *500 g de harina*
- ◇ *100 g de manteca en dados*
- ◇ *½ taza de agua (aproximadamente)*
- ◇ *4 pellizcos generosos de sal*
- ◇ *1 huevo (para glasear)*

Tamiza la harina y la sal en un cuenco. Calienta a fuego lento la manteca con el agua y, una vez derretida, llévala casi a ebullición. Incorpora la harina, removiendo con una cuchara de madera hasta obtener una mezcla homogénea; pasa la masa a una superficie plana y trabájala hasta que quede elástica. Déjala reposar media hora en un lugar caldeado, como, por ejemplo, cerca de la estufa (pero primero aparta al gato).

CÓMO PONERLO TODO JUNTO

1   Precalienta el horno a 200 ºC.

2   Extiende ⅔ de la masa y adhiérela con cuidado a las paredes internas del aro de un molde para pasteles o moldéalo alrededor de un tarro de conserva grande untado de mantequilla; luego retira el aro o desprende la masa del tarro.

3   Rellena el molde de masa con la mezcla de carne preparada y extiende el resto de la masa para ponerla encima a modo de tapa, uniendo los bordes como si fueran los de una concha de vieira. Haz un agujero en el centro e introduce en él un cilindro de papel encerado para impedir que se cierre.

4   Rodea el pastel con una capa doble de papel encerado untado con mantequilla y disponlo encima de una bandeja para hornearlo durante 1 hora (vigílalo de vez en cuando); luego baja la temperatura a 180 ºC y prosigue la cocción durante 1 hora y media más. Transcurridos 45 minutos, retira el collar de papel encerado.

5   Por último, pinta el pastel con el huevo batido y vuelve a hornearlo 10 minutos más, hasta que se dore. Cuando esté hecho, sácalo del horno y déjalo enfriar un par de horas.

6   Calienta la gelatina para que se disuelva y viértela en el interior
     del pastel a través del agujero. Ayúdate con un embudo.

7   Déjalo enfriar toda la noche. Solo los que no se enteran de nada
     se comerían este plato caliente.

◉ *Charles Mingus dedicó su canción «Goodbye Pork Pie Hat» a Lester Young.* ◉

SOPA DE NIEVE MEXICANA

La siguiente receta es baratísima y rápida, ideal si eres, pongamos
por caso, un estudiante vago y estás pelado.

INGREDIENTES
◇ *2-3 pastillas de caldo de verduras*
◇ *Unas cuantas patatas pequeñas*
◇ *1 cebolleta*
◇ *Unas cuantas guindillas muy picantes*

PREPARACIÓN
1   Corta unas cuantas patatas pequeñas y ponlas a hervir con
     agua suficiente para obtener dos cuencos de sopa generosos.
     No dejes que se ablanden; basta con que hiervan unos 10 mi-
     nutos.

2   Añade 2 o 3 pastillas de caldo de verduras. Esta sopa queda riquí-
     sima si se le agrega una pastilla de caldo que contenga guindi-
     lla, pero ten cuidado, ya que son fuertes.

3   Pica las guindillas e incorpóralas a la sopa.

4   Corta la cebolleta en aros y échala a la sopa.

5   Sirve la sopa.

Se dice que en Latinoamérica las madres que dan el pecho se frotan
los pezones con aceite de guindilla para que los bebés se acostumbren
a la comida picante con la que se encontrarán cuando crezcan. No
obstante, debes evitar restregarte los ojos o hacer tus necesidades tras

haber manipulado guindillas: el rastro que dejan en los dedos puede causar estragos en tus membranas mucosas.

Leche entera, vino, cerveza o licores son un antídoto para el picante de las guindillas. El pan también funciona, pero el agua no, ya que intensifica la agonía.

◉ *El «pan de muerto» ocupa los altares de México durante el día de Muertos.* ◉

CÓMO
PREPARAR UNA OCA PARA COCINARLA AL HORNO

PREPARACIÓN

1   Coge la oca.
2   Desplúmala. Es muy fácil; basta con tirar de las plumas en la dirección en la que crecen, fijándote por si encuentras algún orificio provocado por un disparo de un arma de fuego. Extrae los perdigones con un pequeño cuchillo puntiagudo, que también puedes emplear para arrancar las plumas de las alas. Elimina los pelos y plumones sujetando el ave sobre un papel en llamas para chamuscarlo por todas partes.
3   Decapita la oca.
4   Corta la piel alrededor de la pata unos 4 centímetros por debajo de la articulación del muslo, sin llegar a cortar los tendones. Coloca la pata sobre el borde de la mesa y presiónala hacia abajo para partir el hueso. (Los huesos de las ocas criadas como es debido son afilados y quebradizos. Las aves de mala calidad que se venden en los supermercados tienen los huesos tan blandos que se deshacen. Evita comprarlas.) Agarra la pata con la mano derecha y, cogiendo con firmeza el cuerpo de la oca con la izquierda, arráncala. Los tendones deberían salir y quedar colgando al tirar de la pata. Si la oca es vieja, tendrás que extraerlos con un pincho, ya que si los dejas se volverán duros y cartilaginosos durante la cocción.

5   Raja el cuerpo bajo el hueso de la pechuga para poder meter la mano y sacar las vísceras. Arranca la molleja, el corazón y el hígado (los menudillos). El hígado de oca está delicioso salteado con un poco de mantequilla y servido con tostadas. Bajo el hígado se encuentra la vesícula. Procura no romperla si no quieres derramar la bilis por toda la carne, lo que le daría un amargor de lo más desagradable.

6   Esas cosas rojas y esponjosas que rodean las costillas son los pulmones. Sácalos junto con los riñones, que no se te pueden pasar por alto. Están por ahí, cerca de la columna vertebral.

7   Introduce los dedos índice y corazón bajo la piel por el cuello, donde encontrarás la tráquea. Sácala.

8   Arranca el estómago (el buche), que parece estar pegado a la piel de la pechuga.

9   Echa atrás la piel del cuello y córtalo por un punto cercano al cuerpo, dejando un trozo largo de piel colgando para atarla por detrás de modo que quede bien estirada.

10 Retira la glándula uropigia (encargada de segregar una sustancia oleosa que impermeabiliza el plumaje del ave) y lava la oca bajo el grifo del agua fría. Sécala, dándole golpecitos con un paño, e inspecciónala a conciencia para asegurarte de que no te hayas dejado nada dentro…, sobre todo dinero.

11 Cocina la oca al horno.

◉ *Los* Cuentos de mamá oca, *de Charles Perrault, se publicaron en 1697.* ◉

CÓMO
PREPARAR OJOS A LA VIRULÉ

Todo joven debería saber preparar uno o dos platos de broma, y los ojos a la virulé tienen la ventaja de ser rápidos y baratos de hacer, además de sorprendentes. Se prestan como desayuno ideal para los sobrinos o sobrinas pequeños que arrugan la nariz cuando se les ofrecen unos huevos revueltos con tostadas. De hecho, seguro que les gustarán tanto que se pasarán años despertándote a primera hora de la mañana para pedirte que se los prepares.

Ingredientes
◇ *Rebanadas de pan*
◇ *Mantequilla o margarina*
◇ *Huevos*

Preparación

1 Coloca una rebanada de pan en la mesa y hunde en el centro la boca de un vaso de tubo, ejerciendo la fuerza necesaria para recortar un disco. Gira un poco el vaso para que se suelte la miga en forma de círculo y levántalo. Reserva el disco de pan.

2 Calienta un poco de mantequilla o margarina en una sartén a fuego medio. No dejes que se queme.

3 Unta el pan agujereado con mantequilla por ambos lados y ponlo en la sartén.

4 Casca con cuidado un huevo para que caiga dentro del agujero y deja que se fría. Transcurridos unos instantes, da la vuelta a la rebanada de pan con una pala de servir, o una paleta de albañil, y deja que se haga por el otro lado.

5 Una vez que el pan tome color y el huevo esté hecho por todas partes, pon el ojo a la virulé en un plato. Para los niños no hay mejor acompañamiento que el ketchup.

6 Si vas a preparar varios ojos a la virulé, puedes utilizar los discos de pan para hacer «agujeros» fritos o tostados. No sé por qué, pero los niños que no quieren de ninguna manera comerse unas tostadas con mantequilla suelen lanzarse al ataque de estos agujeros tostados con entusiasmo. Puedes convertirlos en «caras» introduciendo en ellos unas cuantas pasas.

◉ *Entre las causas de los ojos saltones se cuentan los problemas relacionados con la tiroides, la trombosis y el glaucoma.* ◉

CÓMO
COCINAR PARA UNA CHICA

━━◆◆◆◆━━

Un plato combinado a base de salchichas, huevos y patatas fritas de esos que sirven en una cafetería mugrienta es ideal para un grupo de taxistas, pero no para impresionar a una chica. A las mujeres les gusta la parafernalia, los adornos y ese tipo de cosas, así que lo que necesitas es un plato extravagante que parezca más complicado de preparar, y más costoso, de lo que es en realidad. Aquí tienes una receta que reúne todas estas condiciones. Habrá quien objete que los espaguetis, al igual que las mazorcas de maíz, no resultan fáciles de manejar. Sin embargo, este hecho te pone en realidad en una sutil situación de poder, y te brinda la excusa perfecta para levantarte y acercarte a la dama en cuestión. Disponte para saltar del asiento, servilleta en mano, a la menor oportunidad.

SPAGHETTI CON CREMA, BASILICO, AGLIO E PANCETTA AFFUMICATA

INGREDIENTES

◊ *Un paquete de espaguetis frescos*
◊ *250 ml de nata líquida*
◊ *Un poco de beicon (ahumado)*
◊ *2 dientes de ajo*
◊ *Unas cuantas hojas de albahaca fresca*
◊ *Aceite de oliva*
◊ *Mantequilla de buena calidad*
◊ *Sal*
◊ *Pimienta negra recién molida*

Cualquiera de estos productos que te sea imposible birlar puedes adquirirlo en un supermercado.

PREPARACIÓN

1   Pon a hervir una olla de agua y calienta una fuente y dos platos en el horno.

2   Mientras se calienta todo, pica cuatro lonchas de beicon y fríelas un poco en ½ cucharadita de aceite de oliva, removiendo con frecuencia.

3   Baja el fuego y añade un trocito de mantequilla y 2 dientes de ajo machacados. La mejor forma de machacar un diente de ajo es ponerlo sin pelar bajo un cuchillo de hoja ancha y aplastarlo con el puño cerrado. La piel saldrá sin esfuerzo. Advertencia: tanto el ajo como la mantequilla se queman con facilidad, así que caliéntalos poco a poco a fuego lento.

4   Una vez que el ajo se haya ablandado, añade 1 cucharada grande de aceite de oliva y la nata líquida. Sazona la mezcla con sal y pimienta al gusto.

5   Sin subir el fuego, remuévelo todo con brío hasta que se caliente y tápalo.

6   Echa los espaguetis en el agua hirviendo. Sigue las instrucciones del paquete al pie de la letra. La pasta fresca se cuece muy rápido, así que debes vigilarla en todo momento. Mientras tanto, aprovecha para picar la albahaca.

7   En cuanto la pasta esté cocida, escúrrela y pásala a la fuente. Realiza esta operación con cuidado, ya que los espaguetis frescos son más frágiles que los secos. Vierte la crema de ajo y beicon por encima y espolvoréalo todo con la albahaca picada. Intenta que quede vistoso, hombre, por lo que más quieras. El ajo, el beicon ahumado y la albahaca desprenden un delicioso aroma, y la nata, la grasa del beicon, el aceite y la mantequilla hacen que la pasta quede sabrosa, y que llene mucho. Sírvela enseguida en los platos calientes.

Como idea económica para un entrante, puedes abrir un cartón de consomé y fingir que lo has preparado tú mismo. Si no tienes un céntimo, con 2 pastillas de caldo en agua hirviendo obtendrás una sopa ligera deliciosa. Ni que decir tiene que debes prepararlo en secreto. Con la presentación apropiada en un cuenco bonito, te quedará de maravilla. Si además puedes añadir unas gotas de whisky, será un primer plato de lujo. De postre, un helado barato con una tableta de chocolate fundida por encima causará una gran impresión a la vista y el olfato. Di que la receta es un viejo secreto de familia.

Una flor (arrancada del parque o de un jardín privado) en un vaso de tubo da un aire de clase a la mesa de un hombre. Como toque final, coloca una vela; que sea bonita, no una de esas nudosas con huellas de dedos que guardas en el cajón de la cocina para cuando se va la luz. Por la noche, las velas son perfectas, y a las mujeres les encantan.

Et voilà!

◉ *La palabra «candelabro» procede del latín* candelabrum, *es decir, utensilio para poner candelas.* ◉

CÓMO
PREPARAR UN ROSBIF CON PUDIN DE YORKSHIRE DE PRIMERA

El rosbif con pudin de Yorkshire es sin lugar a dudas el plato por excelencia que da identidad a la cocina británica, por muy popular que sea el pollo tikka masala en Reino Unido. Y, a diferencia de un curry, no tiene complicación alguna. Se prepara en tan solo 40 minutos, y en el tiempo que requiere de cocción puedes aprovechar para ver la tele un rato o tomar un aperitivo. Las cantidades sugeridas para elaborar esta sencilla receta alcanzarán para cuatro personas normales o bien dos pesos pesados.

INGREDIENTES
◊ *225 g de carne de ternera*
◊ *25 g de manteca de ternera o un poco de aceite de girasol*
◊ *225 g de patatas (no muy grandes)*
◊ *3 o 4 chirivías hermosas*
◊ *Unas cuantas zanahorias grandes*
◊ *Sal y pimienta*
◊ *Un puñado de harina de maíz*
◊ *La salsa para rosbif envasada de tu marca favorita*

Para el pudin de Yorkshire

◇   *125 g de harina de trigo*
◇   *2 huevos grandes*
◇   *250 ml de leche entera*

Preparación

1   Precalienta el horno a 180 ºC y corta en cuartos las zanahorias y las chirivías (a lo largo), y las patatas.

2   Pon la harina de trigo con una pizca de sal en un cuenco y añade los huevos y la leche, poco a poco. Bátelo todo hasta obtener una mezcla uniforme, sin grumos. Incorpora 125 ml de agua fría, tapa el cuenco y resérvalo.

3   Pon la carne sazonada en una fuente de horno grande con la manteca o el aceite y ásala el tiempo apropiado, rociándola con su jugo de vez en cuando. Calcula unos 40 minutos por kilo, y añade 30 minutos más, tiempo que puede variar en función de si te gusta la carne cruda, hecha o carbonizada. Si decides dejarla un buen rato, tapa la superficie con un poco de papel de aluminio para evitar que se queme.

4   Pon las patatas en una olla y llévalas a ebullición a fuego vivo. Déjalas hervir un par de minutos, escúrrelas y dales un buen meneo dentro de la olla tapada. Con ello se deformarán los bordes de las patatas, lo que hará que absorban más grasa durante la cocción y queden más sabrosas y crujientes.

5   Lleva a ebullición las zanahorias y las chirivías; déjalas hervir un par de minutos y escúrrelas, pero reserva ½ litro más o menos de agua para la salsa.

6   Unos 40 minutos antes de que finalice el tiempo de cocción de la carne, añade las hortalizas a la fuente de horno. Sazónalas y báñalas con la manteca caliente, sobre todo las patatas.

7   Vierte ½ cucharadita de la manteca caliente en un par de bandejas de horno de esos que tienen un montón de huecos para hacer magdalenas. Sube la temperatura del horno a 220 ºC y coloca las bandejas en el nivel superior, con la carne debajo.

8   Remueve la mezcla de harina, huevos y leche y, una vez que las

bandejas estén bien calientes (cuando comiencen a humear), sácalas del horno y rellena cada compartimiento. (La mezcla alcanzará para 15 o 20 púdines de Yorkshire.) Vuelve a meter las bandejas en el horno y deja cocer la masa unos 30 minutos, pero vigílala con frecuencia: si queda medio líquida estará horrible, pero tampoco es cuestión de que se queme. De hecho, este es el único punto crítico de la receta. Si no lo tienes muy claro, siempre puedes recurrir a comprar los púdines congelados y limitarte a calentarlos, pero eso sería hacer trampa.

9   Diez minutos antes de que finalice el tiempo de cocción de la carne, sácala del horno y cúbrela con papel de aluminio para dejarla «reposar» (aún está haciéndose). Pasa las hortalizas cortadas a lo largo a una fuente caliente y pon las patatas en otra.

10 Añade el agua de las zanahorias y las chirivías a los jugos de la carne, agrega un poco de harina de maíz, removiendo bien, y calienta el líquido resultante en un cazo a fuego lento hasta que espese. Mezcla la salsa para rosbif según las instrucciones del envase e incorpórala al cazo. Remuévelo todo bien y sazónalo más si lo crees necesario. Cuela la salsa en una jarra que esté caliente.

11 En cuanto la masa suba y se vea crujiente, saca los púdines de Yorkshire.

El rosbif se suele servir con salsa de rábanos picantes y mostaza. Combina a la perfección con cerveza o vino, y como colofón a este plato no puede faltar un postre típicamente británico, por ejemplo, un crocante de manzana con crema o un pudin con pasas y grosellas. Si quieres saber cómo se preparan, tendrás que buscarte la vida por tu cuenta; no voy a hacerlo yo todo.

◉ *El rosbif es la comida tradicional de los domingos en Reino Unido.* ◉

CÓMO
PREPARAR UN PASTEL DE WOOLTON

Durante la Segunda Guerra Mundial, cuando había escasez de alimentos y la posibilidad de comprar plátanos era como si te tocara la lotería, las amas de casa (¿las recuerdas?) conseguían cocinar para sus familias sin que nadie muriera de desnutrición. Pese a ser una época de carestía, la alimentación de la gente se basaba en una dieta saludable, y no se desperdiciaba absolutamente nada. En cambio, hoy en día, las calles se ven abarrotadas de gordos enormes, que solo mueven sus bamboleantes carnes para ir al restaurante de comida basura más cercano. Aunque la nostalgia ya no sea lo que era, si quieres recordar tiempos pasados, aquí tienes una sabrosa receta de la guerra de esas que hacen que a más de una abuelita se le salten las lágrimas.

El pastel

El pastel de Woolton se dio a conocer en mayo de 1941, en honor a Frederick James Marquis, primer conde de Woolton y ministro de Alimentación del gobierno británico. En aquella época, las hortalizas se cultivaban en abundancia en huertos públicos y privados de Reino Unido, y eran de los pocos alimentos que no escaseaban. Hacia 1943 se alcanzó una producción anual de un millón de toneladas. Woolton supo aprovechar al máximo dicha circunstancia para impulsar la introducción de nuevas recetas —entre ellas, este pastel— como plan de choque contra la escasez de productos, iniciativa que le valió una gran popularidad.

Y también prestó su nombre para la formación de algunos ripios excelentes que aconsejaban no desperdiciar nada.

> *Los que quieren ganar,*
> *con la piel las patatas deben cocinar,*
> *ya que si a las peladuras la visión dirigen,*
> *el ánimo de lord Woolton mucho afligen.*

La receta de la guerra

La receta del pastel de Woolton fue creada por el jefe de cocina del hotel Savoy de Londres. Las cantidades indicadas son, en principio, para cinco o seis personas, aunque todo depende del hambre que tengan. Y recuerda: no peles las hortalizas, solo ráspalas.

INGREDIENTES

◇ *500 g de patatas, coliflor, nabos y zanahorias cortados en dados*
◇ *3 o 4 cebolletas*
◇ *Un poco de perejil picado*
◇ *1 cucharadita de extracto de verduras*
◇ *1 cucharadita de harina de avena*

PREPARACIÓN

Cuécelo todo junto durante 10 minutos con el agua justa para cubrir las hortalizas, removiendo de vez en cuando para evitar que se peguen. Deja enfriar la mezcla; pásala después a una fuente, espolvorea por encima el perejil picado y cúbrela con una capa de patatas o una masa integral. Hornea el pastel a una temperatura media hasta que la masa se dore, y sírvelo caliente con salsa del jugo de un asado.

De postre podrías preparar una deliciosa torta de zanahorias, hecha con zanahorias, gelatina y esencia de naranja. Para beber, ¿qué tal un vaso de «zanahoriada», a base de un zumo de zanahorias y nabos?

◉ *Se dice que Mel Blanc, el actor que ponía la voz a Bugs Bunny, odiaba las zanahorias.* ◉

CÓMO
PREPARAR UN AUTÉNTICO DESAYUNO INGLÉS

El denominado desayuno inglés (en inglés, *full English breakfast*) es conocido en todo el mundo como un símbolo de la cocina británica. Este desayuno tradicional, que antaño formaba parte de la dieta cotidiana en Reino Unido, se sirve hoy en día principalmente en hoteles y cafés a turistas y a quienes, además de saciar el estómago, buscan sustento espiritual y consuelo moral. Este combinado de fritos grasiento, rico en proteínas y condescendiente con las flaquezas del apetito, es como un amigo en forma de plato.

Y qué decir de su versatilidad. Además de llevar huevos y beicon como ingredientes básicos, suele servirse con tomates, judías blancas en salsa de tomate (las famosas *baked beans*), champiñones y un salteado de repollo y patatas, mientras que algunas variantes más recargadas incluyen (junto con especialidades típicas de una región en concreto, como los riñones con salsa picante) productos del mar, como el arenque. Pero ya sea sencillo o pantagruélico, todo desayuno inglés debe acompañarse siempre de litros y litros de té.

Aquí tienes una receta infalible para preparar un desayuno inglés completo. Puedes excluir o incluir ingredientes en la lista sugerida en función de tus gustos, siempre y cuando tu salud te lo permita. Eso sí, no escatimes en la calidad de las judías ni de las salchichas, que luego se nota mucho. Las cantidades son para dos raciones.

Ingredientes

◇ *4 lonchas de beicon*
◇ *2 huevos*
◇ *4 salchichas de buena calidad*
◇ *Un trozo de morcilla negra (de la buena)*
◇ *Un puñado de champiñones*
◇ *Un par de tomates*
◇ *Una lata de judías blancas en salsa de tomate de buena calidad*
◇ *2 rebanadas del pan que más te guste*
◇ *Un poco de mantequilla, manteca, aceite o una sustancia parecida*
◇ *Una pizca de sal*

Un desayuno inglés completo plantea básicamente un problema de coordinación, pues hay que tenerlo todo listo al mismo tiempo. Por ello es aconsejable el uso de varias sartenes y cazos, así como de una parrilla o una plancha de cocina.

1   Con unas tijeras, separa las salchichas y corta la piel de la morcilla. Una vez frita, cuesta muchísimo quitársela. Corta la morci-

lla en rodajas gruesas, parte los tomates y los champiñones por la mitad y pon el pan en la tostadora, pero no la enciendas aún.

2 Pon las salchichas en la parrilla a fuego medio. Cuanto mayor sea la cantidad de carne que ases a la vez, menor será la probabilidad de que se queme. Las salchichas suelen ser lo que más tarda en hacerse de todos los ingredientes, unos 15 minutos. A menos que el beicon te guste carbonizado, añádelo a la parrilla al cabo de unos 6 minutos. Ve dando la vuelta a la carne de vez en cuando. Para ello, yo utilizo un utensilio muy ingenioso, un cruce entre unas tijeras y unas tenazas de chimenea. Puedes freír las salchichas y el beicon con todo lo demás, pero lo que suele ocurrir es que se acaba con una especie de atasco culinario en los fogones.

3 Pon a calentar las judías en un cazo a fuego lento, removiéndolas de vez en cuando. Si quieres que queden sueltas, tápalas; si te gustan más pegajosas, no las tapes.

4 Sofríe los champiñones a fuego lento en una sartén con un poco de mantequilla y una pizca de sal. No los tapes o quedarán acuosos. Una vez que se hayan ablandado, baja el fuego, tápalos y mételos en un horno precalentado a temperatura baja.

5 Mientras tanto, comienza a freír la morcilla con un poco de aceite o mantequilla a fuego lento, ya que se hace muy rápido. También queda muy rica a la parrilla, pero a estas alturas dicho utensilio debe de estar abarrotado de carne.

6 Asa los tomates a la parrilla o fríelos con la morcilla, y enciende la tostadora.

7 Echa los huevos en una sartén antiadherente previamente calentada con un poco de aceite o mantequilla. Este es el ingrediente clave de un desayuno inglés y un motivo de controversia donde los haya. A mí, personalmente, me gustan sin los bordes crujientes y con la yema blanda pero hecha por arriba. Sin embargo, cada uno tienes sus preferencias, así que hazlos como más te gusten.

8 Si has calculado bien el tiempo, las tostadas y los huevos deberían estar listos a la vez. Repártelo todo en platos previamente calentados y sírvelo.

El desayuno inglés se acompaña de HP Sauce, ketchup y mostaza inglesa.

LAS DISTINTAS VARIANTES NACIONALES

Junto con el plato combinado propio del Ulster, los desayunos tradicionales escocés, galés e irlandés son muy parecidos al inglés. Basta con añadir los ingredientes que llevan de más.

- ◊ *Escocia*. Incluye especialidades nacionales típicas, como salchicha cuadrada de Lorne frita, bollitos de patata o galletas de avena, morcilla blanca (un embutido dulce cocido, hecho con leche y arroz) y *haggis* frito (una especie de salchicha elaborada con vísceras de cordero y avena).

- ◊ *Irlanda del Norte*. El *soda farl* (pan elaborado con bicarbonato en lugar de levadura) y el *potato farl* (pan de patata) fritos con manteca de cerdo son ingredientes que no pueden faltar en un desayuno típico de Irlanda del Norte o el Ulster. En ocasiones también se añade una exquisitez local llamada «rollo vegetal», nombre desconcertante donde los haya, ya que dicho rollo va relleno con una mezcla de carne y cebolletas.

- ◊ *Irlanda*. Aunque este país no pertenezca a Reino Unido, el desayuno irlandés comparte con el escocés la incorporación de las morcillas negra y blanca, si bien se distingue por la presencia del pan de soda integral tradicional, y en ocasiones también del *boxty* (una especie de tortita de patata rallada, popular asimismo en algunas zonas del Ulster). Se distingue por ello y por la ausencia del *haggis*.

- ◊ *Gales*. El desayuno galés se caracteriza por la incorporación del denominado *laverbread* (una preparación elaborada con algas fritas mezcladas con gachas de avena), y en ocasiones también de berberechos. Un plato de lo más sabroso, sin duda.

◉ *La figura de John Bull, símbolo de Inglaterra, fue creada por el doctor John Arbuthnot en 1712.* ◉

CÓMO
PREPARAR UN DESAYUNO AMERICANO

꧁ ꧂

El desayuno americano consta de numerosos ingredientes tan exóticos como inauditos, que a menudo mezclan sabores dulces y salados, como beicon y crepes con jarabe de arce. Aquí tienes varias recetas típicas.

HUEVOS FRITOS POR AMBOS LADOS

A los americanos les gusta que la yema del huevo quede líquida y la clara hecha, por eso fríen los huevos por ambos lados, una preparación que denominan *eggs over easy*. Una vez que los huevos estén fritos por un lado, simplemente hay que darles la vuelta y dejarlos 15 segundos en la sartén antes de sacarlos. No le des la vuelta demasiado pronto.

TORTITAS DE PATATAS

Los denominados *hash browns* son una especialidad típica de Estados Unidos consistente en unas tortitas de patatas cortadas a tiras y fritas. Deberían quedar crujientes, pero a menudo el resultado es decepcionante porque adoptan una textura demasiado blanda. El secreto está en eliminar tanta agua como puedas antes de freírlas, como se explica en esta receta, indicada para dos personas con mucha hambre.

INGREDIENTES

◇ *250 g de patatas cortadas a tiras*
◇ *Un chorro generoso de aceite de girasol*
◇ *Sal y pimienta*

NECESITARÁS

◇ *Una sartén grande*
◇ *Una prensa para flores*

PROCEDIMIENTO

1   Coloca las patatas cortadas en la prensa para flores y expríme-

las para que suelten la mayor cantidad de agua posible. Verás la de líquido que sale. Para prensar también puedes usar un par de bandejas de horno y la fuerza de un hombre corpulento o un coche encima.

2 Calienta el aceite a fuego vivo. Cuando comience a humear, echa las patatas en la sartén y distribúyelas de manera que cubran la base formando una fina capa uniforme; sazónalas.

3 Cuando cojan color, dales la vuelta con una espátula (o *véase* «Cómo dar la vuelta a una crepe lanzándola al aire», en la página 301). Fríelas por el otro lado hasta que empiecen a dorarse y sírvelas.

TOSTADAS DE CANELA (PARA DOS PERSONAS)

Esta es una preparación típicamente americana para la cual necesitarás:

INGREDIENTES

- *4 rebanadas de pan blanco*
- *½ lata de leche evaporada (sin azúcar)*
- *1 huevo pequeño*
- *Un toque de extracto de vainilla*
- *Canela en polvo al gusto*
- *Una pizca de sal*
- *Un poco de mantequilla*
- *Azúcar glas para decorar*

PROCEDIMIENTO

1 En un cuenco, mézclalo todo excepto el pan y la mantequilla.

2 Derrite la mantequilla en una sartén previamente calentada mientras untas el pan con la mezcla resultante.

3 Fríe el pan durante 3 minutos por cada lado hasta que se dore bien.

4 Un poco de azúcar glas espolvoreado por encima le dará un toque auténtico, sobre todo si vas a servir las tostadas con carne de venado u otro alimento igual de sabroso.

◉ *La figura del Tío Sam, símbolo de Estados Unidos, data de la guerra de 1812 librada entre Estados Unidos y Gran Bretaña.* ◉

CÓMO
COCINAR PARA INVITADOS CUANDO TIENES LA COCINA EN OBRAS

Imagina que vas a contar con una compañía ilustre para cenar y que has olvidado que tienes a los albañiles mezclando cemento en la cocina con el suelo levantado. No te preocupes, es algo que nos ha ocurrido a todos y, si dispones de los ingredientes apropiados, no hay razón para que hagas esperar a tus invitados. Aquí tienes el procedimiento de emergencia que debe seguirse en estos casos, junto con una sugerencia de menú.

ENTRANTES
◊ *Huevos con mayonesa*
◊ *Sopa mulligatawny con pan caliente*

PLATO PRINCIPAL
◊ *Ensalada mixta con vinagreta improvisada*
◊ *Filete de salmón al vapor con patatas nuevas, judías verdes, tomates de rama y salsa de perejil*

POSTRE
◊ *Flan*
◊ *Almendras escaldadas con un trozo de panal de miel*

PARA FINALIZAR
◊ *Capuchino casero*

PROCEDIMIENTO
1 Antes de ponerte a cocinar, arranca el motor del coche y déjalo al ralentí.
2 Mete el vino blanco en la cisterna del váter (dentro de la botella, claro está; no querrás verte obligado a tirar de la cadena cada vez que te pidan una copa de Chablis).

3   Calienta el pan sobre la rejilla de ventilación de la parte poste-
    rior del televisor, pero baja el volumen para no entorpecer la con-
    versación. El pan de pita queda de maravilla «tostado» en una
    plancha especial para pantalones.

4   Limpia las patatas bajo el grifo de la ducha o con la manguera
    del jardín y ponlas a hervir en una tetera eléctrica. Hacia el final
    de la cocción añade las judías.

5   Cuece los huevos durante 5 minutos largos en una bañera de
    hidromasaje para los pies.

6   Introduce la sopa en una bolsa de agua caliente y déjala un rato
    bajo el grifo del agua caliente del lavabo. La mulligatawny es una
    sopa de origen indio con curry, ideal para disimular el astringen-
    te sabor a goma. No la sirvas directamente de la bolsa de agua;
    no da muy buena imagen.

7   Para preparar la ensalada, pasa primero la lechuga por la tritu-
    radora de papel y mézclala luego con el resto de los ingredien-
    tes.

8   Improvisa la vinagreta con los condimentos que tengas a tu
    alcance y sírvela en un recipiente de jabón líquido o bien mez-
    clada ya con la ensalada en la lavadora (en la posición de cen-
    trifugado). Unas virutas de parmesano por encima le darán un
    toque de distinción; lamina el queso con una maquinilla de
    afeitar vieja.

9   Para preparar el plato principal, en primer lugar, pela los toma-
    tes. Con una potente máquina para quitar el papel de las pare-
    des, tardarás tan solo unos segundos en realizar dicha operación.

10 Envuelve los trozos de salmón con papel de aluminio y hazlos
    al vapor en el lavaplatos (en el programa económico), o bien
    colócalos alrededor del radiador del coche y convence a alguien
    para que vaya a dar un garbeo con la tartana. El pescado queda-
    rá cocido a la perfección con cualquiera de estos dos métodos.
    Un consejo: antes de servir el salmón, calienta los platos con un
    secador de mano.

11 Comienza a preparar una salsa blanca clarificando una cebolla
    picada con un poco de aceite mediante una plancha caliente (en

la posición de «algodón»). Despega la cebolla de la plancha y pásala a una sartén junto con un poco de perejil picado, sal y pimienta. Mézclalo todo con harina, leche y nata, encima del motor caliente del coche.

12 De postre, preparar un flan con la ayuda de una pistola de aire caliente para quitar pintura a máxima potencia es pan comido.

13 Escalda las almendras sumergiéndolas unos instantes en agua hirviendo y pélalas antes de servirlas.

14 Para que el capuchino quede bien espumoso, prueba a prepararlo con un cepillo de dientes eléctrico.

⊙ *En el epitafio del actor de doblaje Mel Blanc, que trabajó para Warner Brothers poniendo la voz a muchos de sus personajes de dibujos animados, reza la famosa frase:* That's All Folks *(«Eso es todo, amigos»).* ⊙

ÍNDICE ALFABÉTICO

Impreso en Talleres Gráficos
LIBERDÚPLEX, S.L.
Pol. Ind. Torrentfondo
Ctra. Gelida BV-2249 Km. 7,4
08791 Sant Llorenç d'Hortons (Barcelona)

Impreso en Talleres Gráficos
LIBERDÚPLEX, S.L.U.
Pol. Ind. Torrentfondo
Ctra. Gelida BV-2249 Km. 7,4
08791 Sant Llorenç d'Hortons (Barcelona)

Impreso en Talleres Gráficos
LIBERDÚPLEX, S. L. U.
Pol. Ind. Torrentfondo
Ctra. BV-2249, Km 7,4
08791 Sant Llorenç d'Hortons (Barcelona)